W0248309

UĞUR KOŞAR

KENDİNİ BİLEN RABB'İNİ BİLİR

DESTEK yayınları

DESTEK YAYINLARI: 368
TASAVVUF: 9

KENDİNİ BİLEN RABB'İNİ BİLİR / UĞUR KOŞAR

Genel Yayın Yönetmeni: Ertürk Akşun
Editör: Aslı Bahşi
Kapak Tasarım: İlknur Muştu
Sayfa Düzeni: Cansu Poroy

Destek Yayınları: Eylül 2013
2. Baskı: Eylül 2013
3.-4.Baskı: Kasım 2013
5.Baskı: Aralık 2013
6.-10.Baskı: Ocak 2014
11.-20.Baskı: Şubat 2014
21.-25.Baskı: Mart 2014
26.-35.Baskı: Nisan 2014
36.-40.Baskı: Mayıs 2014
41.45.Baskı: Haziran 2014
46.-55.Baskı: Temmuz 2014
56.-57.Baskı: Ekim 2014
58.-60.Baskı: Kasım 2014
61.-63.Baskı: Ocak 2015
64.-68.Baskı: Şubat 2015
69.-70.Baskı: Nisan 2015
71.-72.Baskı: Haziran 2015
73.-75.Baskı: Eylül 2015
76.-77.Baskı: Aralık 2015
78.-79.Baskı: Şubat 2016
80.-81.Baskı: Nisan 2016
82.-83.Baskı: Ağustos 2016
84.-85.Baskı: Aralık 2016
Yayıncı Sertifika No: 13226

ISBN 978-605-4771-68-4

Abdi İpekçi Caddesi No. 31/5 Nişantaşı/İstanbul
Tel.: (0) 212 252 22 42
Faks: (0) 212 252 22 43
www.destekyayinlari.com
info@destekyayinlari.com
facebook.com/ DestekYayinevi
twitter.com/destekyayinlari
instagram.com/destekyayinlari.com

Deniz Ofset - Nazlı Koçak
Sertifika No. 29652
Maltepe Mah. Gümüşsuyu Cad.
Odin İş Mrk. B Blok No. 403/2
Zeytinburnu / İstanbul

UĞUR KOŞAR

KENDİNİ BİLEN RABB'İNİ BİLİR

O'nun Rüyasını Bir Kâbusa Değil,
Kendi Cennetine Dönüştür.

DESTEK
yayınları

ÖNSÖZ

Kendini bilen Rabb'ini bilir; İbn Arabi bunun hadis olduğunu ve keşfen bunun sahih olduğunu gördüğünü söylemiştir. İnsanın kendine dönmeye, anlamaya, çözmeye ihtiyacı vardır. Yunus Emre de:

İlim ilim bilmektir
ilim kendin bilmektir
sen kendini bilmezsen
ya nice okumaktır

diyerek insanın kendini bilmeden içsel huzuru yakalayamayacağını ifade etmektedir. İnsanların zihin denen bir bataklıkta çırpındığını görüyorum. Ya geçmişte, ya da gelecekte... Zihin seni sürekli değersiz, beceriksiz, işe yaramaz ve kaygılı düşünceler için tutuyor. Yaşadığın bir sorunu ya da sana yapılan haksızlığı, sadakatsizliği günlerce, haftalarca, hatta yıllarca bile sürekli hatırlatıyor. Oysa sen onu yaşayıp bitirmiştin! Ve ben diyorum ki, ilk adım bu bataklık denen zihinden çıkmaktır. Yoksa zihin senin tüm yaşam enerjini alacaktır.

Bataklıktaki bir insan genelde depresif bir durumda olduğu için Allah'a karşı da isyankâr bir durumdadır. Bu nedenle öncelikle zihni bilmek, onu durdurmak gerekmektedir. O halde ilk adım zihni ve sonra nefsi tanımaktan geçer.

Ben sana bu kitapta özellikle zihni anlatıyorum, onun hilelerinden söz ediyorum. Bu kitaptan sonra yazdığım kitaplar *Allah De Ötesini Bırak* ve *Bana Allah Yeter* ise daha rahmani bir enerjidedir. O kitaplarda direkt anlattığım tefekkür ve tevekküldür. Allah'a aşk ile bağlanabilmektir. *Kendini Bilen Rabb'ini Bilir* aslında diğer kitaplara bir hazırlık kitabıdır.

İnsan sürekli değişiyor, fikirleri değişiyor... Güncelleme her zaman güzeldir. Ben oldum diyen insan kendini geliştirmeye kapalı bir insandır. Zihin bizi kullanırsa bir köleyiz, biz onu kullanırsak bir bilgeyiz. Bu nedenle kitabımızı güncelleme gereği duydum. Bu kitap sana daha çok zihnin kurnazlığını anlatarak inşAllah yaşamında güzel bir kılavuz olacaktır.

Yaşam üzerine fazla geldiği zaman onu zorlama, biraz duraksa, neler olup bittiğine anlam verme. Mutlaka yanlış bir şey oldu ve düşüncelerin ile dileklerin aynı orantıda değildi, varlığınla aynı yolda buluşamadı.

Sorun yok, sadece bekle.

Güneş doğacaktır, çimler yeşerecektir, çiçekler açacaktır, rüzgâr esecektir ve yağmur yağacaktır. Zorlamaya gerek yoktur, olması gereken her şey kendiliğinden olur. İzlemeye devam et, şahitlik güzeldir, hem olayın dışındasındır hem de içinde, o bir dengedir, o anlamlıdır. Şahit ol, olanla bütünleş, güzellik olanların içinden filizlenecektir; zorlamaya gerek yoktur, olması gereken her şey kendiliğinden olur.

UK kendisine sorulan terapi hakkındaki bir soruya şu şekilde cevap vermiştir:

"Sana çok açıkça ifade edeyim. Terapi, seni bir köleye indirgemenin halk dilindeki resmi adıdır, sen en baştan hastalığa inandırılmış ve uzmana kendini teslim etmişsindir. Uzman artık senin karşında bir kral, sen ise köle olmuşsundur. Senin için bu noktadan sonra uzman ne derse o geçerlidir! O hangi yöntemi anlatırsa onun doğrularına inanmak ve uymak zorundasın! Ancak bu son derece yanlıştır, bu insanlığın çaresizliğe itilişi, bir uzmana bağımlı kılınmasıdır.

Hayır! Ben dünya üzerinde terapi yapıldığına inanmıyorum. Bir psikiyatrın seni dinleyerek, birkaç dakika sonra da tanı koyarak ilaç yaz ve gönder sistemi terapi olamaz. Aynı şekilde bir psikoloğun seni dinleyip notlar tuttuktan sonra da iki kelime konuşarak eve göndermesi... Şimdi bu terapi midir? Bu ancak insanı sömürmektir ve ben buna son derece karşı bir adamım. Benim tüm niyetim seni senle buluşmaya vesile olmaktır. Ve aslında sen hasta değilsin, sen kesinlikle hasta değilsin, ancak zihin hastalık üretebilir ve sen zihin değilsin. Gelip geçen ve sonunda çürümeye mahkûm olan bir şey nasıl gerçek olabilir? Bedenin ve zihnin hiçbir gerçekliği yoktur, onlar sadece senin varlığının gölgesidir. Sadece bir gölge, bir iz...

O halde zihnin –egonun– oyunlarına dikkat et, o, seni yüzeyde, kendinden uzakta başkasına bağımlı kılmak için her türlü hileyi ortaya koymaktadır. Çünkü sen eğer kendi içine yönelirsen tüm cevapları orada bulacaksın, fakat bu egonun işine gelmez, bu yüzden ego seni farkında olmadan kendi merkezinden, kendi özünden uzakta, yüzeyde arayış içinde bırakacaktır.

Eğer bir kerecik, sadece bir kez, zihin ve beden olmadığını idrak ettiğinde tüm sorunların bir anda buharlaşmaya, yavaş yavaş kaybolmaya başlar.

Biraz farkındalık... Anlıyor musun?

Sen, kendi derinliğindeki karanlığın içinde göremediğin cevapları arama yoluna çıkmış bir varlıksın, burada önemli olan içinde göremediğin o cevapların görülebilir bir hale getirilmesidir. Bu sana dışarıdan verilemez. Eğer sana kim, şunu şöyle yap, bunu bu şekilde yap diye direktif veriyorsa ona bir tokat at ve onu uyandır!

Her şeyden önce bir usta sana kendi cevaplarını vermez. Ustalar ya da üstatlar senin kendi karanlığında göremediğin cevapları görülebilir bir hale getirmek için yanında olurlar. Bunu çok net anlamanı isterim."

Soruyorsun: "UK, insan görmediği birine âşık olabilir mi?"

"İnsan görmediği, sesini bile duymadığı birine âşık olabilir. Bu Allah'ın insanlara vermiş olduğu en büyük özelliklerden biridir. Ben hiç görmeden, ben hiç sesini bile duymadan O'nun resulüne, O'nun peygamberine âşığım! O'na dokunmadan, salt hissettiğim için O'nun peygamberine sevdalıyım.

Ve benim gibi milyonlarca insan, belki sen dahi hiç görmediğin Allah'ın resulüne âşıksın. O halde O'nun kullarından birine de âşık olman çok normaldir. Bir kez yüreğinle aşka yaklaştığında, sadece bir kez... Göreceksin... Ancak zihnin mantık ürettiği için hakikatin önünde kara bir perde oluşmuş. Senin değerlerin aslında toplumun değerleridir. Sen sevmeye başladığında bütün değerler sevgiye dönüşür.

Ancak sen ne zaman derinliğinde bir boşluk, bir ilgi, şefkat ihtiyacı hissetsen âşık olmak istersin, karşındaki insanın, içindeki bütün bu boşluğu doldurmasını, seni yürekten sevmesini dilersin. Ve tüm bu duygular içindeyken âşık olduğunu sanırsın, ancak bu büyük bir yanılgıdır. İnsanlar bunun adına aşk diyorlar, insanlar bağımlılığı sevgi sanıyor. Hayır! Bu düpedüz ihtiyacının giderilmesidir, bu ihtiyacın giderilmesine aşk ya da sevgi demek ise insanlığın en büyük yanılgısı, kök sorunudur!

Aşk ancak senin aydınlığında, senin ihtiyacın olmadığı bir anda derinliğinden yükselir, o tıpkı bir volkan gibi patlamak ister, o tıpkı bir yağmur bulutu gibi taşmak ister, aşk almaktan değil vermekten yanadır. Sana söylüyorum! Aşkı basite indirgeme, çünkü aşk, Yaradan'ın sana emanetidir...

Sevmek ilahidir, sevgi güzelliklere açılan en kutsal kapıdır, bu yüzden sevmekten korkma. Kalbin kırılsa bile sevmeye devam et. Sev ki yüreğin, ruhun olgunlaşsın. Sevginin içinde açan bir çiçek ol ki dünyan cennete dönsün. O zaman ne yaşarsan yaşa her şey bir kutlamaya dönüşür."

Soruyorsun: "Sevgili UK, siz aşk olmayı anlatıyorsunuz. Âşık olmak ile aşk olmak arasındaki farkı biraz açıklar mısınız?"

"Benim görüşümde âşık olmanın hiçbir anlamı yoktur, âşık olmak son derece tehlikelidir, her an terk edilme, her an bir hayal kırıklığı ve hatta intiharla burun burunasındır.

Âşık olmak, yağmurun altında şemsiyeyle dolaşmaya benzer. Şemsiyen olduğunda yağmur tenine hiçbir şekilde temas edemeyecektir, o halde bu nimetten yoksun kalacaksın, yağmurun seninle olan iletişimini tamamen ortadan kaldıracaksın ve insanların yaptığı budur.

Sen hiç yağmur damlacıklarının içinde ufak kalpler olduğunu ve her damlanın tenine nüfuzunda sana sevgi aşıladığını hissederek ıslandın mı? O halde şunu çok net anlamalısın ki, âşık olmak seni büyük bir nimetten yoksun kılacaktır.

Aşk olmak önemlidir, aşk olduğun zaman yaşam oradadır, yaşam gerçek anlamda seninle bütünleşmiştir. Yaşamın kendisi bir aşktır ve onun her sunusuna, onun olumsuz sunusuna dahi aşkla yaklaşman seni bu yolculukta bir âşığa değil aşka dönüştürür. Âşık olduğunda güçsüz kalırsın, direncin, enerjin yavaş yavaş senden dışarıya doğru akmaya başlar. Âşıklar hep bir mücadele içindedir, bu yüzden onlar aşkı kaçırırlar. Onlar sürekli bir çatışma içindedir, onlar aşkın kokusunu hissedemezler.

Bu yüzden benim tüm öğretim insanlığın aşka dönüşmesi içindir."

Soruyorsun: "Hocam, niçin yaşam bu kadar durgun?"

"Hayatın monoton geçtiğinden şikâyet ediyorsun, onu donuk hale getiren yalnızca sensin, senin dünyanda, senin duygularını kim renksiz kılabilir? Ve senin her şeyi bırakıp aynanın karşısına geçmeni isterim. Ellerinle yüzüne, gözlerine, burnuna, kulaklarına dokun, onları hissederek dokun ve işte Yaradan'ın izlerini görüyorsun! Dokunduğun yerler ne kadar ilahi, onlar ne kadar kutsallar!.. Sen kutsal bir bedenin içinde yaşayan ruhsun. İlk adım bedenini sevmektir ve bedenini sevdikten sonra ruhunu sevebileceksin ve son adım seni varlığına götürecektir. Sen oraya bir kez ulaştığında hayat tüm renkleri, tüm ihtişamıyla karşında olacaktır. Artık tüm şikâyetler –sorunlar–, ıstıraplar son bulmuştur.

Sana şunu söylemeliyim ki, eğer deneyimlemediğin bir hayatı yaşıyorsan o hayatın altında eziliyorsun demektir.

Çünkü sen onu yaşamıyorsun, sen onu taşıyorsun! O hayatın içinde başkalarının anlattıkları, başkalarının bilgileri ve kitaplardan dolma öğretilerden öte bir şey olmayacaktır. Bu, yemek yerken birinin sana, 'Şimdi ekmeği ısır ve şimdi kaşığı ağzına götür' gibi komutlar vermesinden farksızdır, o yemeğin tadını nasıl alacaksın? Yediklerin boğazına tıkanacaktır ve deneyimlemediğin bir hayatın da hiçbir tadı yoktur. O sana çok yavan gelecektir.

Ben senin yaşam denen bu kutsal çiçeği kendi burnunla koklamanı, gönül gözüyle gözlemlemeni isterim. O zaman hayatın tadını almaya, onun muhteşem, başını tatlı bir rehavetle döndürecek o enfes kokusunu hissetmeye başlarsın."

Soruyorsun: "Ölüm fikri beni korkutuyor. Bunun altında yatan bir düşünce var mıdır?"

"Eğer ölüm korkun varsa bu kesinlikle bedenini sahiplendiğin içindir, bedenini sahiplenmeyi bıraktığın anda ölüm korkusunun kaybolduğunu göreceksin ve terk edilme korkun varsa, başarısız olmaktan yöne korkuların varsa, aldatılmak-kandırılmak adına korkular içindeysen izlemeni isterim ki, sen zihinle kendini özdeşleştirmiş durumdasın. O halde tek yapman gereken şey, zihni bırakmaktır. Kendini beden ile zihnin ötesinde tuttuğunda ve tezahür edene sadece tanıklık ettiğinde senin aydınlığın bir anda içinden yükselecektir.

Başına ne gelirse gelsin her şeye rağmen nefes almaya devam edersin ve şunu çok net anlamanı isterim: Nefes almak senin kontrolündeyse, nefes almana kimse engel olamıyorsa aynı şekilde kimse senin mutlu bir hayat sürmene de engel olamaz. Çünkü nefes almanın basitliği ile mutluluğa dönüşmenin basitliği eşittir, onlar tek bir merkeze bağlıdır ve bunu idrak etmek tüm ıstırapların sonudur. O halde doğum ve ölüm de birdir, onları ayırt eden zihindir. Ve ölüm dediğin senin sonsuza uyanışındır."

Soruyorsun: "Kıskançlık aşka zarar verir mi?"

"Benim gözlemime göre özgürlük bir güneş, kıskançlık güneşin önündeki kara bulut gibidir. Senin içindeki sevgi tohumunun filizlenmesi için özgürlüğün ışığına ihtiyacın varken kıskançlık bir anda tüm içini karartabilir. Kıskançlığın, sevgi gibi kutsal bir merkezlenmenin içinde ne işi olabilir? O zihne ait bir işleyiştir, onun sevginin büyümesi adına hiçbir katkısı, hiçbir olumlu tarafı yoktur, tam aksine kıskançlık, yok edicidir.

Sen tüm yüreğinle karşı tarafa kendini açıyorsun ve o sana zihninle (kıskançlık) yaklaşıyor. Ve klasik hale gelmiş sonla karşılaşacaksın; senin sevgi tohumun açmadan, o daha henüz filizlenmeden kurumaya mahkûm kalacaktır."

Soruyorsun: "Hocam etrafımda resmen enerjimi çeken insanlar var, ne yapabilirim?"

"Bazı insanlar vardır ben onlara 'enerji vampirleri' diyorum. Onlarla bir araya geldiğinde sana devamlı kendi hayatlarından söz ederler, sen kendi dünyandan bir şey paylaşmak istediğinde ise paylaşımını yüzeysel dinleyerek konuşmanı yarıda keser ve tekrar kendi anlatacakları konuya dönerler.

İşte o insanlar aslında bir dost değil, senin enerjinle beslenen vampirlerdir. Ben onlara 'enerji vampirleri' diyorum!

Senin sebepsiz yorgunluklarının büyük bir kısmı bu yüzdendir. Ve bu insanları her yerde görebilirsin, salt onlarla paylaşım içinde olmanın dışında da onlar senin enerjini çekebilirler. Senin gözlerine sönük bakmaları dahi kâfidir, bir anda enerjin düşebilir! Ve onlar çok ahmak insanlardır, onların sohbetleri o kadar gereksizdir ki artık patlama noktasına gelirsin, sen onların ahmaklığını kaldıramazsın; fakat şimdi ne söyleyebilirsin? Dinlemek zorunluluğu hissedeceksin. Zihnini onlardan korursan, zihnin sessizliği öğrenecek ve o sessizlikle birlikte mutluluk bir anda varlığından yükselmeye başlayacaktır. Bu koruma için zihin ötesine geçiş terapimizden yararlanabilirsin."

Soruyorsun: "UK, mutsuzluğun yaşamın içinde niçin gerekli olduğunu söylüyorsunuz, açıklar mısınız?"

"Mutsuzluk siyahı, mutluluk beyazı sembolize eder. Beyaz bir kalemle beyaz bir kartonun üzerine kendi adını yazdığında sen onu okuyamazsın, onu kimse okuyamaz, nasıl okuyacaksın ki? Beyazın üzerinde beyaz kalemle yazılmış bir mutluluk...

Senin mutluluğunun belirginleşmesi için arkada siyah fona ihtiyacın vardır, ancak siyahın üzerine beyaz kalemle mutluluk yazdığında onu görebilirsin. Ve yaşamda her ikisine de ihtiyaç vardır, siyah olmalı, siyah arka fonu temsil etmelidir ve beyaz onun içinde açan bir çiçek olacaktır.

Mutsuzluğu sadece kullan, onun içine girmesine izin verme, tıpkı acıyı kullanmanı söylediğim gibi mutsuzluğu da seni cennetine götürmesi için kullan.

O, yaşamında sürekli anımsadığın bir kara leke değil, cennetine ulaşma yolunda kullanmış olduğun güzel bir anı olsun!"

Soruyorsun: "Hocam ben sizi arkadaşlarımdan internetteki paylaşımlardan modern çağın bilgesi olarak duydum. Aydınlanmanız nasıl gerçekleşti, anlatabilir misiniz?"

"Ben kimseye aydınlandığımı söylemedim! Aydınlandığını söyleyen kim? Öncelikle bunun anlaşılması gerekir. Eğer 'Ben aydınlandım' diyen birisi senin karşına çıkarsa bil ki o egosunun sesini yüreğinden süzülen sesle karıştırıyordur. Bu tamamen egosal bir yaklaşımdır.

Aydınlanma, ortada bir sen –dışsal benlik– kalmadığında bir anda ortaya çıkar. O halde ben aydınlandım diyemezsin. İnsanlar birçok etiketleme yapabiliyor. Onlar bir bilge veya mistik ya da kişisel-bireysel gelişim uzmanı, usta, üstat şeklinde seni etiketleyebilir; ancak bunlar sadece işaretlerdir, sözcükler gerçeği ifade etmez, ben onları pazarda alacağım ürünü karıştırmamak için kullanırım. Yoksa onlar karışacaktır, pazarcı ne istediğimi anlamayacaktır, pazarcı kardeşim dakikalarca 'Şimdi bu adam da ne istiyor?' diye düşünecektir. Anlıyor musun?

O halde bilmeni isterim, ben sadece önce nefsini sonra da Rabb'ini bulmak için yola çıkmış bir kulum. Kul olmak bana kâfidir.

Fakat sorun üzerine sana şu iki ayrı evreyi anlatabilirim:

İş tempomun çok yoğun olduğu bir dönemdi. Beden yorgun düşmüştü ve beden ruhla birlikte bütündür, bedenin yorgunluğu ruhun dengesini bozuyordu. O zamanlar neler olduğuna anlam veremiyordum, fakat işime devam edemedim, sonunu getirememiştim. Bir süre dinlenme gereği duydum, çünkü üzerime sanki bir öfke bulutu çökmüş ve ben onun esiri olmuştum. Sese gelemiyordum, sokakta hafif bir gürültü olsa hemen o kişiyi paylıyordum. İnsanlar benimle konuşmaya korkar olmuşlardı, çünkü herkesi tersleyen bir adam vardı karşılarında, şimdi kim seninle konuşmak ister?

Ve bir süre babamın yazlığında kalmaya karar verdim. Orayı seviyordum, yazın dinlenmek için iyi bir yerdi, oraya yılda bir haftalığına giderdim. Ağaçlar beni her zaman çok etkilemiştir ve ben çocukken kendi ellerimle o ağaç fidelerini dikmiştim. Bu yüzden o ağaçların benim gönlümde farklı bir yeri vardı.

Bir öğlen kayısı ağacının altında otururken uyuyakaldım, ancak bir süre sonra şiddetle sarsılarak irkildim. Başıma bir cisim çarpmıştı. Gözlerimi açtım ve yukarı baktım, sonra yere... Neler oluyor? Ve tam öfkeleneceğim sırada fark ettim! Başıma düşen bir kayısıydı, benim öfkemi tetikleyen sadece bir kayısı, ancak kime bağıracaksın? Orada sadece masum bir kayısı var!

Ve o an şöyle dedim: 'Senin tüm ıstırabın, öfken ve üzüntün kendi içinden gelmektedir, dışarıdan sana gelen hiçbir şey yoktur.' Evet, kayısı bir uzaktan kumandaydı ve o içimde nötr halde bekleyen öfkeyi tetikleyecekti. Ve farkına vardığım o an öfke kaybolmuştu, sanki tüm sinirlerim bedenimden sökülmüştü ve gülmeye başladım...

Ve bir şey daha fark etmiştim: Yaşama tutunmayı bıraktığım an yaşamaya başlamıştım! Benim yapacağım işi yapacak her zaman birileri vardı, ben yaşam denen koşturmanın içinde yaşamadığımı fark ettiğimde bir anda taze bir çiçek gibi açtığımı hissetmiştim. Ve o günden sonra her soluk alışımda, içime her taze hava girişinde yeniden doğmaya başladım!

Ancak bu ikinci evreydi ve bunun birinci evresi 13 yaşında gerçekleşmişti. O zamanlar bir sevgi dilencisiydim, sevginin dışarıdan geldiğini sanan bir çocuk... Biri beni severse her şey anlamlı, her şey çok güzeldi. Yaşam renkliydi, çiçekler oradaydı, rüzgâr şarkı söylüyordu; fakat sevgi gelmediğinde yaşam bir anda rengini kaybediyordu. Artık ağaçlar rüzgârla dans etmiyor, çiçekler anlamsızlaşıyordu. Ve insanları izlemeyi seviyordum, onların iletişimlerini çok dikkatlice izlerdim. Ve her gece Rabb'imle konuşurdum, ona niçin her insanın içine sevgi koymadığını ve bunu dışarıdan aramak zorunda kaldığımı sorardım. Ona bunu 13 yaşına kadar sormuştum ve bir gün cevap geldi. Bu içimden yükselen bir sesti, önce onu dışarıdan sanmıştım; fakat sonra onun içimden geldiğini netleştirdim.

Ses şöyle diyordu: 'Sevgiyi içine koymadığımı nereden biliyorsun, oraya hiç baktın mı?' O haklıydı, çünkü ben sevginin dışarıdan geldiğine inanmıştım, bu yüzden devamlı sevgiyi dışarıda arıyordum. Belki de insanların, çiftlerin, davranışlarını görerek bu inancı benimsemiştim. Ve insanların yüreğime dokunması için sürekli olarak ben onları mutlu etmeye çalışıyordum. Bunu ticaret haline dökmüştüm: Ben senin iştediğini yapayım, dışarıdan bir ihtiyacın varsa koşup getireyim ve sen beni sev!

O an içimden yükselen hafif mırıltıyla şu sözler ağzımdan dökülüyordu: 'Kendi yüreğine dokunamayan bir insan başkasının yüreğine de dokunamaz!' Kendi yüreğimi keşfettiğimde her şey tekrar renklenmeye başlamıştı. Sanki içimde karanlık bir oda vardı ve ben o odayı aydınlatacak lambanın düğmesine basmıştım!

Evet, bu da birinci evreydi. Allah bazı insanlara farklı lütuf verir, bu O'nun rahmetidir. Kimisi güzel top oynar futbolcudur; kimisi Tarkan gibidir güzel sesi vardır; bana da kendimi bulma, izleme, derin bakma rahmeti vermiş olmalı.

Şimdi sen buna aydınlanma diyebilirsin, buna Nirvana'ya ulaşma diyebilirsin, ancak burada sana 'aydınlandım' diyecek birini hiçbir zaman bulamazsın, bu son derece şeytani olacaktır."

Soruyorsun: "UK, yaşam demek benim için sorun demek, o bana hep kötü yüzünü gösteriyor, artık ona hoşnut gözle bakamıyorum. Eski ben olmak istiyorum, bunun için ne yapabilirim?"

"Sorunlu bir yaşam yoktur, sorunları var eden insanlar vardır, önce bunu anlamalısın.

Yaşam nasıl sorunlu olabilir? O bir boşluktur, onun içi kalabalık değildir, kalabalık olan senin zihnindir ve yaşam daima boşluğun dansına eşlik eder. Onun içinde sevginin evi vardır ve insanlar bu boşlukta kurulmuş olan sevgi evini ona kattığı anlamlarla şekillendirir. Öncelikle sen kendini yaşamdan ayrı tutmakla büyük bir bölünmeyi gerçekleştiriyorsun. Bu evden uzaklaşmaktır ve evden uzaklaştığında sorunlar, savaşlar ardı ardına birbirini takip etmeye başlar.

İnsanlar sorunsuz bir yaşam ister, insanlar sevgi ister,

insanlar dünyada barışı ve huzuru ister; fakat önce bunları kendi içinde sağlamalısın. Bu, onları dışarıda istemekle olacak bir şey değildir, senin içsel güzelleşmenle ilgili durumdur. Bir kez kendi içindeki bütünlüğe eriştiğinde bütün cevaplar senin önünde tezahür etmeye başlar.

Önce ol!

Varlığın olgunlaşmasına odaklı kal, bunu zihni kullanarak yapabilirsin.

Fakat sen zihnin seni kullanmasına izin veriyorsun, hayır, zihni sen kullanacaksın ve ancak onu iyice tanıdıktan sonra zihnin ötesine geçebilirsin. Zihnin ötesinde olan her yer sevgi ve mutluluk alanıdır. Yaşadığın tüm bu sorunlar, ıstıraplar fark eden ile fark edilenin özdeşleşmesinden doğar.

Sen bütün sorunları düşüncelerinle besledin ve onlar her geçen gün daha büyük bir enerji topluluğuna dönüşmeye başladı. Bu enerjiyi yaratan sensin!

Şimdi yaşamı suçluyorsun, 'O bana hep kötü yüzünü gösteriyor' diye isyanlardasın ve bu durumu kendin yarattığının farkında değilsin! Olan biten her şey senin düşüncelerinden yola çıkarak gerçekleşti ve düşünceler kendi özünden ayrı olduğun için oradadır. Dünyanın içinde olduğun fikri seni güçsüz kılıyor, sen dünyanın içinde değilsin, dünya senin içindedir, bunu unutma!

Eğer farkındalığın gelişmemişse yaşam her nefes alışında sana zehir tadı vermeye başlar.

Hikâye çok güzel:

Tenno, on yıllık çıraklıktan sonra Zen hocası rütbesini elde eder. Yağmurlu bir gün, ünlü Zen ustası Nan-İn'i ziyarete gider. İçeri girdiğinde usta onu bir soruyla karşılar:

'Takunyalarını ve şemsiyeni kapı önünde mi bıraktın?'

'Evet' diye cevaplar Tenno.

Zen ustası devam eder:

'Şemsiyeni ayakkabılarının sağında mı yoksa solunda mı bıraktın?'

Tenno soruyu cevaplayamaz; henüz 'tam farkındalık' olayına erişemediğini anlar ve Nan-İn'in yanında çırak olup on yıl daha çalışır!..

Farkındalık, gizli cevapları bulman adına seni uyandırır, o bir çalar saat gibidir. Eğer içinde doğan bir farkındalık yoksa ömür boyu uyuklamaya devam edersin.

Farkındalığı akış içinde gerçekleştir, bu bir amaç olmamalı, bu bir arzu halini almamalı. Farkındalık tamamen içsel bir olgu halini aldığında mutluluk bir güneş gibi kara bulutların ardından belirmeye başlar. O zaman çalar saat seni uyandıracaktır, eğer sen bu durumu zihinsel bir bilgi düzeyine taşırsan tıkanıp kalırsın, farkındalık zihnin değil, varlığın öznelliğinden bir parçadır.

Ve aşk senin amacın olduğunda, sevgi senin amacın olduğunda, özgürlük senin amacın olduğunda ve farkındalık senin amacın olduğunda, sen tüm doğallığını kaybetmiş olursun. Onlar senin doğanda var, onlar senin özün ve sen onları bir hedef olarak algıladığında bütünlüğünden uzaklaşmaya başlarsın.

Onları dışarıda arayan zihindir, sevgi ve mutluluk ise mutlak varoluş halindedir.

Ve toplum seni bütünden uzak kalmaya koşullandırdı! Toplum seni özgür bırakmış gibi gözükse de senin özgürleşmene izin vermez, toplum senin doğallığını bozmak için kurnazca planlar içindedir, senin uyanık olman onların işlerine gelmez; onlar seni bir köleye indirgemek isterler. Sen kendin olduğunda Allah'tan başka kimseye ihtiyacın olmayacaktır. Ama bu onların işlerine gelmez, çünkü durum büyük bir işsizliği de peşinden getirecektir ve o yüzden toplum seni bozmak için elinden geleni yapar. Onlar, senin kendi elinde oyuncak olmanı isterler, seni bir yapboza çevirirler, önce bozar sonra parçalarını bir araya getirmek için çabalarlar!

Sen ne olduğunu idrak edemediğin sürece toplumun elinde oyuncak olmaya mahkûm olursun, bu insanlığın büyük bir sorunudur ve bu sorunun çözümü insanın içsel evine dönmesiyle birlikte gelecektir!

'Sorunsuz bir yaşam yoktur' demekle sana bunu anlatmaya çalışıyorum. Sen kendi içsel gelişiminle yaşam nehrinde akışını sürdürdüğünde çevrende sorunlar da olsa akışa devam edersin.

Sen yaşam nehrine karışmayı bekleyen bir damlasın. Nehre karıştığında artık nehrin kendisi olmuşsundur ve büyük okyanusa doğru sevgiyle akış başlar. Sevgiyle akışını gerçekleştirdiğinde hiçbir sorun senin önünde duramaz, sonunda okyanusa ulaşırsın ve okyanus bütünlüğün gerçekliğidir. Onun içine bir kez karıştığında bütünlük senin doğan haline gelir.

Özlü sözümüzü oku!

Kötülüğü göremeyecek kadar körüz ve o karşılığını bizde bulamayınca adeta eriyor, yok oluyor.

Sen sevgi olduğunda, karşındaki de sevgiye bürünecektir, sevgi o kadar sıcaktır ki, en soğuk olumsuz düşünceni bile eriterek sevgiye dönüştürür. O yoluna çıktığında bir çığ halini alır, bu çığ sevgiyle yuvarlanır ve büyür; çevresinde bulunan her şeyi içine alarak, olumlu ya da olumsuz tüm duygularla bütünleşerek sevgi yumağı halini alır. Sen sevgi olduğunda baktığın her yerde sevgi görürsün, artık varlığına –sevginin kaynağına– ulaştın demektir ve oraya bir kez ulaştığında sorunlu bir yaşam olmadığını, tüm sorunları zihninin yarattığına şahit olursun.

Aklıma bir Zen hikâyesi geldi:

İki öğrenci manastırın dalgalanmakta olan flamasına bakarlar. Biri 'Rüzgâr hareket ediyor' der. Diğeri 'Hayır, hareket eden flama' diyerek karşı çıkar. O esnada yanlarından geçen üstat onlara dönüp 'Ne rüzgâr ne de flama, hareket eden sadece zihin' der ve şimşek çakar!.."

Soruyorsun: "UK, dünyaya bir çiçek olarak açmaktan söz ediyorsunuz, bunu nasıl gerçekleştireceğiz ve sorunlar hakkında ne düşünüyorsunuz?"

"Bir seferinde öğrencisi Konfüçyüs'e, nasıl mutlu olunacağını, nasıl saadete erişileceğini sormuştu. Konfüçyüs ona şöyle cevap verdi: 'Garip bir soru soruyorsun, bunlar doğal şeylerdir. Hiçbir gül, nasıl bir gül olunacağını sormaz!'

Bir soru yaratıyorsun ve cevabını bana soruyorsun. Cevabı bulmak için öncelikle soruyu soranın kendisini bulman gerekir, öyle değil mi?

Hey sen orada mısın? Soru kimin içinde doğuyorsa cevap da onun içinde filizlenir. O halde bu soruyu soran kim? Önce bunu bul!

Ben insanlara 'Mutlu olmaya çalışma, mutluluğun kendisi ol' diyorum.

Sevgi, aşk, huzur, coşku, neşe; senin içselliğinde onlar zaten yuva kurmuşlardır. Ve sen onları dışarıda aradığında onları bir hedef, bir araç olarak görmeye başlarsın. Onları ulaşabilecek bir araç olma kavramından uzaklaşarak, kendi derinliğine indiğinde mutluluğun, sevginin ve tüm güzelliklerin zaten orada seni kucaklaman için beklediklerine şahit olursun.

Onlar senden bir parçadır, onlar senin varlığının temelidir, onlar senin orijinalliğindir!

Sen orijinal olarak güzelsin, bütünsün, anlamlısın! Ve benim sana, 'Dünyaya bir sevgi tohumu olarak geldin' demekle anlatmak istediğim tam olarak budur. Allah seni sevgi ile yarattı. O'nun vedüd esması üzerimizde tecelli ediyor.

Sen zaten sevgi tohumusun, bunun farkına vardığında dünyaya sevgi çiçeği olarak açman kaçınılmazdır. Hiçbir çiçek 'Ben nasıl açacağım?' diye sormaz. O varlığının farkındalığıyla hareket eder ve zihnin dışında gelişen her şey ilahi, kutsal olandır.

Sorunlar hakkında ne düşündüğümü soruyorsun. Sen hep düşüncelerinin esiri olmuşsun! Düşünce zihinsel bir eylemdir, o kendi halinde bir enerjidir. Mutsuzluk bir duygudur, üzüntü bir duygudur ama o asla öz olamaz, onlar gelip geçici olanlardır, hakikat ise kalıcı olandır. Sen sadece var olansın, merkezsin ve baki olan duygular değil sensin. Kendini duygularla özdeşleştirmeyi bıraktığında ortaya ne olduğun çıkacaktır. Bütün özdeşleşmelerden arın!

'Ben üzgünüm' dediğinde ona enerjini katmış olursun, onu aktif duruma getirmiş olursun, ona can verirsin, onu farkında olmadan beslemişsindir. Ve beslediğin her ne ise büyümeye başlar. Aşk beslersen aşk büyür, korku beslersen korku büyüyecektir. Unutma, beslenen her şey büyür!

Hiçbir sorun ciddiyet taşımaz, o saf haldedir, o sadece

mevcut enerjisiyle gelir, o nötr durumdadır; yoğunluğu ne fazladır ne de azdır. Ve onu yoğunlaştıran senin bakış açındır, onu ne kadar büyütürsen o kadar sorunlu bir hal alır.

Ona kattığın yoğunluğu azaltabilirsin, o önce bir portakal büyüklüğünde olabilir, sonra onu bir fındık kadar küçültebilirsin ve onu sonunda toz zerrecikleri haline getirerek üflersen o kaybolacaktır.

Yalnız şuna dikkat etmelisin!

Ben sana 'Sen sevgisin, aşksın' dediğimde bunların bir duygu olmadığını, aranılacak ya da elde edilecek bir yüzeyde bulunamayacağını, onların zaten senin özün olduğunu anlatmaya çalışıyorum. Eğer bunu görebilirsen sevgi bilincinde hareket etmeye başlarsın, o zaman her olayın içindeki mükemmelliği fark edeceksin. Bu bir aydınlanma halidir, artık olmuşsundur!

Olmak 'bir' olarak hareket etmektir, bu bir rahmettir, Yaradan'la kucaklaşmaktır!

Sen kâinata koşulsuz ve beklentisizce yüreğinin kapılarını sevgiyle açtığında, o da sana bütün güzellik kapılarını açacaktır!

Bunu söylemekle ona aşkla yaklaşmanın kutsallığından söz etmiş oluyorum. Sen ona bilgiyle yaklaşıyorsun, bilgi seni geçmişine bağımlı kılar, o bağımlılıktır, o tehlikelidir, o öz değildir, o zihinsel bir eylemdir, onun içinde kutsallık ve hakikat yoktur. Bilgi sadece yaşanılanların bir izidir ve izler kaybolur, kalıcı değildir; bilgiye güvenme, yoksa yolda kalırsın.

Sen yaşam denen gizeme bilginle yaklaşırsan ona tecavüz etmiş olursun. Eğer ona aşkla yaklaşırsan, ona yüreğinle gidersen o da sana bütün gizemli kapılarını ardına kadar açacaktır. Anlaşılması gereken budur!

Sen içinden en güzel müzikleri çal, sorunlar seninle dans etmeye en baştan hazırdır!

Dışarıdaymış gibi hissetmiş olduğun dünya senin içsel dünyanın bir yansımasıdır, o aslında sadece bir illüzyondur. Eğer görebiliyorsan baktığın her yerde ayna etkisi vardır. Bulutlara baktığında onların da sana baktığını hissedeceksin. Akşam olduğunda bir yıldız tut kendine ve ona yüreğinle bak, yıldız da sana bakacaktır. Gökyüzündeki aya bak ve ayın da sana baktığına tanık ol. Bunu hissetmelisin, bu muhteşem bir farkındalıktır.

O kadar insan arasında ay sana bakıyor, o seni seçti, sen onu hissettin, o da seni hissediyor. Sen onu fark ettin, o da seni, sen onu kucakladın, o da seni...

Sen içinde neye dokunursan dışarıda da onu kucaklarsın! Unutma, dışarıda tezahür eden senin içsel yansımandan başka bir şey değildir.

Kadın komşularından rahatsızdı, ona göre herkes bencil, sevgisizdi ve hiçbiri hoşgörüye sahip insanlar değildi. Taşınmaya karar verdi ve başka bir mahallede ev aradı. Beğendiği evin yer aldığı apartmanın kapısında yaşlı bir adam dikilmiş kedileri seyretmekteydi.

Kadın yaşlı adama sordu:

'Bu binada komşuluk nasıl?'

Yaşlı adam, 'Senin geldiğin yerde komşuluk nasıldı?' diye onu soruyla cevapladı.

Kadın 'Benim geldiğim binadaki insanlar sevgisizdi, hoşgörüye sahip değildi, bencildi' deyince yaşlı adam, 'Buradakiler de sevgisiz, bencil ve hoşgörü sahibi değiller' dedi.

Kadın başka bir mahalle ve başka bir ev bakmaya başladı.

Güzel de bir ev buldu kendisine. Evin bulunduğu binanın girişinde dikilmiş bir yaşlı adam vardı yine. O da sokakta top oynayan çocukları izlemekteydi.

Kadın, yaşlı adamın yanına yaklaştı ve sordu:

'Affedersiniz, bu binada komşuluk nasıl?'

Yaşlı adam 'Senin geldiğin yerde nasıldı komşuluk?' diye ona yine soruyla cevap verdi.

Kadın, 'Benim geldiğim binadaki insanlar sevgi doluydu, paylaşımcıydı, saygı vardı, hoşgörü vardı' deyince yaşlı adam, 'Aynı şekilde burada da sevgi dolu, paylaşımcı, saygılı insanlar var, hoş geldin yeni evine!..' diye karşılık verdi.

Ben sorunlar hakkında özel bir şey düşünmüyorum, onlar benim değil, onlar zihnin bir kurgusu, ben sadece vaki olana tanık olurum, tezahür eden benim değildir.

Düşünceleri tanık olarak izlemeye başladığında onların diğerleri gibi, yaşamın içinden, herkese aynı mesafede, aynı yoğunlukta olduğunu göreceksin. Yaşam yapıcı ve yıkıcıdır, o bu şekilde tamdır. Unutma, sen düşündüklerini beslemiş olursun.

Eğer sorunları düşüncelerinle enerji vererek beslersen kendini yaşamdan ayırmış olursun ve bu seni parçalara bölecektir.

Sadece olanı izle, anlam katma, cevaplar soruyla birlikte doğar. Soru varsa cevabı da mutlaka içindedir.

Hâlâ çiçek açmak istiyorsan ben seni sevgi bahçesine kadar götürebilirim. Zihninin örtmüş olduğu ve göremediğin oradaki toprağınla, özünle seni tekrar buluşturabilirim, fakat o verimli toprakta çiçek açmak senin seçimine bağlıdır!"

Soruyorsun: "UK, sizce biz büyüdük diye mi kirlendi bu dünya?"

"Bu sadece zehirli bir bakış açısı. İnsanları izliyorum, çoğu 'Biz büyüdük ve kirlendi dünya' düşüncesi içinde. Bir çocuk için bu dünya muhteşem bir potansiyel, coşku ve enerji alanıdır, öyle değil mi?

O halde kirlenen senin bakış açından başka bir şey değildir, kirlenen senin zihnindir, senin içinde akan bir ırmak ancak senin içsel konuşmaların kirliyse bir bataklığa dönüşür. Dışarıdan senin içine işleyecek hiçbir şey yoktur, vaki olan her şey senin içinde tezahür eder.

Ve senin bakışların bu kadar kirli ise güzelliklerin tohumunu nasıl görebilirsin?

İçindeki dünya sana şöyle sesleniyor: 'Ben sana güzellikler saçan bir çiçeğim, fakat sen kirli baktığın için beni de kirlenmiş görüyorsun!' Ancak zihnin o kadar kalabalık ki, içinde o kadar çok gürültü var ki; sen yüreğinden süzülen bu mırıltıları duyamıyorsun.

Henüz senin içinde bir sevgi tohumu filizlenmemişken, aldığın her solukta ciğerlerin yanacak kadar bu yaşama kırgınsan, yüreğini kapatmış ve hayata sadece gözlerinle bakıyorken, sevgiyi tüm hücrelerinde hissederek nasıl yaşayacaksın?

Ve sen bu dünyanın kirli olduğunu söylüyorsun. Ben de sana diyorum ki:

'Senin dünyaya baktığın pencere kirli ise yaşamın renkli çiçeklerini çamur görürsün!'

Bu dünyanın sen büyüdüğün için kirlendiğini düşünüyorsun. Hayır, büyüyen sen değilsin. Sen bu dünyaya bir varlık olarak geldin, ruh olarak geldin, senin merkezin öz benliğindir ve o hep aynı kalacaktır. O sadece olgunlaşır, onda büyüme ya da küçülme olmaz, o halde büyüyen nedir?

Büyüyen senin egondur, doğumundan bu yana toplum tarafından sana empoze edilen ve üzerinde kişilik oluşturan sahte benliğin büyür ve o büyüdükçe hayat daha çok karmaşık hale gelmeye başlar. Sen artık kendinden uzaklaşmışsındır, merkezden uzaklaştığın anda güzelliğin yuvasını terk ettin demektir, huzurun yuvasını bıraktın, sevgi evini terk ettin demektir. Anlıyor musun?

O halde sen değil, egon büyüdükçe bu dünya sana kirli gözükmeye başlar. Sana 'Kirlenen senin düşüncelerinden başka bir şey değildir' derken, anlatmak istediğim budur.

Ve her şeyin içinde mutlak sevgi vardır. Sevginin içinde var olmadığı hiçbir şey yoktur, o her duygunun, her olayın ve her anın içinde mutlaka vardır. Ve o derinlerdedir, o asla yüzeyde bulunmaz, onun tatlı bir sıcaklığı vardır ve derinlere indiğinde o sıcaklığı hissetmen kaçınılmazdır.

Onu hissetmek için vaki olan her şeye yüreğinle yaklaşman kâfidir. Karşına çıkan her şeyin yüce olandan, Yaradan tarafından gönderildiğini idrak ettiğinde bir anda huzur varlığından yükselerek tüm benliğini saracaktır. Her şey olması gerektiği için olur.

Hatırla!

Çocukken kumsalda saatlerce oturur kumdan kaleler yapardın. Dalga vurur ve yosunlar senin kalelerine bulaşırdı, onları çirkinleştirirdi. Sonra başka bir dalga gelir, senin saatlerce emek vererek yaptığın kalelerini bir anda yok ederdi ve sen buna sadece gülümser, başka bir kale yapmaya koyulurdun.

O zamanlar yıkıcılığın ve yapıcılığın yaşamın içinde var olduğunun farkındaydın, bu farkındalıkla yaşamla birlikte akıyordun. Sen o zaman saf masumiyettin.

Şunu izle!

Bir çocuğun gelecekle ilgili kaygıları yoktur, çünkü onun planları hiç olmamıştır ve bir çocuğun geçmişle ilgili pişmanlığı da yoktur, o sadece anın içinde varoluşunu yaşamaktadır. O özgürlüktür, o sevgidir, o aşktır, o bütündür.

O güldüğü zaman tüm varlığıyla güler ve o ağladığında tüm varlığıyla ağlar. O yemek yerken yemek, heyecanlanırken heyecanın kendisi olur! O doğduğunda olmuş olarak dünyadaki yerini alır, sonradan toplum onu parçalara ayırır; o artık bölünmüştür, o artık sahte benlik sahibidir ve sahte benlik bilinciyle birlikte sorunlar onu takip etmeye başlar.

Bir çocuk kin tutmaz, onun affetmeme gibi bir sorunu yoktur, bir çocuğun tüm enerjisi kendine dönüktür. Ve sen bir çocuğu asla yerinde durduramazsın. Nasıl durdurabilirsin ki? O tam enerjidir, o bölünmemiş enerjidir, onun enerjisi kendine doğru akmaktadır.

Bir çocuk özgür olmak için uğraşmaz, çünkü o özgürlüğün kendisi olduğunun farkındadır. O özgürlüğün içinde açan bir çiçektir. O mutlu olmak için amaçlara sığınmaz, zaten mutluluğun kaynağıdır. Eğer mutlu olmak için çaba gösteriyorsan, bütüne aykırı davranıyorsundur!

Varoluşun sadece pozitif yanını görmek yaşamın bütünlüğünü kabul etmemektir, yaşamın sadece bir parçasını görmek büyük bir enerji kaybıdır, o zaman akış gerçekleşmez ve yaşam nehrinde akış durduğu anda tıkanmaya başlarsın.

Diğerlerini de sevgiyle kabullendiğinde bütün güzellikler önüne serilir, sen artık bütün olmuşsundur, yaşam olmuşsundur, o an varoluşun şarkılarını duymaya başlarsın. Ve sen küçükken şarkılar söylüyordun, seni kimse anlamıyordu; fakat sen mutluydun, anlayış beklemiyordun, kabullenmek beklemiyordun, tasdik beklemiyordun.

Kendi merkezinde olan bir varlığın hiçbir şeye ihtiyacı yoktur, o zaten yaşamın kendisidir!

Varlık hâlâ bebeksidir, o masumdur. Sen saf güzelliksin, saf sevgisin, saf aşksın, saf masumiyetsin.

Sen bu dünyaya çocuk olarak gelir ve çocuk olarak gidersin, arada geçen zaman sadece vaki olmuştur, onun bir gerçekliği yoktur!

Soruyorsun: "UK, bazen yazılarınızdaki 'Sen bir ölüsün' gibi hitaplarınız beni korkutuyor. Siz ölüm hakkında ne düşünüyorsunuz?"

"John bugüne kadar yaptıklarından dolayı kendisini çok suçlu hissediyor ve artık her şeyi geride bırakıp sevgiyle yaşamak istiyordu. Yas ustasının yanına gelerek ona nasıl sevgiyle insanlara yaklaşması gerektiğine ilişkin sorular sordu.

'Bana sevgiyi anlat' dediğinde usta bir ateş yaktı ve John'dan elini ateşin üzerine uzatmasını istedi.

John bunun ne anlama geldiğini anlayamadı, 'Ben her şeyi bırakıp sevgi yoluna geçmek istiyorum şimdi bununla ne alakası var?' diye sorunca usta gülümseyerek cevap verdi:

'Ateşe dokunmadan onun ne olduğunu anlayamazsın, onun derinliğine inemezsin. Ve ölüm de öyledir, o öğrenilecek bir şey değildir, onun anlatılacak bir tarafı yoktur, onu yaşamak gerekir!'

Özlü sözümüzü oku:

Bu beden 'benimdir' deme, onu bir gün bırakacağın düşüncesiyle yaşamı kendine zindan edersin! De ki: Ölüm bir son değil, o, bedeni bırakıp sonsuz bir yaşama doğru ilerlemek, gerçek dosta, Allah'a kavuşmaktır.

Ve insanların ölüm dediğine ben sonsuz bir yaşama kucak açmak olarak bakıyorum. O yeniden doğuştur, uyanıştır, Yaradan'ın uzun rüyasından uyanış... Geçici olandan –bedenden– arınmak, sınırsız bir yaşamın kapılarını ardına kadar aralamaktır.

Sana 'Sen bir ölüsün' dediğimde bundan korktuğunu söylüyorsun, bunun farkındayım. Sen uykudasın, hem de çok derin bir uykuda... Uyanmak istemiyorsun, çünkü uyanırsan rahatlık ortamından uzaklaşmış olacaksın, o zaman kumsalda güneşlenmeyi bırakarak okyanuslara açılmak zorunda kalacaksın.

Okyanusların ötesi güzeldir, ama tehlikelidir de ve senin kumsalda kalıp güneşlenmek daha çok işine geliyor!

Fakat okyanusların ötesinden korkmana gerek yoktur, orası derinliktir.

Ve yaşama derinlemesine bakmak önemlidir. Ona yüzeysel baktığında tüm mucizeleri kaçırırsın. Okyanusun derinliğine indiğinde oradaki muhteşem canlılara tanık olursun.

Orada spookfish'ler vardır, orada leopard toothfish'ler yaşar ve anlamını hissedebileceğin her şey derinlemesine baktığında gerçekleşir.

Yıldızları izle! Onlar ışık saçar ve onların derinliğine inersen müthiş bir enerji kaynağını hissetmiş olursun. Enerjiyle bütünleşebilirsin, onunla pek çok güzellikleri yaşayabilirsin. Eğer ona çıplak gözle bakarsan sadece izlemiş olursun, derinliğine inersen onu yaşamış olacaksın, aradaki farkı görüyor musun?

'Sen bir ölüsün' demekle bahsettiğim şey budur. Sen derinlere inemiyorsun. Derinler senin merkezindir, varlığının olduğu yerdir; fakat egon ölümden korkuyor ve o seni içselliğinden uzaklaştırarak yüzeye odaklanmana yol açıyor. Dikkat et! Bedeninle özdeşleşmiş durumdasın; varlığın yaşamdan ayrı gibi duruyor ve varlık senin özündür, özün yaşamla birleşmediyse, özünle özdeşleşme gerçekleşmediyse sen nasıl yaşadığını hissedebilirsin?

Şimdi nasıl yaşayacaksın? Sen bir bölünme içindesin, nevrotik durumdasın, sen sadece kendini beden olarak görüyorsun, bu durumda hep eksik kalacaksın demektir, sen buna yaşamak mı diyorsun?

Özünü hissetmiyorsan yaşadığını nasıl hissedebilirsin? Ve sen orijinalliğini hissetmiyorsun, senin orijinalliğin özünde ve sen ondan çok uzaksın, onu duyumsamıyorsun. Ben seni dürtüklüyorum, 'Kalk, sen bu halinle bir ölüsün' diyorum ve sen bana 'Bunu sakın söyleme, ben ölü olmaktan korkuyorum, bu düşünce beni delirtiyor, bırak biraz daha uyuyayım' diyerek diretiyorsun.

Cennete gitmek için bedenini bırakman gerekecek, oraya bir bedenle gitmen imkânsız; fakat sen ölümden korkuyorsun. Ölümden korkmanın ne anlamı var? Son nefesini vermen gerektiğinde ölmemek için dualar edeceğine ölümü sevgiyle kucakla. Ölüme şarkılar mırıldanarak, büyük bir aşkla kahramanca git ve ölümün bir son değil yeni bir başlangıç olduğunu unutma.

Bu kadar."

Soruyorsun: "UK, bana mutluluktan söz eder misiniz?"

"Bu çok saçma. Sen denizin içinde yüzüyorsun ve bana şöyle soruyorsun: 'UK, ben denizde yüzüyorum, bana denizde yüzmenin nasıl bir şey olduğundan söz eder misin?' Senin sorduğun budur ve ben de sana diyorum ki: 'Sadece yüzenin farkında ol!'

Ben insanlara mutluluğu değil, mutsuzluğu nasıl sevgiye dönüştüreceğini anlatıyorum. Önce mutsuzluğun ne olmadığını anlamalısın. Merkezin dışındaki her şey mutsuzluktur, zihnin içinde gerçekleşen her şey mutsuzluktur ve onun tersi senin mutluluk alanındır. Ve mutluluk kendi içinde mutsuzluğu da barındırır, aynı şekilde mutsuzluk da derinliğinde mutluluğu barındırır.

Her duygu içinde olumlu ve olumsuz bir enerji taşır, insanlar mutsuzlukla karşılaştığında onun olumsuz yönüne odaklanırlar, oysa derinliğinde mutlaka bir mucize yatmaktadır. Bu aynı şekilde mutluluk için de geçerlidir, onun da derinliğinde olumsuz bir enerji mevcuttur. İki farklı enerji bir bütünü oluşturur.

Atasözü şöyle der: 'Her şeyin fazlası zarardır.' Bu sözün derinliğine indiğinde her güzelliğin içinde bir çirkinlik olduğunu izleyebilirsin ve bu seni bütünle buluşturur.

O yüzden sana salt mutluluktan söz edemem, çünkü tek bir duygu bütünü işaret edemez. Mutluluk ve mutsuzluk nefes alıp vermek gibidir, biri nefesi alış diğeri veriştir, ikisi aynı anda buluşamaz. Fakat ikisi de gereklidir.

Tepki vermeden yaşamda gerçekleşen her şeyle uyum sağladığında, tezahür edeni kabul ettiğinde, o duygunun derinlerine indiğinde, yaşamı sevgiye dönüştürmüş olursun, artık huzura açılan kapıyı keşfettin demektir.

Tekrar söylüyorum, sen mutluluğu aradığında onu bir araç haline indirgemiş olursun. O ulaşılacak ya da sahip olunacak bir araç değildir, o saf özdür. O seni bulur, senin onu aramana gerek yoktur, o hep oradadır, senin içindedir ve sen hazır olduğunda o seni her zaman bulmuştur!

Üzgünüm; üzülme, geçecektir! Mutluyum; keyfini çıkar, geçecektir!..

Usta öğrencileriyle birlikte oturmuş sohbet ediyordu. İçlerinden biri burada bulunduğu için mutlu olduğunu belirtince usta 'Geçecektir' dedi. Konuşma bitmişti, usta, öğrenciler yanından ayrılmaya başladıkları sırada başka bir öğrencinin ayağı takılarak yere düştüğüne ve acı çektiğine şahit oldu. Öğrenci ustaya çok acı çektiğini söyleyince usta her zaman olduğu gibi gülümseyerek sakince karşılık verdi:

'Geçecektir.'

Acı çeken öğrenci sesini güçlükle kontrol ederek ustaya seslendi:

'Bunu hakaret olarak algılamayın, ama bu soğukkanlı duruşunuz beni çok şaşırttı, sizden daha farklı bir tepki vermenizi beklerdim, o yüzden size karşı öfkeliyim.'

Usta tekrar gülümsedi ve aynı şeyi söyledi:

'Geçecektir.'

İyi ya da kötü, olumlu veya olumsuz durum-duygu nasıl olursa olsun, geçecektir, bu yaşamın gerçeğidir, senin bir şey yapmana gerek yoktur; yaşam böyle işler. Sahte olan zamanın içinde tezahür eder ve zamanın içinde kaybolur. Zihnin içinde tutunduğun her şey gerçekdışıdır, önce bunu idrak et. Yaşamın akışında her şey mevcuttur bunu kabullendiğinde içindeki sevgi tomurcuğu filizlenmeye başlar.

Sen bugüne sahip olduğun inançların ve kendi doğrularınla yaşamı kendine zindan ettiysen bir yerde yanlışlık vardır. Doğrular ve inançlar hakikati gösteren işaretler olabilir, fakat hakikatin kendisi değildir, onlar sana toplum tarafından empoze edilmiştir ve artık değiştirme zamanın gelmiştir.

Kadın çok mutsuzdu, yaşamdan artık zevk almamaya başlamıştı ve bu durum canını ciddi derecede sıkıyordu. Bir gün yolda yürürken Yas ustası UK'yle karşılaştı ve ona bütün sorunlarını anlattı. Usta kadının evinin önündeki gül bahçesini işaret ederek, 'Bak ne güzel güller dikmişsin, çiçekler kendi aralarında adeta dans ediyor. Onların aralarına gir ve orada olana şahit ol' dedi.

Kadın bunu her gün yaptığını ama değişen bir şey olmadığını söyleyince usta onu kendi gül bahçesine götürdü ve bu güllerin büyülü olduğunu, her gün buraya gelip onları soluduğunda bir mucizeye tanık olacağını, istediği yaşam biçimini kucaklayacağını söyledi.

Kadın iki gün boyunca Yas ustasının gül bahçesinde bulunarak söylenenleri yaptı ve üçüncü gün ustanın yanına giderek şöyle dedi:

'Gerçekten siz haklıydınız, bu güller büyülü, hayatım renklendi, sanki yeniden doğdum bu dünyaya.'

Usta gülümsedi ve karşılık verdi:

'Toprak aynı toprak, güller aynı gül, büyülü olan senin inancındı!..'

Ve şimşek çaktı!"

Soruyorsun: "UK, ikili ilişkiler hakkında ne düşünüyorsunuz? Çiftlerde artık aşk çok çabuk bitiyor, insanların en ufak bir hatada birbirlerine tahammülü yok, yorumlar mısınız?"

"Aşk özgürlükte açan bir çiçektir, ona zihninle yaklaşırsan kurutur, yüreğinle yaklaşırsan kanatlandırıp uçurursun.

Seven ve sevilen olarak baktığında bir bölünme yaratıyorsun, gerçek olan sevgidir ve aşk sadece sevginin içinde açan bir çiçektir. Ben âşık olmayı benimsemiyorum, aşk olmak güzeldir, aşk olmak önemlidir. Âşık olduğunda ilişki vardır, âşık olduğunda bir başkası vardır, çift vardır. Aşk olduğunda ise 'biz' oldun demektir. Bu ikisi arasındaki farkı görüyor musun? Fakat insanlar bölünme yaratmayı alışkanlık haline getirmişler.

Sen sevgiyi ilişkide arıyorsun ve sana söylüyorum: İlişki varsa 'bir'e dönüşemezsin. İlişkiyi bu yüzden benimsemiyorum, o asla tek taraflı olamaz, o çift taraflıdır; sen ve o... Bu ikililik içinde merkez kaybolur ve merkez kaybolduğunda birbirinize bağımlı hale dönersiniz. Erkek varsa senin için mutluluk vardır ya da kadın varsa senin için huzur oradadır, ancak biri diğerini terk ettiğinde sahte merkez yıkılır ve o yıkıntının altında ezilmeye başlarsın. O halde kendi merkezini unutma, orası gerçek sevginin yuva kurduğu cennet bahçesidir.

Sevgi bir tomurcuk gibidir, eğer o ilişkinin-ikililiğin içinde varlığını sürdürecek ise çiçek açamaz. Sevgi olmaktır, o ilahidir, o oluştur sen ve ben'i bırakıp 'biz' olduğunda sevgi çiçek vermeye başlar. Onun kokusu tüm hücrelerine yayılır, o seni kutsar, onun içinde bütünleşirsin ve bu bütünlüğün içinde artık sevgi olmuşsunuzdur, sevginin kendisi...

Ve baktığınız her yerde sevgi çiçekleri görmeye başlarsınız. Kuşların şarkılarını duyarsınız. 'Biz' olduğunuzda cennetin krallığında nefes alırsınız, eğer ilişkiye devam ederseniz dünyanızı cehenneme çevirmeniz kaçınılmaz olacaktır!

Çiftlerin birbirlerine tahammülü kalmamıştır; çünkü onlar sevgi değil, seven ve sevilen olarak bölünmüş durumdadır! Sorun burada başlar.

Şu hikâyemizi oku:

Yas ustası sevdiği bir arkadaşını bekliyordu, belirledikleri saat gelmişti, fakat arkadaşı henüz ortalıkta yoktu. Dakikalar geçti, saatler geçti ve artık hava kararmak üzereyken arkadaşı uzaktan belirdi... Arkadaşı ustanın yanındaydı ve ustaya sordu:

'Bana çok kızdın mı?'

Usta ona tüm yüreğiyle sarıldı, uzunca bir süre bırakmadı, onu tüm varlığıyla kokladı ve sonra gülümseyerek cevap verdi:

'Seni beklemek güzellikti, ne kızması, tam aksine huzur dolu bir vakit geçirdim. Seni bir çiçek tohumu olarak ekmiştim şu toprağa ve geçen sürede heyecanla açmanı bekledim, sen geldin çiçek açtı...'

Ve onu tekrar kucaklayarak kokladı!

Bu hikâyeye yüzeysel bakarsan orada bir çift gibi görebilirsin, eğer derinliğine inersen orada bir 'biz' vardır. Kızacak, kırılacak bir kimse yoktur. Usta arkadaşıyla biz olmuştur. Birlik içindedir ve birlik bütün güzellik kapılarının anahtarıdır. O bir maymuncuk gibidir, fakat sahte bir şey yapmaz, o yasaldır, o ilahi güzellik içinde işleyen bir maymuncuktur, o tüm güzelliğin kapısını aralar.

Aşk yürek işidir, gönüle gönülle gidersen çiçekler açar, ona aklınla gidersen açan çiçekler bile solar!

Ve sana diyorum ki: 'Ne bir seven ol ne de sevilen, sadece sevgi ol en derinden.' "

Soruyorsun: "UK, din ve cennet hakkında neler düşünüyorsunuz?"

Zihnin doğrulara, amaca, cevaplara ihtiyacı vardır, o deneyimlere bayılır ve deneyimlerin sonuçlarını ise kendi gerçekliği olarak kabul eder. Tüm inançları unut ve içine dönerek kendini bul!

Din içerideder! Kendini keşfedersen dini de keşfedersin. Şayet din senin için yüzeyden ibaretse ve onu dışarıda arıyorsan dini bir araca çevirmiş olursun. O artık senin cennete ulaşman için gerekli bir araç haline dönmüştür ve toplumun yaptığı budur!

O yüzeyde bir anlam ifade etmez, o dışarıda soğuktur, hissedemeyeceğin kadar soğuk. Ve içeriye döndüğünde, onu içinde keşfettiğinde sevginin sıcaklığı ile ısındığını hissedersin. O zaman kutsanmışsındır, ilahi olan budur. Din sevgiye dönüşmüştür, din dışarıda kaldığında boş bir kutu gibidir, sadece adı vardır ve onu içeride yaşandığında sevginin kendisidir.

Yaradan sevginin kendisidir ve onun sevgisi koşulsuzdur.

İnsanları izliyorum, çoğu kendisini huzurlu hissetmekten çok cehennemden korktukları için namaz kılıyor! Yaradan'ın kendilerini cezalandıracağı fikri onları ibadet etmeye mecbur kılıyor ve bu yüzden namaz kılarken bunu sevgiye dönüştüren insan çok az.

Din çoğunluk için dışarıda, din çoğunluk için sadece bir görüntüden ibaret ve şunu asla unutma, din içeridedir, şayet onu dışarıda yaşayacaksan din sadece vardır; ama hiçbir anlamı olmayacaktır. O olgunlaşmamıştır. O boş bir buzdolabından farksız kalacaktır, içindeki meyvelerden, sebzelerden, nice güzelliklerden faydalanamayacaksın!

Din kelimesinin sana öğrettikleri sözlük anlamını bırak ve onun içine girip olanları izle. Yaradan derinlerdedir, onu yüzeyde göremezsin. Onu sözlerde bulamazsın. O din kelimesinde değildir, o sözcüklerin ötesindedir! O var olan tüm güzelliklerin kendisidir!

Ve sen bütünlüğe kavuşmadan bunları asla anlayamazsın, onlar içeridedir ve sen dışarıda seyirci kaldığında tüm gerçekliği kaçırırsın.

Bu konuda bildiğin bütün kelimelerin ve duyguların sözlük anlamlarını unutmadan hakikati göremezsin, çünkü bütün kelimeler ve duygular zihnin bir üretimidir, zihin ise egonun barınağıdır. Kutsal olan varlığın, Yaradan'ın sana kendi ruhundan üfleyerek katmış olduğu ruhundur. Zihnin bir kutsallığı yoktur, zihin sadece korku üretir, zihin sadece karışıklık üretir, bölünme üretir, zihinle bakarak nasıl sevgi yoluna ulaşabilirsin?

Sevgi yolu senin saf varlığının-yaratıcının yoludur, anlıyor musun?

Duygu başka bir şeydir, o sen değilsin, o kendi halinde bir enerjidir, o gelir ve geçer, duygu zihnin bir üretimidir ve sen sadece var olansın. Var olan kutsaldır, hakiki olan öz benliğindir. Mutsuzluk bir duygudur, üzüntü bir duygudur ama o asla var olan olamaz ve sen "Ben üzgünüm" dersen onunla özdeşleşerek enerjini katmış olursun, onu aktif duruma getirmiş olursun, ona can verirsin, onu farkında olmadan beslemişsindir.

Ben sana "Sen sevgisin, aşksın" dediğimde bunların bir duygu olmadığını, aranılacak yahut elde edilecek bir yüzeyde bulunamayacağını, onların senin öznelliğin olduğunu anlatmaya çalışıyorum. Şayet bunu görebilirsen sevgi bilincinde hareket etmeye başlarsın, o zaman her olayın içinde açan sevgi çiçeğini kucaklaman kaçınılmazdır. Bu bir uyanış halidir, Yaradan'ın uzun rüyasından uyanmış olduğunda artık olmuşsundur!

Olmak ise BİR'lik içinde hareket etmektir; olduğunda artık Yaradan ile kucaklaşmışsındır, o zaman cennetin kapıları ardına kadar önünde açılmıştır.

Soruyorsun: "UK, yazılarınızda bilgiyi benimsemediğinizi, onun şeytanın bir işi olduğunu ve farkındalığın daha kalbi olduğunu yazmıştınız. İnsanların sahip olmaya çalıştıkları bilgi bu kadar gereksiz ise ne diye çabalıyoruz?"

"Tüm sorun burada, senin çabalamanda, senin bilgiyi arzulamanda... Ne olduysa bilgi yüzünden olmuştur. Bilgi dünya âleminin ve insanlığın başlangıcıdır. Dünya âlemi Hz. Âdem'in Allah'ı dinlemeyerek 'bilgi ağacı'ndan meyve koparmasıyla birlikte başlamıştır. Hz. Âdem bilginin yasak olduğunu bile bile onu elde etmek istemiştir. O nefsine dayanamamıştır, o şeytana uymuştur!

Ve 'Bilgi şeytanidir' derken sana anlatmak istediğim tam olarak budur! Bilgi ayrımı sever, bilgi birliği ayırır, 'biz' olmaya engeldir, o güzelliklerin doğasından uzaktır ve her şeye anlamlar katarak kendi bakışını savunur. Bilgi bir nehrin derinliği ya da sığlığıyla ilgilenir, o asla nehrin kendi güzelliğini fark edemez.

Onun için bir insan iyi ya da kötüdür, o asla derinliğe inerek özü keşfetmez!

O etiketlerle uğraşır, o sahte olan benliği biçimlendirir ve şekle sokar, o zihni besler ve egoyu geliştirmeye yardım eder. Bilgi egonun, nefsin kendisidir ve bu ikisi insanın içindeki şeytandır!

Bilgi zihindir ve zihin bölünmeyi yaratır!

Parkta oynayan bir çocuğu izle, o başkalarının oynadığı topa yaklaşıp hiç çekinmeden eline alacak ve onunla oynamaya başlayacaktır. Çünkü ona göre o top birliğe aittir. O top herkesindir, o topla oynar ve parkta bırakır, o sahiplenme duygusunu bilmez, top onun için herkesindir, herkes o topla oynayabilir. Ve bir çocuk da 'bu top bir başkasının olmalı' düşüncesi yoktur.

Top onun ya da başkasının; bu ikilemi yaratan zihindir, bölünmeyi var eden, birliği bozan zihindir. Çocuk gayet doğal bir şekilde gider topu alır ve onunla oynamaya başlar. Eğer çocuk topu sahiplenerek eve götürmek için diretiyorsa anne baba artık onu koşullandırmıştır. Çocuk 'bir'liğin dışına çıkmıştır. Bunu tekrarlıyorum: Her şeyi sahiplendiğinde her şey yük olmaya başlar. Her şeyi bıraktığında her şey senindir. Bunu izle, hiçbir anlam katmadan sadece olanları izle, şimşek çakacaktır!"

Soruyorsun: Allah'a nasıl yakın olabiliriz, nasıl dua edelim?

Allah'a huşu, samimiyet ve kalben dua ile yaklaşırsan bu güzeldir. Bol zikir ile de dereceni, Allah'a olan yakınlığını arttırabilirsin. Dua konusunda dilden öte yürek konuşması Allah ile ne güzel bir yakınlaşma, ne güzel bir dostluktur. Sevdiğim bir kıssayı paylaşmak isterim:

"Hz. Musa bir gün bir başına dağları dolaşırken, uzaktan yoksul ve yalnız bir çoban görmüş. Çoban dizüstü çökmüş, ellerini semaya uzatmış, dua etmekteymiş. Bu durum Musa'nın çok hoşuna gitmiş ama yaklaşıp da çobanın duasını duyunca afallamış.

Kurban olduğum Allahım. Seni ne kadar severim, bir bilsen. Ne istersen yaparım, yeter ki sen iste. Sürüdeki en yağlı koyunu kes desen, gözümü kırpmadan keserim Senin için. Koyun kavurması güzeldir Allahım. Kuyrukyağını da alır pilavına katarsın, tadından yenmez olur."

Musa duaya kulak kabartarak çobana yaklaşmış.

"Yeter ki sen dile, ayaklarını yıkarım. Kulaklarını temizler, bitlerini ayıklarım. Ne kadar çok severim ben Seni. Sana çok hayranım!"

Duydukları karşısında Musa öfkeden küplere binmiş. Bağıra çağıra kesmiş çobanın duasını: "Sus seni cahil adam! Ne yaptığını sanıyorsun. Allah hiç pilav yer mi? Allah'ın ayakları mı var ki yıkayasın? Böyle dua mı olurmuş! Külliyen günaha giriyorsun, derhal tövbe et!"

Çoban, Musa'dan azarı işitince kulaklarına kadar kızarmış, utancından yerin dibine geçmiş. Özür üstüne özür dilemiş, bir daha böyle kafasına göre dualar etmeyeceğine dair yemin etmiş. O gün akşama kadar Musa çobanın yanında durup ona temel duaları ezberletmiş. Sonra "Allah benden razı olur, iyi iş yaptım" diye düşünerek yoluna devam etmiş.

Ama o gece bir ses işitmiş. Seslenen Rabb'iymiş.

"Ey, Musa sen bugün ne yaptın? Sen ayırmaya mı geldin buluşturmaya mı? Şu garip çobanı azarladın. Onun bana ne kadar yakın olduğunu anlayamadın. Ağzından çıkan lafı bilmese de, o çoban inancında samimiydi. Kalbi temiz ve niyeti halisti. Biz kelimelere bakmayız. Niyete bakarız. Kelimelere bakacak olsak yeryüzünde insan kalmazdı!

Biz çobandan razıydık. Başkasına medih olan söz sana zemdir. Ona bal olan sana zehirdir. Sen işittiklerini inkâr ve küfür saydın ama bilsen ki bir kabahati varsa bile ne tatlı bir kabahattir onunki."

Musa hatasını anlamış. Ertesi gün güneş doğar doğmaz, çobanı görmek için tekrar dağa çıkmış. Çoban yine duaya durmuş. Ama dünkü heyecanından, samimiyetinden eser yokmuş artık. Öğretildiği gibi yakarmaya gayret gösterdiğinden, aman bir yanlış yapmayayım diye tekliyor, kekeliyor, terliyormuş. Musa çobana ettiğinden pişman olup sırtını okşamış ve demiş ki:

"Ey dost, ben hatalıyım, ne olur affet. Bildiğin gibi dua et. Allah'ın nazarında böylesi daha kıymetlidir."

Soruyorsun: "UK, aşk bir duygu diyorsunuz ve gelip geçeceğini söylüyorsunuz. Peki, aşk bitecek ise nasıl evleneceğiz, kime güvenerek çocuklar yapacağız?"

"Siz zihinsel bir olgudan söz ediyorsunuz, benim söz ettiğim aşk gerçekçidir; o vedüd esmasının yüreğindeki tecellisidir, hiçbir duyguya bağlı değildir. Gelip geçen ise sizin duygularda gördüğünüz aşktır, siz aşkı zihinde yaşadığınız için gelip geçmektedir; yoksa varlığın temeli olan bir şey nasıl geçip gitsin? Siz zamana bağımlı yaşıyorsunuz ve zaman geçip gidecektir, kaybolacaktır. Aşk şimdiki anın içinde çiçeklerini verir, o, gelecek ya da geçmişte açan bir çiçek değildir.

Fakat insanlar aşkı, mutluluğu, sevgiyi, huzuru yüzeyde arıyorlar, onları erişilebilecek bir duygu olarak algılıyorlar. Aşk ve sevgi zaten sensin, tek sorun sen sende değilsin! Sen yüzeydesin, sen evden uzaktasın.

Eğer her insan kendi varlığının aşk ve sevgi olduğunun farkındalığına ulaşırsa hiçbir evliliğin içinde aşk son bulmayacaktır! İnsanların konuştuğu ve sizin söz ettiğiniz yüzeysel aşk gerçek bir aşk olmadığı için bitmektedir, o duyguya bağlı bir devinim içindedir; gelir ve gider.

Sizlerin sözünü ettiğiniz aşk zihnin algıladığı karmaşık bir duygudur. Sen aşkın farkında değilsin, onu sadece çok derin yaşayan insanlar gerçek anlamda hissedebilmişlerdir. Sizler için aşk çok yüzeydedir ve yüzeyde olanın derinlemesine bir anlamı yoktur.

Sözüne ettiğiniz aşk, karanlıklar içinde kök salmaya çalışan bir tohumdur, ama o asla çiçek veremez, çünkü bir aşk tohumu kök salmak, filizlenmek için aydınlığa ihtiyaç duyar.

Sen karmakarışıksın, için kararmış durumda, sen aydınlanmamışsın ve aydınlanmayı sağlamadan içindeki aşk nasıl filizlenebilir? Bu insanlığın büyük bir yanılsamasıdır. Aşk ancak senin aydınlığında ortaya çıkar, aşk oradadır ama o bir tohumdur, o kök salmamıştır.

Sen bahçede açmış bir aşk çiçeğisin; fakat yola çıkmış ve bahçeye uzaktan bakıyorsun, orada durup bahçede açan çiçeklere imreniyorsun. 'Keşke ben de o bahçenin içinde çiçek açsam' diye mırıldanıyorsun. Senin özün bahçe, seni dışarıya atan ise zihindir. Sen zaten orada açmışsın. Senin bütün sorunların kendini dışarıda gördüğünde başlar, anlıyor musun?

Siz zevki-hazzı aşk, sevgi ve mutlulukla karıştırıyorsunuz. Kendinizi mutlu hissettiğiniz o anı farkındalıkla izlediğinizde göreceksiniz ki, sizi mutlu eden olayın kendisi değil, onun kısmen oluşturduğu durumlardır. Eşin sana ilgi gösterdiğinde mutlu, sana ilgi göstermediğinde mutsuz olursun, seni mutlu ya da mutsuz eden eşinin varlığı değil, onun oluşturduğu koşullardır.

Ve bu koşullar gelip geçecektir, gelip geçen bir şey ise gerçek değildir, o sadece vaki olmuştur. Bir kez öz mutluluğun-sevginin ve huzurun hiçbir duyguya bağlı olarak ortaya çıkmadığını anladığında hiçbir evlilik heyecanını yitirmeyecektir.

Şuna dikkat et!

Bütün sınırlamalar, bütün huzursuzluklar, bütün öfke, kızgınlık ve mutsuzluklar kendi zihninden gelmektedir, dışarıdan sana gelen hiçbir şey yoktur!

Aşk sensin, ben senim, sen bensin, hepimiz özde biriz; ayrımı yapanın zihnin kendisi olduğunun farkında olursan dünya cennete dönecektir. Aradığın her şey senin merkezindedir, oraya geri dön. Dışarıda ıstırap vardır, içeride ise dinginlik.

Zihnin ötesinde olan her şey dinginliğin ve sevginin kaynağıdır, hakikat bu kadar basittir."

Soruyorsun: "UK, sizin bakış açınızda usta ile uzman arasında ne gibi bir fark var ve siz sanki uzmanlara karşı gibisiniz. İnsanlara ışık tutan kişilere karşı bu tavır niye, yorumlar mısınız?"

"Öncelikle şunu çok iyi anlamak gerekir. Uzmanların insanlara ışık tutması başlı başına bir sorundur ve bir usta ile uzman arasındaki temel fark budur!

Usta ışık tutmaz, usta ışığı-feneri verir ve herkesin kendi yolunu aydınlatmasına vesile olur. Işığı tutacak olan kişinin kendisidir, yoksa başkasının ışığı ve doğrularıyla nasıl kendini keşfedebilirsin?

Bir usta, herkesin kendi içini görmesini sağlar, o insanların içindeki rahmeti fark etmelerine yardımcı olur. Ustalar, üstatlar insanların dışarıdan bir bilgiye ihtiyaç duymayacak hale gelmelerine yardımcı olmak için varlardır. Onlar karşılarındaki insanları bir hasta olarak görmez, onları bir öğrenciye indirgemez, tam aksine herkesin içinde bir üstat ya da usta olduğunu fark ettirmek için oradadırlar. Onlar ışık tutmayı benimsemezler, ışık tutmanın ego tezahürü olduğunu ve insanların farkındalığını yok edeceğinin bilincindedirler!

Onlar sadece ışığı verir ve her insanın kendi yolunu aydınlatmasını sağlarlar, onların uzmandan farkı budur...

Ben uzmanlara karşı değilim, kimseye karşı değilim. Şu sorunun cevabını sen ver:

'Toplumun yüzünden çıkan sorunları, toplumun çözümcüleri çözebilir mi? Onlar zaten bu sorunun bir parçasıyken!..'

Einstein'a kulak ver:

'Karşı karşıya kaldığınız aşılması güç sorunları mevcut düşünce yapınızla çözemezsiniz. Çünkü bu sorunlar mevcut düşünce yapınızın ürünleridir...'

Ve ben sana yaşamın bir gizem olduğunu söylüyorum, o mucizelerin kaynağıdır, o saf sevgidir. O'nu ancak tefekkür ederek çözebilirsin.

İnsanların yaptıkları budur. Yaşam bir gül gibidir; insanlar onu okşamak ya da koklamak için dalından koparırsa o gül artık eski gül değildir, o ölmüştür. Eğer sen bilgi peşinde koşmaya devam edersen yoluna hep uzmanlar çıkacaktır ve senin yolun artık 'bilgi yolu' olmuştur. Bu yolda hakikat yoktur, herkes kendi bilgisini savunacaktır. Bu yol çatışma yoludur, bu yol egoların kapışmalarının gerçekleştiği çamurlu bir geçittir. Bu yolda sağdan soldan topladığı bilgilerle donatılmış pek çok eğitmenle karşılaşırsın, ancak asla bir ustaya ulaşamazsın! Çünkü bu yol ustanın yolu değildir.

Ve senin zihnin bilgiyle doluyken asla masumiyete ulaşamazsın. Ben masumiyetten yanayım. Masumiyetle birlikte farkındalık doğar ve sen yeni doğmuş bir çocuğun masumiyetine ulaşmadan mutlak gerçekle ayrı düşeceksin.

Psikolog bir uzmandır, psikiyatr bir uzmandır, tüm gelişimciler bir uzmandır ve onların söylemleri kâğıtlardan alıntıdır! Onlar yaşamı genelde izlemezler, onlar kendilerine anlatılanları bilgi haline getirir, kâğıda dökerler ve sonra o yazılanları bir başkası okur, böylece dilden dile dolaşarak uzmanlaşma artar! Onların aralarında çok özel insanlar da vardır, bunu ruh ticaretine dökmeden yürekleriyle bu yolda yürüyenler de... Onlar istisnalardır.

Adam-kadın bekârdır ve aile içi iletişim kursu vermektedir; adam-kadın bekârdır ve çocuk gelişimini anlatmaktadır.

Bu nasıl olabilir?

Ateşe elini uzatmadan onun sıcaklığını hissedemezsin, ateş tarif edilemez, onu anlamak gerekir, onu yaşamak gerekir, ateşe dokunmadan ateşi anlayamazsın!

Bir çocuğu izlemek önce büyük farkındalık gerektirir, eğer onu zihin ötesi bir bilinçle izlerseniz o an bir çocuğa dönüşmüş olursunuz ve hiçbir uzman bir çocuk olmamıştır; tam aksine onlar buna delice bir fikir olarak bakarlar!

Eğer sen bir çocuk gibi davranırsan bir uzman için gelişememişsindir, sende bir eksiklik vardır ve onlar seni hemen bir hastaya indirgerler, sen artık hasta etiketini alırsın!

Bir arkadaşım rahatsızlanınca bir uzmana gitmişti, uzman ona ilaç verdi ve bir ay sonra kendisini tekrar görmek istediğini söyledi. Arkadaşım ilacı bir ay boyunca kullandı ve uzmanın yanına geldi. Uzman ona verdiği ilacın yan etkilerinden söz etmeye başlayınca arkadaşım gülümseyerek sözünü kesti ve sordu:

'Peki, siz bu ilacı daha önce hiç kullandınız mı?'

'Hayır' dedi uzman.

'O zaman bu ilacın yan etkilerini bırakın da ben size anlatayım!'

Ancak sen ustayla karşılaşmak istemezsin, çünkü usta senin bugüne kadar bildiğin her şeyi, ama her şeyi bırakmanı söyleyecektir. Usta bilgiyle uğraşmaz, bilginin senin zihninde kokuşmuş çöplükten başka bir şey olmadığının farkındadır. O tüm bildiklerinle bugüne kadar mutsuz bir yaşam sürdüğünün farkındadır. Bildiklerinle mutluysan ustanın yanında ne işin olabilir?

Ustanın sana soracağı tek soru budur. Ustaya ihtiyacın varsa tüm bildiklerini unutmak zorundasın, onları bırakmak –üzerinden atmak– zorundasın, eğer sen bir ustanın yanına geldiysen bildiklerin geçersiz demektir. Bilgi denen bilet ustanın yolunda geçmez. Usta senin sözcüklere kattığın bütün anlamları, senin yaşama bakışını değiştirir. Bir ustayla tanışmadan önce senin için mutsuzluk sözcüğünde çökkünlük, üzüntü varsa, ustayla karşılaştıktan sonra artık sevgiyi duyumsamaya başlarsın.

Usta, hiçbir duyguyu reddetmeyeceğinin farkındalığını sana kazandırır, o mutsuzluğu kontrol etmeni değil, tam aksine mutsuzluğu sevgiye dönüştürmeyi sana gösterir.

Seni yaşamla bütün kılar, senin yaşamdan ayrı olduğunun ve bunun nevrotik bir bölünmeyi yarattığının farkındadır, o kendi bütünlüğünü bulman adına varlığına dokunmanı sağlar.

Sevdiğim bir hikâye vardır:

Profesör konferans salonuna gelmiş. Ön sırada oturan bir seyis dışında başka kimse yokmuş. Sunusunu aktarma konusunda bocalamış ve seyise sormuş:

'Buradaki tek kişi sizsiniz. Size göre konuşmalı mıyım yoksa konuşmamalı mıyım?'

Seyis cevap vermiş:

'Hocam ben basit bir insanım, bu konulardan çok fazla anlamam; fakat bir gün ahıra girdiğimde bütün atların kaçıp bir tanesinin kaldığını görseydim, yine de onu beslerdim.'

Bu sözlerden etkilenen profesör konferansa başlamış. İki saatin üzerinde konuşmuş da konuşmuş. Konferansın arasında dinleyicisinin de konferansın çok iyi olduğunu onaylayacağını düşünerek ona, 'Konuşmayı nasıl buldun? Umarım sıkılmıyorsundur' diye sormuş.

Seyis cevap vermiş:

'Hocam sana daha önce basit bir adam olduğumu ve bu konulardan pek anlamadığımı söylemiştim. Gene de eğer ahıra girip biri dışında tüm atların kaçtığını görseydim, onu beslerdim, ama elimdeki tüm yemi ona verip hayvanı çatlatmazdım.'

Bir uzmanın ya da profesörün yaptığı budur, o seni çatlatana kadar kulaktan dolma bilgileriyle doldurmaya çalışır. Onları konferans verirken dinle; bir papağan gibi herkese noktasına kadar anlattığı şey aynıdır!

Sen şöyle soruyorsun:

'Senin bakış açında, usta ile uzman arasında ne gibi bir fark var?'

Ben kimsenin mutluluk kapısını açmıyorum, onlara kapının nasıl açılacağını gösteriyorum, ben sadece aracı oluyorum, ben ışık saçmıyorum, ben feneri veriyorum ve herkes kendi yolunu kendisi ışık tutarak aydınlatıyor; ilahi olan budur!..

Ben senin bilgiyle donanmandan değil, sezginden yükselerek açan farkındalık çiçeğini koklamandan yanayım."

Soruyorsun: "UK, sizin yazınlarınızda hep bir sertlik var ve sizin tarzınızı Osho'ya çok benzetiyorum. Sert yazmanın insanlar üzerinde bir etkisi olduğunu mu düşünüyorsunuz? Ve son olarak ondan bir etkileşiminiz oldu mu?"

"İnsanları izle, onlar sürekli bir uyuma halindedirler ve onlara yumuşakça 'Hadi kal' dersen seni duymayacaklardır, onları bazen dürtmek gerekir, onları sallamak gerekir, bazen o kadar sersemleşirler ki onlara şiddetli sallayabilirsin.

Ve ben bazen sert çıkışları benimsiyorum, onları seviyorum, bu benim doğamdan gelmektedir. Bazen yumuşak, bazen de keskin ve sivri çıkışlar eğer yerinde kullanılırsa her zaman anlamlıdır. Bu güzel bir dengedir!

Osho'yla tanışmadım, Osho'nun çalışmalarını hiç okumamıştım ve bazı insanlar bana mesaj atarak Osho'yla tarzımızın hemen hemen aynı olduğunu ve onun ruhunu benim devam ettirdiğimi söylediler. O zamana kadar Osho'yu duymamıştım.

Sonra araştırdım. 90'lı yıllarda bu dünyadaki ziyaretini tamamladığını öğrendim. Birkaç kitabını okudum ve onunla gerçekten aynı frekansta olduğumuzu gördüm. Eğer ben Osho'dan önce var olsaydım ve sana anlattıklarımı Osho'nun kitaplarını okumadan önce okusaydın, Osho'yu okuduğunda ona şöyle soracaktın:

'Osho, biz senin tarzını UK'ye çok benzetiyoruz, ondan bir etkileşiminiz olabilir mi?'

Ve o sana şöyle cevap verecekti:

'Biz onunla aynı yoldayız, bu çok gerçekçidir, bu olağandır, onunla aynı frekansta iken bu benzerliğin farklı olması zaten bir soruna işarettir! O varlığıyla buluşmuş bir insan ve ben de kendi merkezime ulaşmış biriyim. Bir ermiş bedeni bırakır, o Yaradan ile bedenin ortasında bir yerdedir ve özde tüm varlıklar birdir. UK demek Osho demek, Osho demek UK demektir. Biz onunla özde biriz, biz sizlerle de biriz; fakat siz zihnin içinden baktığınız için bu ayrımı yapmaktasınız, hakikati göremiyorsunuz. Zihnin ötesine geçtiğinizde farklılıklar ortadan kalkacaktır!'

Osho sana tokat atacaktır, Osho senin uyanmanı sağlayacaktır ve sen ancak uyandığında kendine dönmüş olursun. O zaman UK ve Osho ayrımı olmayacak, bu ayrımı yapanın zihnin kendisi olduğunu çok net göreceksin; çünkü artık yaşama varlığından bakmaya başlayacaksın. Şu an bunları göremezsin, sen yaşama gözlerinle bakarken bunu asla göremezsin.

Osho kendi özüne inmiştir, Mevlana kendi özündedir, Krişnamurti kendi merkezini idrak etmiştir ve varlık özde birdir, tek bir zihindir. O senin zihninin çok daha ötesindedir, sen kendi zihninle bakarsan bunu asla göremezsin. Onu nasıl göreceksin? Aydınlanmamış bir zihinle aydınlanmış bir insanı nasıl ayırt edebilirsin? Onlar ayırt edilemez, onlar zaten birdir.

Bir papatya papatyadır, ona sağından da baksan, solundan da baksan, yukarıdan da baksan o diğer papatyalarla aynıdır.

Ve 'Varlığı çiçek açmış insanlar özde birdir' derken sana anlatmak istediğim budur. Bir Leo Buscaglia çiçek açmış, bir Buda çiçek açmış, Osho çiçek açmış, Mevlana çiçek açmış; şimdi bunları nasıl ayırt edeceksin?

Nereden bakarsan bak, hep aynı şeyi görürsün, göreceğin sadece bir çiçektir, başka bir şey göremezsin.

Şu özlü sözü hissederek oku:

'Yaşama varlığıyla bakan bir insan, ona gözleriyle bakan milyonlarca insanın göremediklerini görür!'

Mevlana'nın şu sözünü çok severim:

'Göz yüzü görür, gönül özü.'

Mevlana haklıdır, o yaşama gönlüyle bakan ender insanlardan biridir. O ne derse içinde hakikat vardır, mutlak sevgi vardır.

Bu ayrımları yapmayı bırakarak öze döndüğünüzde büyük bir aşk ortaya çıkacaktır, işte o Yaradan'dır ve hepimiz O'nun sevgi yolundaki yolcularız.

Ben sana geçmişten söz etmiyorum, ben sana hiçbir zaman gelecekten de söz etmiyorum, onlar zamanın için tezahür eder ve yine zamanın içinde kaybolur. Onların hiçbir gerçekliği yoktur. Tek gerçek bu andır. Şimdi, bu anın içinde nefes aldığını duyumsuyorsan hayat vardır, o tüm güzelliğiyle senin yanındadır, sen artık onun varlığını duyumsadın ve o sana mutluluğun kapısını ardına kadar araladı, görüyor musun?

Şimdinin içine gir ve yaşamın varlığınla olan dansına tanık ol. Mutluluk bu kadar basittir."

Soruyorsun: "UK, başarı için neler yapmamızı önerirsin? Nasıl bir plan, bir yol izlemeliyiz?"

"Yaşamak için yarını düşünüyorsan ve yarına ait planlar içindeysen sen zaten hiç yaşamıyorsun! Sen şimdiyi-gerçek yaşamı daima kaçırmaktasın, bedenin burada fakat ruhun yarınlarda, sen bölünmüşsün, sen gerçek anlamda yoksun!

Sen çok büyük bir bencillik içindesin, çünkü bugünü

yok sayarak yarının hayalini kurmaya çalışıyorsun. Peygamber efendimiz Hz. Muhammed uzun amel hiç kurmazdı. Ve senin tüm yarına kalma çabaların kendini garanti altına alma fikrinden gelmektedir. Yarına kalırsan huzurlu olacaksın, bugünün ne önemi var? Bugün artık geldi, o elinde, o avucunun içinde, onu sağlam kazığa bağladın, şimdi zihnin 'Başka yok mu?' diye arayışa geçti, öyle değil mi?

Buna dikkat et, sadece izle, anlam katmadan olanları izlediğinde cevaplar kendiliğinden sana ulaşır. Onlar hiçbir zaman geç kalmaz, tüm cevaplar gelmesi gereken vakitte gelir ve seni bulur. Allah uygun zamanı bilir, teslimiyet rahmettir sen Rabb'ine sadece güven.

Fakat başarıyı bana sorma, onu bir uzmana sor, ancak bana bunu sorma. Toplum seni zaten yeterince başarıya ve kariyere odaklamış durumda, toplum senin zihnini, beynini fazlasıyla geliştirmeye koşullandırmış durumda. Ben sevginin yolundayım, ben senin yüreğinle-ruhunla-varlığınla ilgileniyorum, ben senin yüreğini-varlığını olgunlaştırmandan yanayım.

Zihin gelişirse sevgi kaybolur, sevgi arka planda kalır. Zihin ile yürek gece ile gündüz gibidir, ikisi birden asla aynı anda gökyüzünde olamaz. Batı bu yüzden sevgisiz durumdadır, onlar sevgiye açtır, sevgi eksikliğinden dolayı mustarip durumdadır.

Hikâyeyi dinle!

Suriye'nin çöllerinde şeytan öğrencilerine şunları anlatıyordu: 'İnsanoğlu her zaman kendisi için iyi bir şeyler yapacağına başkalarının kötülüğünü istemekle meşguldür.'

Ve söylediklerini öğrencilerine göstermek için çölde dinlenmekte olan iki adam üzerinde bir deney yapmaya karar verdi.

Şeytan, adamlardan birinin yanına yaklaştı ve 'Buraya senin

dileklerini gerçekleştirmeye geldim' dedi. 'Benden ne dilersen gerçek olacak. Arkadaşın da bu dilekten aynı senin gibi yararlanacak, yalnız ona her ne dilediysen onun iki katı verilecek.'

Adam uzun bir süre sessiz kaldı ve sonunda şöyle dedi:

'Arkadaşım benden daha mutlu ve kazançlı olacak çünkü ne dilersem dileyeyim o benden iki kat fazlasını alacak. Bu yüzden ben de ona bir tuzak hazırladım: Tek gözümü kör et, işte senden bunu diliyorum.'

Batı zihni kurnazlıkla doludur, zihin şeytanla birlikte sürekli işbirliği içindedir. O yarınlarla meşguldür, Batı zihni için bugünün bir anlamı yoktur.

O yüzden başarı hakkında bir cevap istiyorsan bu soruyu yönelteceğin en son varlık benim. Ben senin kariyerin ya da başarılarınla ilgilenmiyorum, ben seni sevgiyle bütünleştirmekten yanayım. Sen bir kez kendini keşfettiğinde bu senin en büyük keşfin, başarın olacaktır, bunun üzerine başarı yoktur. O başarı merdiveninin en üst basamağıdır.

Önce kendini keşfet, ardından başarı birden güneş gibi içinden yükselecektir!"

Soruyorsun: "UK, bugün çok kötüyüm. Bugün eski eşimin evlendiğini öğrendim, sanki yaşama küsmüş gibiyim, isyanım var. Beni birkaç cümleyle aydınlatmanıza çok ihtiyacım var."

"Öncelikle şunu kabullenmen gerekecek, senin söz ettiğin gibi o artık eski bir eş!

Eğer o eski ise senin yeni nefesinde, bu yeni enerjinin içinde ne işi var?

Düşünceleri özgür bıraktığında onlar kısa bir süre sonra taşıdıkları enerjinin yoğunluğunu kaybeder ve bitkisel hayata geçerler. Onlara tutunma, onlara enerji verme ve arkasından gelen güzelliklere odaklan. Düşünceleri özgür kıldığında aslında kendini özgür kıldığını fark edeceksin.

Şimdi eski enerjiyle birlikte gelen düşüncelere tepki vermeyi, onlara tutunmayı bırak ve düşüncelerin zihninde dolaşmasına izin ver. Ona anlam katma, düşüncelerin geldiğine tanık olmaya devam et ve onların içinde dolaştığını hiçbir tepki göstermeden izle. Düşünceye tutunma, ona enerji verme, onu kendi enerjinle besleme, göreceksin ki o kendiliğinden kaybolacaktır.

O düşünceyi bitkisel hayata soktun, artık onun bir enerjisi yok, o nötr halde. Şimdi o düşünce senden hızla kaçacaktır! Tıpkı bir köpeğin insanı kovalaması gibi arkasına bile bakmadan senden uzaklaşacaktır. O sende umduğunu bulamadı, senin enerjini alamadı ve etrafta bir sürü enerji dağıtan insan var, neden senin peşinde takılı kalsın ki? O başkalarını bulacaktır, sen artık rahatsın, o düşünce seni bir daha asla ziyarete gelmeyecektir.

Düşünceler sana ilk geldiğinde onların içindeki kendi varoluşsal enerjisi çok küçüktür ve sen onlara tutunmaya, onları beslemeye devam ettikçe kendi enerjini düşüncelere vermiş olursun. Artık onlar daha çok büyümüşlerdir ve onlar sana bir kere gelir; fakat sen onları her güne taşırsın, neredeyse yaşamı boyunca aynı düşünceyi taşıyan insanlar vardır.

O insanlar yaşamı suçlamaktadırlar, yaşam insanları o an tezahür edenle buluşturur ve insanlar o duyguyu yıllarca taşır sonra da hayatı suçlarlar, onlara göre kader suçludur, adil değildir! Sen bir kez düşüncelere verdiğin enerjiyle karşı tarafı besleyerek kendini enerjisiz bıraktığını idrak edersen bu senin dönüşümün olacaktır, artık her şey güzelleşmeye başlar.

Özlü sözümüzü izlemelisin:

Her insanın içinde iki ağaç vardır, biri mutluluk açar, diğeri hüzün; hangisini sularsan onun meyvesini tadarsın.

Ve şunu asla unutma: Gördüklerin, duydukların, öğrendiklerin, duygular, düşünceler ve sözcükler senin gerçekliğini oluşturmaz, onlar gerçek sen değil, onlar öz değil, onlar sadece yaşam yolculuğunda yapmış olduğun deneyimlerin içindeki araçlardı ve sen yaşamış olduğun bir deneyim sonucu hayal kırıklığına uğradıysan o deneyimi hemen bırak. Onun üzerine artık çalışmaya, enerji saçmaya gerek yoktur.

Başarısızlığa uğradın ya da âşık oldun ve bu deneyim sonucu kendini kötü hissetmeye başladın; onu olduğu yerde bırak ve diğerine geç, yaşam asla takılmaz, yaşam sürekli akış halindedir. Yaşamla birlikte akmak istiyorsan eski deneyimine takılma, onun sadece bir deneyim olduğunun farkındalığına ulaş, o zaman yaşamla aynı doğrultuda akarsın, o zaman yaşamla dans etmeye başlarsın.

İnsanlara 'Sen içinden en güzel müzikleri çal, yaşam seninle dans etmeye en baştan hazırdır' derken anlatmak istediğim budur. O dansa hazır, yaşam sana elini uzatmış ve tutmanı bekliyor, o seni dansa kaldırmış, fakat sen yoksun, sen hâlâ geçmişte tezahür eden duygu ve düşünceleri beslemektesin!

Seni aydınlatmamı istiyorsun, soru senin içinden geliyor ve soru oradaysa cevabı da hemen yanındadır. Cevap olmadan soru gelmez, cevap çok daha öncesinden hazırdır; fakat insanlar soruya odaklandığı için cevabı kaçırırlar, onu göremezler. İnsanların bütün dikkati karanlıktan yanadır, karanlığa isyan ederler ve çoğu kimse lambanın düğmesine basmayı akıl etmez!

Senin de yaptığın bu! Işığın düğmesi kendi içinde, fakat benim seni aydınlatmamı bekliyorsun.

Karanlıktaysan ışığa odaklan, karanlıktan söz etme, ona tutunma, ona enerji verme ve onu besleme; yoksa karanlık, içinden çıkamayacağın bir yoğunluğa ulaşacaktır.

İçine dön, sorunun geldiği yöne doğru ilerle ve kendinle yüzleş. Bu yüzleşmenin hemen arkasında cevaplar vardır, cevaplar kendinle yüzleştiğinde seni bulur, senin artık bir şey yapmana gerek yoktur. Yüzleştiğinde eve dönmüş olursun, kendini tekrar tamamlamış olursun ve aradığın her şey oradadır.

Önce içsel hazineni keşfet, sonra dışsal hazineler sana koşarak gelmeye başlayacaktır.

Önemli olan o adam ya da bu adam değildir, önemli olan sevginin kendisidir, senin yüreğine dokunan kocan değil, sevgidir, sen sevgiden yana ol. Eski eşin seni bırakmış, artık onun yeni bir eşi var, belki o da zamanla eski bir eş olacak, ama tüm bunlar artık senin kontrolün dışında.

Eski enerjileri bırakarak yeni enerjilerin içinde gelenleri kucakladığında kendini özgür kıldığını fark edeceksin!"

Soruyorsun: "UK, hep korkularım var, yaşam beni sevmiyor, bunun sebebi nedir? Boğuluyor ve daralıyorum, hayatın anlamını nasıl bulacağım?"

"Sen zaten yaşamsın ve yaşamın seni sevmediğini söylüyorsun, o halde sen kendini sevmiyorsun! Korkuların bu bedeni terk edeceğin için doğuyor, sen sevgiden uzak olduğun için korkular zihnini kaplamış durumda. Ölümü reddetmeyi bırakarak onun yaşamın içinde gerçekleşeceğini kabullendiğinde, bütün korkuların yok olmaya başlar. O zaman tekrar bütünlüğe ulaşırsın, hiç bitmeyen bir cesareti iliklerine kadar hissedersin.

Sizleri izliyorum, varoluşa kendinizi kapatmış durumdasınız, ona kırgınsınız, küskünsünüz ve yaşamı çoğu zaman suçluyorsunuz; fakat onun içinde nefes alıyorsunuz. O halde aldığınız her nefeste suçluluk ve kırgınlık hissedeceksiniz, buna dikkat edin.

Sabah olunca güneş doğar, akşam olunca hava kararır, kış gelince kar yağar, ilkbaharda çimler yeşerir, tohumlar çiçeklenir; yaşam sürekli akış içindedir, o asla durağan kalamaz. Sen sürekli takılıp kalıyorsan onunla aynı doğrultuda akamazsın ve senin tüm sorunların yaşamı kaçırdığın için ortaya çıkmaktadır.

Bu durumda yaşam seni nasıl sevebilir? Sen onu sevmiyorsun ki! Sen ona güveniyor gibi yapıyorsun; fakat güvenmiyorsun, içinde koşullar var, net değilsin, karamsarsın, açık değilsin ve bu duygularla yaşamdan bir şeyler bekliyorsun. Sen aydınlıksan o da aydınlıktır ve sen karanlıksan yaşam da karanlık olacaktır. Önce sen harekete geçmelisin.

İnsanlar yaşamdan bir şeyler bekler, oysa yaşam boş bir duvar gibidir ve onu sen süslemelerinle anlamlaştırırsın. Onu renkli boyalarla boyar ve duvar kâğıtlarıyla kaplarsan ortaya renklilik ve güzellikler çıkacaktır. Duvarına çiçek resimleri çizersen evinin içi çiçek bahçesine dönecektir. Eğer sana verilen bu boş duvarı siyaha boyarsan ortalık kararacaktır.

Ve siyah duvarlarla çevrelenmiş bir odanın içinde nefes alamazsın, boğulursun, senin de yaşadığın budur. Korkuyorsun çünkü her an ölümle burun buruna yaşamaktasın. Güzellikleri kaçırıyorsun, aslında ölmekten korkmana gerek yok, sen zaten bir ölüsün, ben yaşadığını göremiyorum. Senin için sadece kuru bir şekilde nefes almak yaşamaksa o halde yaşıyorsundur; fakat ben senin canlılığını göremiyorum!

O halde yeni bir duvar kâğıdı ya da yeni bir duvar boyası hazırla ve siyah duvarını önce beyaza boya, sonra üzerine çiçekler çiz, nasıl kendini huzurlu hissedeceksen o şekilde çizimler yap. Eğer seçimini bir başkasına bırakırsan o senin duvarına gelip siyah bir boya atacaktır, bu hep böyle olmuştur.

Seçimini kimseye bırakma, bu yaşam senin. Anlaşılması gereken budur!"

Soruyorsun: "UK, farkındalık neden önemlidir? Sizin anlattıklarınız toplumun getirdiği sistemin çok uzağında. Siz derinlemesine şeylerden söz ediyorsunuz, biz ise daha elle tutulur bilgilere ihtiyaç duyuyoruz."

"Seni çok iyi anlıyorum. Elle tutulur şeyler dediğin aksesuvarlardır. Onlar senin makyajın, güzel gözükmen için, kendini iyi hissetmen için yaptırdığın bakımların. Fakat anlaşılması gereken şudur: Okyanusta açılmışsın ve gemi batmak üzere, ihtiyacın olan araç filikadır ve sen kendini iyi hissetmek için kamaranda makyaj yapmaktasın!

Ben yaşamın yüzeysel kısmına karşı değilim, tam aksine her şeyi sevgiye dönüştürmeyi seçiyorum. Ancak bütünü kavradığında sorularına cevaplar bulabilirsin ve bütüne ulaşmak için derinden işe başlaman gerekiyor, öncelikle bunu anlamalısın.

Önce batan gemiyi kurtar, sen gemiyi kurtardıktan sonra yaptığın makyaj anlam bulacaktır, yoksa denizin dibine doğru battığında o güzellik-bakım hiçbir anlam ifade etmeyecektir, öyle değil mi?

Bu ikinci soruna vermiş olduğum cevaptı ve birinci sorunda şöyle soruyorsun:

'Farkındalık neden önemlidir?'

Bilgi otomatikleşmedir, onun yaratıcılığı yoktur ve bilgiyle vermiş olduğun cevaplar her zaman aynı soruyu tatmin etmez!

Ve erkekler zihinseldir, onlar bütün güzellikleri, ihtişamı kaçırırlar. Kadınlar yaşadıkları güzel bir anı, tüm iliklerinde yüreklerinin derinliklerinde hissederler, Kadınlar anı o kadar içten ve yoğun yaşarlar ki, aşkın rahmetini hissederler. O an sanki Allah'la bütünleşmiş gibidirler. Zihin ve bilgi kaybolur, sadece farkındalık ve onun doğumuyla oluşan derin bir hissediş vardır!

İnternette çok güzel hikâyeler var, vaktim oldukça onları okurum. Bir tanesini seninle paylaşabilirim. Meşhur bir hikâye vardır, diye başlıyor ve devam ediyor:

Çağlar boyunca hep olduğu gibi Japonya'da da birbirine düşman iki tapınak vardı. Rahipler o kadar uzlaşamaz hale gelmişlerdi ki artık birbirlerine selam bile vermez olmuşlardı. Yolda karşılaşacak olurlarsa birbirlerinin yüzüne bakmazlardı. Yolda karşı karşıya gelecek olurlarsa konuşmaktan vazgeçerlerdi; yüzyıllar boyunca bu iki tapınak ve rahipleri birbirleriyle hiç konuşmamışlardı.

Ama her rahibin yanında kendisine hizmet eden, ayak işlerine bakan küçük bir çocuk vardı. Her iki tarafın rahipleri de, ne de olsa onlar birer çocuk olduğu için birbirleriyle arkadaş olabilirler diye korkuyorlardı. Rahiplerden biri, hizmetindeki çocuğa dedi ki:

'Unutma, diğer tapınak bizim düşmanımız. Asla diğer tapınağın çocuğuyla konuşma. Onlar tehlikeli insanlar; onlardan, bir insanın hastalıktan kaçındığı gibi kaçın. Vebadan kaçan birisi gibi kaç!'

Çocuğun ilgisini çekti bu, çünkü yüce vaizleri dinleyip durmaktan gına gelmişti. Onları anlayamıyordu. Garip kutsal metinler okunurdu, dilini anlayamıyordu; yüce, ilahi sorunlar tartışılırdı. Oynayacak kimse yoktu, hatta konuşacak bile kimse yoktu. Ve 'Diğer tapınaktaki çocukla konuşma' dendiğinde, içinde dayanılmaz bir arzu yükseldi. Arzular böyle yükselir. O gün diğer çocukla konuşmaktan kendini alamadı. Yolda ona rastladığında sordu:

'Nereye gidiyorsun?'

Diğer çocuk biraz felsefiydi; büyük felsefeleri dinleye dinleye felsefi olmuştu. 'Gitmek? Giden ya da gelen kimse yok! O oluyor; beni nereye götürürse...' dedi. Ustasından bir Buda'nın böyle; ölü bir yaprak gibi, rüzgâr onu nereye götürürse oraya giderek yaşadığını pek çok kez duymuştu. Bu nedenle çocuk, 'Ben yokum! Yapan birisi yok, o halde nasıl gidebilirim? Neler saçmalıyorsun? Ben ölü bir yaprağım. Rüzgâr beni nereye götürürse...' demişti.

Diğer çocuk donakalmıştı. Cevap bile veremedi. Söyleyecek bir şey bulamadı. Gerçekten utanmıştı ve zor durumda kalmıştı, 'Ustam bu insanlarla konuşmamalı derken haklıydı; bunlar tehlikeli insanlar. Bu nasıl bir konuşma tarzı? Çok basit bir soru sordum: 'Nereye gidiyorsun?' Aslında nereye gittiğini biliyordum çünkü ikimiz de pazardan sebze almaya gidiyorduk. Basit bir cevap iş görürdü' diye geçirdi içinden.

Oğlan geri döndü ve ustasına şöyle dedi:

'Üzgünüm, beni bağışla. Beni yasakladınız ama ben sizi dinlemedim. Aslında siz yasakladığınız için kendime hâkim olamadım. Bu tehlikeli insanlarla benim ilk konuşmam. Çok basit bir soru sordum, yalnızca: 'Nereye gidiyorsun?' Ve o da garip şeyler söylemeye başladı. 'Gelmek yoktur, gitmek yoktur. Kim geliyor? Kim gidiyor? Ben saf boşluğum, sadece rüzgârdaki ölü bir yaprağım. Ve rüzgâr beni nereye götürürse' gibi şeyler söylüyordu.'

Usta, 'Sana demiştim! Şimdi, aynı yerde duracak ve o geldiğinde, ona yine soracaksın: 'Nereye gidiyorsun?' Ve sonra o, bu şeyleri söylediğinde sadece, 'Bu doğru. Evet, sen ölü bir yapraksın, ben de öyleyim. Ama rüzgâr esmediğinde nereye gidiyorsun? O zaman nereye gidebilirsin?' diye söyle. Ve bu onu utandıracak. O utanmalı, yenilgiye uğramalı. Sürekli atışma halindeyiz ve bu insanlar bizi hiçbir tartışmada yenilgiye uğratamadılar. O yüzden yarın bu yapılmalı!' dedi.

Oğlan erkenden kalktı, söyleyeceklerini, gitmeden önce pek çok kez tekrarladı. Sonra da oğlanın yoldan geçeceği yerde durdu, tekrar tekrar yineledi, kendini hazırladı ve o sırada oğlanın geldiğini gördü. 'Şimdi tamam!' dedi.

Çocuk geldi. 'Nereye gidiyorsun?' diye sordu. Oğlan fırsatın ona geleceğini umuyordu.

Ama çocuk dedi ki: 'Bacaklarım beni nereye götürürse.' Rüzgârın, hiçliğin, bir şey yapmayanın bahsi geçmiyordu...

Şimdi ne yapmalı? Onun tüm kullanıma hazır sözleri saçma geldi. Şimdi rüzgârdan bahsetmek çok alakasız kalacaktı. Tekrar mağlup olmuş, artık hakikaten aptal olduğundan utanarak, 'Bu oğlan gerçekten garip şeyleri biliyor. Şimdi de, bacaklarının götürdüğü yerden söz ediyor' diye düşündü.

Oğlan ustasına geri döndü. Usta, 'Bu insanlarla konuşmamanı söylemiştim sana! Onlar tehlikeli, bu bizim kaç yüzyıllık deneyimimizdir. Ama artık bir şey yapmak gerekiyor. O yüzden yarın tekrar sor, 'Nereye gidiyorsun?' diye. Ve sana, 'Bacaklarım nereye götürürse' dediğinde, ona de ki: 'Ya bacakların olmasaydı, o zaman?' Şu ya da bu şekilde susmak zorunda kalacak' dedi.

Ertesi gün oğlan yeniden: 'Nereye gidiyorsun?' diye sordu ve çocuk da dedi ki:

'Pazara gidip sebze almaya.'

Bilgi şeytanın bir yan ürünüdür, o seni her zaman yanılgıya uğratacaktır, o seni bir âmâya çevirecektir, o yeni farkındalıklar kazanmana engel olacaktır. Cevaplar her zaman değişkendir, zihnin içinde mutlak doğru yoktur, mutlak bir cevap da yoktur, istediğin elle tutulur cevaplar içinde bulunduğun illüzyonun bir parçasıdır, onlar hiçbir gerçeklik taşımaz.

Hakikat zihnin ötesinde olandır, zihnin içinde açan cevaplar ve sorular sahte bir çiçek gibidir, onun hiçbir kokusu ve derinliği yoktur; o sadece görüntüdür, o çok yapaydır."

Soruyorsun: "UK, mutluluğu nasıl bulabilirim? Mutluluğu acaba bir ilişkinin içinde mi bulabilirim? Sağlıklı düşünemiyorum, lütfen çözüme ulaşmam için bir şeyler söyler misiniz?"

"Ne sorduğunun farkında mısın? Aradığın şeyin farkında olduğunu sanmıyorum, çünkü sen kendinin farkında değilsin. Mutluluğu nasıl bulabileceğini soruyorsun. O halde sen içinde olup bitenden habersizsin. Mutluluk senin içselliğindedir, dışında değil. Öncelikle bunun farkındalığına ulaş.

Senin sorun şuna benziyor. Bir tatil köyü işletiyorsun ve yıllarca hiç tatil yapmamışsın. Koşturmaca içinde kendini unutmuşsun ve tatile ihtiyacın olduğunu söylüyorsun. O halde olduğun yerin farkına var.

Sen mutluluktan ayrı değilsin, tam aksine onun içinde açan bir çiçeksin.

İnsanları izlediğinde göreceksin, onlar her zaman sevgiyi ilişkinin içinde aramaktalar. Sence neden insanlar sürekli olarak sevgiyi ararlar? Çünkü onlar zihinsel yoğunluklar, kargaşalar, koşuşturmalar içinde olduklarından kendi yüreklerinden uzaklaşarak zihinlerine odaklanırlar. Kendi içinde bulunmadığı bir şeyin hissiyatına kapıldığında merkezlerinden uzaklaşarak başka merkezlere bağımlı hale gelirler.

Şimdi sen özündeki sevgiyi hissetmeden yola çıkıyorsun ve aynı şekilde sevgisiz başka bir insan da sevgiye ulaşmak için seninle ilişki kurmaya çalışıyor, siz birbirinizi sevgiye ulaşmaya çalışan araçlar olarak görüyorsunuz, bu yol sevgiye giden yol değil, bu yol bir ticaret yolu; o halde gerçek sevgiye nasıl ulaşacaksınız?

İki sevgisiz insan ilişki kurdu ve ikisi de birbirinden sevgi beklemekte, ikisinde de sevgi yok, ikisi de varlığını hissetmiyor, ikisi de çok yüzeyde, evden uzak; şimdi ne olacak?

Olanları izleyebildin mi? Yaşamın sadece bir kısmına tutunuyorsun, bu durumda yaşamın bütünlüğünü göremezsin. Ve ben sana diyorum ki, mutlu olma, mutluluğun kendisi ol, o zaman baktığın her yerde mutluluk göreceksin.

Mutluluk başarılacak bir şey değildir, o bir hedef değildir, o varılacak bir nokta değildir. Zihniniz tüm bu koşuşturmaları bıraktığında mutluluk hiç haberiniz yokken birden ortaya çıkacaktır. Maskeleri bırakarak bir başkası olmayı, bir unvan peşinde koşturmayı bıraktığınızda, arzularınızdan sıyrıldığınızda ve olduğunuz sizi bulduğunuzda bu hakikatle buluşacaksınız!

Yaşamın sırrının, olduğunuz sizi fark etmek, onu kabullenmek ve sevgiyle kucaklamak olduğunun zihinsel ötesi bilincinde olacaksınız...

İnsanların size olan öfkesi, küskünlüğü ve sizi suçlamaları dışarıdan geliyormuş gibi görünen yanılsamadır! Orada kimse yok, orada hiçbir şey yok. Suçlama dışarıdan geliyormuş gibi görünüyor, fakat bu sadece bir içsel ışığın dışa yansıyan gölgesidir.

Yaşama küskünlüğün seni mutluluktan-özünden uzaklaştırıyor. Birini bağışladığında, bağışlanan kendinden başka bir şey değildir, bunu anlamalısın!

O senin dışında, dışarıda gibi gözüküyor, fakat o içinde gerçekleşiyor. Tezahür eden her şey senin içinde belirir, bunu izle. Gözlerini kapat ve olana tanık ol, neler olduğunun farkındalığına ulaşacaksın.

Şu sözleri tekrarla:

'Bütün doğrularımı bıraktım, bütün yanlışlarımı bıraktım, bütün güzellikleri bıraktım, bütün çirkinlikleri bıraktım. Bütün bölünmeleri bıraktım, çünkü ikililiği oluşturanın zihnin kendisi olduğunu fark ettim.

Ve bütün kırgınlığımı, kaygılarımı, korkularımı, güvensizliğimi, sevgisizliğimi, hayal kırıklıklarımı bıraktım.

Şimdi içimdeki enerji nehri tıkanmadan süzülerek akıyor ve ben bunu tüm hücrelerimde hissediyorum.'

Arkadaşı Yas ustası UK'yi ziyareti sırasında sordu:

'Yaşamın içinde bunca sorunlar varken bunların hiçbirinden etkilenmemeyi nasıl başarıyorsun?'

UK gülümsedi ve şöyle dedi:

'Başardığım bir şey yok; ben sadece severim, yaşam ne sunarsa sunsun ben sadece severim ve her şey sevgiye dönüşür.'

Her duyguda, her düşüncede, her olayda, her insanda, her hayvanda, karşılaştığın her şeyde Yaradan'ın izi vardır, çünkü her şey onun izniyle tezahür etmektedir. Bunu unutma ve karşına çıkan her şeye olumlu ya da olumsuz sana bir şeyler öğrettiği için teşekkür et."

Soruyorsun: "UK, yaşadığım aşklar çok çabuk bitiyor. Ben uzun süreli ve hep aynı heyecanda aşk yaşamak istiyorum. Bunun için ne yapabilirim?"

"Bu sana özgü bir sorun değil, bu sorununu izlediğim her insan hemen hemen yaşamakta. Çünkü derinliğiniz karanlıklarla dolu!

Gece olunca gökyüzüne bak, karanlığı göreceksin ve şimdi bu dünyanın koca bir tarla olduğunu, üzerinde çiçekler açmak istediğini düşün. Fakat hep gökyüzü karanlık, tıpkı senin derinliğin gibi!

Varlığın karanlık bulutlar altında kalmış durumda ve sen aşkı uzun süreli yaşamak istiyorsun. O bir sevgi çiçeği, o bir aşk çiçeği, o sonuçta bir çiçek ve sen onu yaşamak istiyorsun fakat onun üzerine kara bulutlarla yansımışsın!

Şimdi ne yapmalı?

Papatyalar, güller, orkideler, kır çiçekleri güneşin ışığıyla buluşamadığında ne olur? Onlar sadece gecenin karanlığı altında nasıl çiçek verecekler? Onların aydınlığa ihtiyacı vardır, öyle değil mi?

Ve senin sorunun budur! Sen karanlıktasın, fakat aşkın dansını yaşamak istiyorsun. O halde önce kendi derinliğine in. İçindeki güneşin önünde kara bulutlar var, önce güneşi ortaya çıkarmalısın. Öncelikle güneşin üzerinde neler var, sorgulaman gereken budur. Senin ışığının üzerinde affedememe, sevgisizlik, korku, utanç duygusu, küçük düşürülme, kaygı gibi kara bulutlar var ve ışığını üzerini örtmüş durumda. Şimdi bu duygularla tek tek yüzleşmelisin.

Aşkla bütünleşmeden önce içindeki dengeyi yakalamalısın ve sonrasında dünyadaki dengeyi kurmuş olacaksın.

Işığının önüne geçen bütün kara bulutları kaldır, sonra güneş senin aşkını aydınlatacaktır. Önce korkularınla yüzleş, onları bırak gitsin ve sonra suçluluk duygularınla yüzleş. Kendini bağışla ve yaşamış olduğun gerçekliği kabul ederek suçluluk duygunu bırak gitsin. Artık ona tutunma, ona enerji verme ve onu besleme. Sadece bırak gitsin.

Bütün hayal kırıklıklarını karşına al ve onlarla yüzleş,

onlara isyan etme, onları inkâr da etme ve onlarla yüzleştikten sonra bırak gitsin. Güneşinin üzerinden bir kara bulut daha kalktı.

Sevgisizlik, üzüntü ve keder duygularıyla karşılaştığının gerçekliğini kabul et ve onlarla karşılaştığın için kendilerine teşekkür ederek uçup gittiğini, kaybolduğunu gör. Unutma, onlar birer öğreticiydi.

Yanılgılarını serbest bırak. Tüm duygular birbirine bağlıdır, biri diğerini çeker. Herkes özde birdir, bu gerçekliğin farkındalığına ulaş ve derin bir nefes olarak onlarla bütünleş. Yaşamı olduğu gibi sevgiyle kucakla.

Kırgın olduğun herkesi, her şeyi affet ve affettiğinde göreceksin ki güneşini örten kara bulutlar bir anda buharlaşarak yok olmuş olacak. Affettiğinde kendi içindeki güneşin tekrar ortaya çıkacaktır. Affetmek asla ve asla başkasına değil, kendine verdiğin bir armağandır.

Sen enerji kaynağısın ve enerji nehrini tıkayan tüm bu kara bulutları serbest bırak.

Sen tüm kara bulutlardan arındığın anda merkezindeki güneş tekrar belirecektir ve o güneşin altında gerçek aşk filizlenmeye başlar; ona bir kez ulaştığında artık kaybetmen imkânsızdır."

Soruyorsun: "UK, şu sıralar çok duygusalım, sürekli ağlıyorum ve ağlamaklı bir haldeyim. Bu durum ne kadar sürecek?"

"Ağlamak, tıpkı nefes almak, yemek yemek, hatta elbise giymek kadar doğaldır. İnsanlar onu bastırdığı için büyük bir enerji kaybı yaşarlar. Eğer içinden ağlamak geliyorsa gözyaşlarını tutma, bundan şikâyetçi olma, ağlamak ruhun akışına, içinde tıkanmış sonsuz enerji nehrinin kanallarının açılmasına vesiledir.

Ağlamak senin duygularını temizler, tıpkı yağmur sonrası caddelerin ve sokakların toz topraktan temizlenişi gibidir. Ağlamak da yağmur gibi büyük bir nimettir, senin içinde açmaya çalışan çiçek gözyaşlarınla sulanıyor, bundan şikâyetçi olmaya gerek var mı? Ve güneş doğuyor, o da senin içindeki çiçeğe ışık olmak için her gün doğmaktadır. Varoluş seni seviyor, bunu fark et ve ona koşulsuzca yüreğini aç, o zaman mutlak huzuru bulacaksın!

Bu durumun ne kadar süreceğini soruyorsun, bu durumdan mustarip olduğunun farkındasın ve hâlâ soruna odaklı yaşıyorsun! Kendini hiç izledin mi? Cevabın senin içinde duruyor, bu durumun ne kadar süreceğine sen karar verebilirsin! Bunu unutma, o senin dünyan ve senin seçimlerin geçerli. Kendi dünyanı kendi seçimlerinle şekillendirirsin. Ben durumun ne kadar süreceğini bilemem, nasıl bilebilirim ki?

Bu soru şuna benziyor: 'Ben birisini seviyorum bu ne kadar sürecek?'

Bir hikâye yazmıştım, izle!

Jan ve Elizabeth ilişkilerinde sorun yaşadıkları için Yas ustası UK'den destek almak istediler. Usta onları sevgiyle kucakladıktan sonra sorunları dinlemeye başladı.

Jan sordu:

'İlişkimiz artık katlanılmayacak bir duruma geldi, neredeyse her gün farklı bir konuda tartışma yaşıyoruz ve artık bu durumun düzelmesini, birlikte eskisi gibi mutlu bir yaşamımız olmasını istiyoruz. Bize bir şeyler önermeni bekliyoruz, biliyoruz ki senin önerilerin birçok kişiyi kendine döndürdü, bize de lütfen bir sır ver. Biz en kısa zamanda huzurlu bir ilişkiye kavuşmak istiyoruz, ayrıca bize söylediklerini uygulamaya başladığımızda içinde bulunduğumuz bu durumdan ne kadar sürede kurtulabileceğiz?'

Usta Jan'ın gözlerinin içine baktı ve gülümseyerek, 'Size mutluluğun kendisi olmanız için göremediğiniz cevapları görmenizi sağlayabilirim; fakat bu durumun ne kadar süreceğine karar verme konusu benim değil, o sizin seçiminize bağlıdır!' dedi.

Sadece yaşamın gerçekliğine uyum sağla, ruhun ağlamaya ihtiyacı varsa ağla, gülmeye ihtiyacı varsa gül, her deneyimi yaşa, kontrol etme. Eğer kontrol edersen bütün enerjini dışarıya akıtmış olacaksın. Sessiz ol ve yaşamın akışını izle, o akışta gelen her şey mucizedir."

Soruyorsun: "UK, kendimi sevmek bencillik midir?"

"Bu sana çocukluğunda toplum tarafından empoze edilmiş ve seni bir köleye indirmek üzere tasarlanmış tarihin en büyük yalanıdır!

İzle! Senin içinde açan hiçbir çiçek yok, keşfedilecek hiçbir şeyin yok ve sen bir başkasıyla aşk yaşamaya karar veriyorsun. Yola çıkarken niyetin, içindeki boşluğu bir başkasının doldurması, fakat bu karşılaştığın insanı sadece yıpratacaktır. Sen onun sevgisiyle içini ısıtabilirsin, peki, o sende ne bulacak?

Sen için bomboş sevgi yoluna çıkıyorsun, hissettiğin bir sevgi yok, verebileceğin gerçek bir duygun yok; işte bu en büyük bencillik olacaktır. Sen karşındakini sadece araç olarak kullanmış olacaksın. Sevgisizlik bencilliği doğurur ve sana 'Kendini sevme bu bencillik olur' diyen insanlara dikkat et, onlar senin üzerinde hâkimiyet kurmaya devam eden insanlardır!

Hikâye çok anlamlı:

Hans ölür ve şeytan onu cehenneme götürür. İçeride yemek kokuları gelen bir odanın ortasında büyük bir tencerenin çevresinde oturan insanlar vardır. Bu çok zayıf, bir deri bir kemik kalmış insanlar acıyla inlemektedir.

Cehenneme yeni gelen Hans tencerenin çevresindeki insanların ellerinde kepçeye benzer, uzun saplı kaşıklar görür. Kaşıklar ellerine bağlıdır, adamlar kaşığı tencereye daldırabilmekte fakat hiçbir şey yiyememektedirler. Çünkü kaşıkların sapları o kadar uzundur ki; ellerindeki kaşıkları bir türlü ağızlarına götüremezler.

'Lütfen' der Hans, 'bana bir de cenneti gösterir misin?'

'Elbette' der şeytan, 'sonsuzlukta birkaç dakikanın ne önemi var?' Ve onu cennete götürür. Hans cennete girince hem çok şaşırır hem de kafası karışır. Gördüğü manzaranın cehennemdekinden hiçbir farkı yoktur, yalnızca insanlar mutlu ve sağlıklıdır kahkahalarla gülmektedirler.

'Anlayamadım' der Hans. 'Her şey aynı, herkesin ellerine bağlı uzun saplı kaşıklar var ve hepsi de bir tencerenin çevresinde oturuyorlar. Farklı olan nedir? Neden burası cennet?' Şeytan Hans'ın sorusunu cevaplamaz, tam çıkarken Hans başını bir kez daha çevirir ve olan biteni anlar. Herkes ellerindeki uzun saplı kaşıklarla birbirlerini beslemektedir!

Bütünü oluşturmak için önce kendini sevmelisin. Hepimiz tek kanatlı melekleriz ve birlik içinde uçabilmemiz için önce kendimizi sevmemiz, sonra da kucaklaşmamız gerekir, anlıyor musun?

Kendini sevmek, başkasını sevebilmenin ilk adımıdır, ancak kendinde olanı paylaşabilirsin, öyle değil mi? O halde toplumsal karalamaların içine işlemesine izin verme, toplum düzenli bir sistem-mekanizma yaratmak ister ve bunu kurnazlık içinde yürütür. Kurnazlığın olduğu yerde sevgi barınamaz.

Kendini sev, kendini sev, kendini sev. Tüm güzellikler senin kendini sevmenle başlar ve sen sevgiyle dolduğunda tüm evren sevgiyle bütünleşir.

Bu kadar."

Soruyorsun: "UK, yaşama senin gözünden bakmak için senin doğrularına mı sahip olmalıyız?"

"Ben sana yaşanmamış hiçbir şeyi anlatmıyorum, ben sana mutlak yaşamdan söz ediyorum. Felsefeden, bilgiden, formüllerden bahsetmiyorum. Onlar yaşamın mutlak gerçekliğinde yeşeremez! Ve sen kendine dikkat etmelisin, eğer bugüne geldiğin doğrularla hâlâ kaygılı, korku dolu ve huzursuz bir yaşamın varsa yolunu değiştirme vaktin gelmiş demektir!

Benim sana vereceğim bir doğru yok, o benim doğrumdur, ben ancak senin kendi doğrularını, kendi ihtişamını, güzelliğini ortaya çıkarman için sana yardımcı olabilirim. Anlaşılması gereken budur!

Hikâye çok güzel...

Bir zamanlar dört oğlu olan bir adam vardı. Çocuklarının çok erken karar vermemeleri ve önyargılı olmamaları için onları bu konuda eğitmek istedi. Böylece her birini uzak bir yerde duran ağacın yanına gönderip ona bakmalarını istedi.

İlk oğlan kışın gitti, ikincisi ilkbaharda, üçüncüsü yazın ve sonuncusu da sonbaharda. Geri döndüklerinde hepsini yanına çağırdı ve ne gördüklerini sordu.

İlk oğlan ağacın çok çirkin, yaşlı ve kupkuru olduğunu söyledi.

İkinci oğlan, 'Hayır, ağaç yeşillikle doluydu ve canlıydı' dedi.

Üçüncü oğlan başka fikirdeydi: Çiçekleri vardı ve kokusuyla görüntüsüyle o kadar muhteşemdi ki daha önce hiç böyle bir şey görmemişti.

Sonuncu oğlan hepsinin haksız olduğunu ve ağacın meyvelerle yüklü, canlı ve hayat dolu olduğunu belirtti.

Yaşlı adam oğullarına hepsinin haklı olduğunu söyledi. Çünkü hepsi farklı mevsimlerde ağacı görmeye gitmişti. Onlara bir ağacı ya da bir insanı kısa bir süre veya bir mevsim tanıdıktan sonra yargılayamayacaklarını anlatmaya çalıştı. Ya da neye sahip olup olmadıklarını!..

Yaşam değişkendir; bulutlar gelir ve geçer, yağmurlar yağar, güneş açar, gökyüzü karanlığa bürünür ve yıldızlar parıldamaya başlar. Çimenler yeşerir ve çiçekler açar, sonra yapraklar dökülür, onların çıtırdayan sesleri ruhu dinlendiren bir müziğe dönüşür. Yaşam akış içindedir ve her şey değişime uğrar. Benim şu an doğru bildiklerim başka bir mevsimde aynı geçerliliği taşımaz. Zaman zihnin yarattığı bir kavramdır ve zihnin içinde her şey gelip geçecektir. Kaybolan bir şeyin gerçekliği ve doğruluğu olamaz, o sadece vaki olmuştur. Hakikat zihnin ötesindedir.

Bir gün Tolstoy ile Maksim Gorki, Kırım'da gezinirlerken, Tolstoy bir kuşun ötüşünü duyar. Kuşu merak ettiğini hisseden Gorki, Tolstoy'a daha bu ne kuşudur dedirtmeden, ispinoz olduğunu söyler.

İspinozun hep aynı öttüğünü de sözüne ilave eder.

Sonra felsefeye dalıverirler. Tolstoy, bir konudaki görüşlerine aykırı şeyler söyler. Oysa daha önce farklı düşünmüş, farklı söylemişti... Bu farklılığı gören Gorki hemen soruverir:

'Üstat, önceleri böyle düşünmüyordun, farklı düşünüyordun, oysa görüyorum ki şimdi yeni şeyler söylüyorsun, kendinle çelişmiyor musun?'

Tolstoy şu cevabı verir:

'Gorki, ben ispinoz kuşu değilim ki her zaman aynı türküyü söyleyeyim. İnsan kalbinin bin türlü nağmesi var, bu gün de başka bir nağmemi terennüm ediyorum...'

Doğru ve yanlış ikililiğini yaratan, zihnin oyunundan başka bir şey değildir. O seni yanıltır. Yaşamda her şey bütündür. Sen varlığınla bütünleştiğinde bütün bu ayrımlar ortadan kalkar ve orada hiç batmadan bekleyen bir güneş vardır, o güneş senin aydınlığındır.

Ben o aydınlıkla tekrar buluşman için sana sadece yol gösterebilirim, aydınlık zaten senin içindedir!.."

Soruyorsun: "UK, ben Krişnamurti gibi, Osho gibi, Buda gibi farkındalığa ulaşmak istiyorum, onlar gibi olmak istiyorum ve bu konuda seni de onların arasında görüyorum ve bana yardımcı olabilecek kişinin sen olduğuna inanıyorum. Bu konuda ne yapabilirim?"

"Bana onlar gibi olmak istediğini söylüyorsun, önce soruyu anlaman gerekiyor. İstemek ile arzu arasında çok büyük bir fark vardır. İstemek, var olan bir şeye ulaşmaktır, arzu ise sende olmadığına inanmaktır, sahiplenmektir, erişebilmektir, dışarıdan gelme düşüncesi içinde egoyu besleyerek nefes almaktır!

Eğer Yaradan senin bir Krişnamurti ya da Osho olmanı isteseydi zaten seni onlar gibi yaratırdı, hatta onlardan hiçbir farkın kalmazdı; fakat o seni sen olarak yarattı! Bunu izleyebiliyor musun? O halde olduğun sen güzeldir. Önce olduğun senin farkına var, sonra diğerleriyle bir olduğunu idrak edeceksin.

Özlü söz çok anlamlı:

'En büyük keşif insanın kendini keşfetmesidir.'

Hikâyeyi izle!

Padişahın biri acemi bir köleyle gemiye binmişti. Köle daha önce hiç deniz görmemiş, gemi yolculuğunun zorluğunu tatmamıştı. Bağırıp çağırmaya, korkusundan titremeye başladı. Feryadını dindirmek için ne kadar çok uğraştılarsa da fayda etmedi. Kölenin bu hali padişahın da keyfini kaçırmıştı artık. Gemide bulunanlardan hiçbiri onu sakinleştiremedi.

Yolcular arasında bir bilge vardı. Padişaha dedi ki: 'Eğer müsaade ederseniz ben onu bir şekilde sustururum.'

Padişah 'Lütfedersiniz' deyince, bilgenin emriyle köleyi deniz attılar. Köle, dalgalar arasında yuvarlanarak birkaç defa batıp çıktıktan sonra saçından tutup gemiye doğru çektiler. Gemiye çıkar çıkmaz iki eliyle dümene sarıldı, sonra da sesini kesip bir köşeye oturdu.

Padişah bu durum karşısında çok şaşırdı ve bundaki hikmeti sordu. Bilge dedi ki:

'Önceden boğulmak acısını tatmadığı için gemideki rahat ve huzurun kıymetini bilmiyordu.'

Sen kendine döndüğünde yaşayacağın nihai huzur ve özgürlüğün tadını bilmediğin için ağıt yakmaktasın. Kendini keşfettiğinde başka hiçbir şey olmak istemeyeceksin.

Senin tüm bu özel olma çaban, kendini beğenmemekten, kendini sevmemekten, yaşamış olduğun içsel savaştan ortaya çıkmaktadır, yoksa ne diye bir başkası olmak isteyesin? Sen özünde kendinle barışık değilsin.

Sen içinde kendini özel hissetmiyor ve derinliğinde kendini değersiz görüyorsan istediğin kadar bilgi ve bilgelikle donan bu bir işe yaramayacaktır, sen nereye gidersen git zihnindeki bu eksikliği oraya taşımış olacaksın.

Yaradan basit ve çirkin bir şey yaratmaz. Sen özünde çok zenginsin, ben senin kendi derinliğine inerek oradaki güzelliği keşfetmenden yanayım. Sen kendi derinliğine indiğinde her şey bir mucizeye dönüşür. Gökyüzündeki yıldızlar daha bir parlak gözükür gözlerine, dinlediğin müzik daha bir hoş gelir kulağına ve doğa daha canlı, daha renkli gözükür. Çünkü sen varlığınla, saf güzelliğinle görmeye başlamış olursun.

Çok fakir bir adam Yas ustası UK'nin yanına gelerek ona, 'Ben senin gibi farkındalık dolu ve bilge olmak istiyorum, senin ayrı bir güzelliğin var, gözlerine baktığımda ışığını çok net görebiliyorum. Senin yanında kendimi çok enerji dolu hissediyorum, lütfen bana bunun sırrını anlat, bana tüm bildiklerini anlat, bu nasıl gerçekleşiyor?' diye sordu.

Yas ustası o sırada bambu evinde güneşi izliyordu ve adama güneşi gösterdikten sonra hava kararana kadar yanında beklemesini söyledi. Adam hiçbir şey anlamamıştı. Ama yapacağı başka bir şey de yoktu, beklemek zorundaydı. Ve sonunda akşam oldu, Güneş yerini aya bırakmıştı.

Adam beklemekten çok sıkılmıştı ve dayanamayarak sordu:

'Akşam oldu ve ben hâlâ cevabını bekliyorum, sırrı ne zaman anlatacaksın?'

Usta gülümseyerek karşılık verdi:

'Ne sırrı? Güneşi gördün, o tüm ihtişamıyla çok özeldi ve o yerini aya bıraktı. Ay ve güneş ben bildim bileli hep bir ebeleme oyunu içindedir, biri diğerini kovalar; şimdiye kadar ne ayın güneşin yerine geçmek istediğine, ne de güneşin ayın yerine geçmek istediğine şahit oldum!'

Sır falan yok, her şey olduğu haliyle güzeldir!

Yaratılan her şeyin kendine has güzelliği vardır, Yaradan herkesi farklı suretlerde yaratmıştır ve her insan kendince özeldir. Herkes birbirinden farklıdır ve güzellik buradadır. Herkes birbirine benzese bunun ne anlamı olurdu?

Güneş nasıl aydınlatacaktı dünyayı?

Ya ay? Ay kendi doğasından vazgeçseydi, geceleri mehtabın güzelliğine nasıl şahit olacaktın?

Maymunlar daldan dala zıplar, yılanlar sürünür, kuşlar uçar; hepsi bir bütünü oluşturur, hepsinin kendine has özelliği vardır ve onları bütün olarak görmezsen, ayrım yaparsan yaşam yolculuğun bölünmelerle sürecektir.

Ve bir Buda, bir Krişnamurti ya da bir Osho; onlar özde birdirler. Onlar bedene takılı yaşamadılar, onlar merkezdeydiler ve tek bir merkez vardır!

Sen kendi özünle buluştuğunda farkındalıkla dolacaksın. O zaman Krişnamurti'nin, Osho'nun ve UK'nin de senin içinde yansıdığını çok net göreceksin!

Bu yüzeysel bağlantıların oluşturduğu buluşma değil, eve dönüşle birlikte gerçekleşecek bir kutlayıştır."

Soruyorsun: "UK, dünyada yaşanılan savaşlar hakkında ne düşünüyorsunuz? Bu konuda yürüyüşler düzenlerseniz barış adına çok şey yapabileceğinize inanıyorum."

"Anlamadığınız bir konu var.

Kin ve nefret, kin ve nefreti, savaşı besler. Sevgi ise sevgiyi besler. Sizler yola barış adı altında kin ve nefretle çıkıyorsunuz. Şimdi senin aklında intikam var, yapılanlara karşı gövde gösterisi var, bu nasıl bir barış yürüyüşü olabilir?

Beni anlıyor musun?

Sen içsel olarak ne yaptığının farkında değilsin. Enerji verdiğin şey büyümeye başlar ve sen yürüyüş, propaganda adı altında sevgisizlik yayıyorsun, olan tek şey budur, o zaman büyüyen sadece sevgisizlik olacaktır.

Sen dürüst olduğunda tüm dünya dürüstlüğe ulaşır. Sen

güvenilir olduğunda tüm dünyayı güven kaplar. Sen şeytani planlar içinde olursan tüm dünya şeytani planlar içinde olacaktır.

Hikâye çok güzel:

Bir haftanın yorgunluğundan sonra baba pazar sabahı kalkmış, eline gazetesini almış ve akşama kadar oturup dinlenecek olmanın keyfini çıkarmaya başlamış. Ama tam bu sırada oğlu yanına gelerek kendisini parka götürmek için geçen hafta söz verdiğini hatırlatmış. Baba bunun üzerine, bir bahane bulup nasıl evde kalırım diye düşünmüş.

Birden gazetenin promosyon olarak verdiği dünya haritası gözüne ilişmiş. Bu haritayı hemen parçalara ayırmış ve oğluna uzatmış; 'Bu haritayı birleştirebilirsen hemen gideriz parka' demiş.

Ardından da içinden derin bir oh çekmiş, 'dünyanın ünlü coğrafya profesörlerinden birini bile getirsen yine de toplayamaz bunu, iyi akıl ettim diyerek koltuğuna gömülmüş. Aradan 10 dakika geçmeden çocuk koşarak babasının yanına gelmiş. 'Baba haritayı düzelttim, parka gidebiliriz' demiş.

Adam önce inanmamış ve görmek istemiş. Görünce de şaşırarak nasıl yaptığını sormuş. Çocuk demiş ki: 'Bana verdiğin haritanın arkasında insan resmi vardı.'

İnsanı düzeltince, dünya kendiliğinden düzeldi!

Dışarıda olan savaş senin içsel çarpışmaların sonucunda meydana gelmektedir. Onlar dışarıda gibi gözüküyor; fakat kökü içeride. Önce köküne inmelisin, savaşın başladığı içsel çarpışmalarını izlemelisin ve kendini doğru yola sokmalısın, sonra dünya kendiliğinden doğru yolu bulacaktır.

Şunu unutma: Hiçbir eylem barışı doğurmaz, hiçbir eylem sevgiyi doğurmaz, tam aksine, eylem savaşı ve sevgisizliği doğurur.

Bu bir savaş değil, sevgiye dönüş yoludur. Sen sevginin kendisi olduğunda tüm dünya sevgiye dönüşecektir."

Soruyorsun: "UK, kendimle yüzleşirsem, maskelerimi çıkarırsam insanların beni eskisi kadar seveceğini sanmıyorum, bu gerçekten zor olacak, nasıl bir yol izlemeliyim?"

"Bırak insanlar seni sevmesin, senden nefret etsin, senden utanç duysunlar; kendin ve dürüst olarak yaşaman bir ölü gibi yaşamaktan çok daha yücedir!

Bir zamanlar, Uzakdoğu'da, artık yaşlandığını ve yerine geçecek birini seçmesi gerektiğini düşünen bir imparator varmış. Yardımcılarından ya da çocuklarından birini seçmek yerine; kendi yerine geçecek kişiyi değişik bir yolla seçmeye karar vermiş. Bir gün, ülkesindeki tüm gençleri çağırmış ve 'Artık tahttan inmenin ve yeni bir imparator seçmenin vakti geldi. Sizlerden birini seçmeye karar verdim' demiş.

Gençler şaşırmışlar, ancak imparator sürdürmüş:

'Bugün hepinize birer tohum vereceğim. Bir tek tohum, ama bu çok özel bir tohum... Evlerinize gidip onu ekmenizi, sulayıp büyütmenizi istiyorum. Tam bir yıl sonra büyüttüğünüz o tohumla buraya geleceksiniz. Sizi, yetiştirdiğiniz o tohuma göre değerlendirip, birinizi imparator seçeceğim.'

Saraya çağrılan gençlerin arasında Ling adında biri varmış. O da diğerleri gibi tohumunu almış, evine gidip heyecanla olayı annesine anlatmış. Annesi bir saksı ve biraz toprak bulup, onun tohumu ekmesine yardım etmiş.

Sonra tohumu birlikte dikkatlice sulamışlar. Her gün sulayıp büyümesini bekliyorlarmış. Yeterince zaman geçtikten sonra diğer gençler tohumlarının ne kadar büyüdüğünü anlatırken, Ling hayal kırıklığı içinde, kendi tohumunda hiçbir değişiklik olmadığını görüyormuş. Üç hafta, dört hafta, beş hafta geçmiş... Hâlâ hiçbir gelişme yokmuş. Diğerleri yetişen bitkilerinden söz ederken Ling çok üzülüyormuş. İmparatorun onu beceriksiz sanmasından çok endişeleniyormuş. Arkadaşlarına da hiçbir şey diyemiyor, sabırla bekliyormuş.

Sonunda bir yıl bitmiş ve gençlerin yetiştirdikleri bitkileri imparatorun huzuruna götürecekleri gün gelip çatmış.

Ling, annesine boş saksıyı götüremeyeceğini söyleyince, annesi ona cesaret verip, saksısını götürmesini, dürüst bir şekilde olanları imparatora anlatmasını istemiş.

Ling, pek istemese de, annesinin sözünü tutmuş ve boş saksıyla saraya gitmiş.

Saraya varınca arkadaşlarının yetiştirdiği bitkilerin güzellikleri karşısında şaşırmış kalmış, o sırada imparator gelerek tüm gençleri selamlamış. Ling, arkalarda bir yerlere saklanmaya çalışıyormuş.

'Ne büyük bitkiler, çiçekler ve ağaçlar yetiştirmişsiniz. Bugün biriniz hükümdar olacak' demiş imparator.

Tam bu sırada arkada elinde boş saksısıyla duran Ling'i

fark etmiş. Hemen muhafızlarına onu öne getirmelerini emretmiş. Ling korku içinde, 'Sanırım beceriksizliğimden dolayı beni öldürtecek' diye düşünmüş. Ling öne geldiğinde imparator adını sorunca 'Adım Ling' demiş.

Diğer gençler gülüşüp onunla alay etmeye başlamışlar.

İmparator onları susturmuş. Ling'e ve elindeki saksıya dikkatle bakıp kalabalığa doğru seslenmiş:

'Yeni imparatorunuzu selamlayın. Adı Ling!'

Ling inanamamış. Çünkü tohumunu yeşertememiş bile, şimdi nasıl imparator olurmuş?

İmparator devam etmiş:

'Bir yıl önce burada herkese bir tohum verdim. Siz ekip sulayacak, bir yıl sonra getirecektiniz. Ama hepinize kaynamış tohum vermiştim. Asla kök salamayacak olan... Ling'in dışında hepiniz ağaçlar, bitkiler ve çiçekler getirdi, çünkü tohumun büyümediğini fark edince hepiniz onu bir başka tohumla değiştirdiniz. Sadece Ling, içinde benim verdiğim tohum olan boş saksıyı getirme cesaret ve dürüstlüğünü gösterdi. Beklentisi gerçekleşmeyince umutsuzluğa kapılsa da, dürüstlüğünden vazgeçmedi, onun için yeni imparatorunuz o olacak!'

Sen maskelerini çıkarırsan çevrendeki insanların artık seni eskisi kadar sevmeyeceğinden kaygılanıyor ve bu konuda bir yol göstermemi istiyorsun.

Bir yol izlemene gerek yok, sadece dürüst ol. Dürüstlük seni çocuksu masumiyetinle buluşturacaktır, o zaman tüm isteklerini kucaklayabileceksin.

Ve senin bazen zor diye gördüklerin aslında dönüm noktan için en uygun zamandır. Mevlana'ya kulak ver:

'Kötü bir döneme girdiğinde ve her şey sana karşı gibi göründüğünde, bir dakika bile dayanamayacakmışsın gibi geldiğinde sakın pes etme; çünkü işte orası gidişatın değişeceği yer ve zamandır.'

Sen yüzleşmeni gerçekleştirdiğinde ve yuvaya döndüğünde sevginin kaynağına erişmiş olacaksın, o zaman dışsal bir sevgiye ihtiyacın kalmayacak. Senin tüm bu korkuların ve kaygıların kendi sevgisizliğinden gelmektedir, şimdi bunun farkındasın.

Hadi artık git ve içsel yolculuğuna hazırlan!"

Soruyorsun: "Sevgili UK, neden negatif olaylar pozitif olaylardan daha çok karşımıza çıkarlar?"

"Negatif ve pozitif aynı enerjinin zıt kutuplarıdır ve birlikte bütünü oluştururlar. Onlar senin gördüğün gibi ayrı değillerdir, biri yüzeyde diğeri ise daha derindedir ve sen yaşama yüzeysel baktığın için negatif olanı görmektesin! Pozitif enerji sevgiyle beslenir, o yüzden onun tatlı bir ağırlığı vardır ve derinlerde olma sebebi tamamen bundan kaynaklıdır.

Sevgi pozitif kısmın içinde beslenir, o derinliktedir. Negatif enerji ise nötr durumdadır o yüzden hafiftir ve onun bu hafifliği yüzeyde gezmesinin sebebidir. Eğer onların senin tarafından nasıl beslendiğinin farkına varırsan yaşamın tamamen olumlu yönde değişime başlayacaktır. O zaman hayat kutsanmış olur; çünkü bu sevgiyle bütünleşmeni sağlayan ilahi bir yolculuğa dönüşecektir.

Ve sen sevgiyle bütünleştiğinde baktığın her yerde sevgi görürsün, bunu sürekli tekrar ediyorum, eğer sevgi yolundan da nefes almak istiyorsan bunun farkında olmalısın.

Yaşam yolculuğunda farkında olunması gereken önemli bir hikâyeyle karşılaşmıştım, kıssadan hisse olmasını isterim: Buda bir ağacın altında öğrencileriyle oturmaktadır. Bir adam gelir ve yüzüne tükürür. Buda yüzünü siler ve adama sorar:

'Başka? Başka ne söylemek istiyorsun?'

Adam şaşırır, çünkü bir insanın yüzüne tükürülünce 'Başka?' diye sormasını beklememiştir. Böyle bir deneyimi yoktur. Daha önce insanları hep aşağılamıştır ve onlar da kızarak tepki vermiştir. Ya da korkudan gülümsemiş ve yaranmaya çalışmışlardır. Ama Buda bunları yapmamış, ne öfkelenmiş, ne de korkmuştur. Sadece düz bir şekilde 'Başka?' diye sormuştur. Tepki vermemiştir.

Ama Buda'nın öğrencileri öfkelenir, tepki verir. En yakın öğrencisi Ananda der ki:

'Bu çok fazla, buna tahammül edemeyiz. Sen öğretine devam et, biz de şu adama bunu yapamayacağını gösterelim. Cezalandırılması gerekiyor. Yoksa herkes aynı şeyi yapmaya başlar.'

Buda konuşur:

'Sesini çıkarma. O beni kızdırmadı, ama sizi kızdırdı. O bir yabancı, buralara yeni gelmiş. Benim hakkımda bir şeyler duymuş olmalı; 'Bu adam Tanrıtanımaz, tehlikeli, insanları yoldan çıkarıp yanıltıyor' gibi şeyler. Benim hakkımda bir fikir edinmiş. O bana tükürmedi, kendi fikrine tükürdü; beni tanımıyor ki, bana nasıl tükürmüş olabilir? Eğer düşünürseniz, o kendi zihnine tükürdü. Ben onun bir parçası değilim ve görüyorum ki bu zavallı adamın söyleyecek başka bir şeyi olmalı. Çünkü bu, bir şey söylemenin bir yolu; tükürmek bir şey söylemenin bir yolu... Bazen dilin yetmediğini hissettiğin anlar olur; derin sevgide, yoğun öfkede, nefrette, duada. Dilin yetmediği yoğun anlar olur. O zaman bir şey yapman gerekir. Derin sevgi duyduğunda, birine sarılırsın; ne yaparsın orada? Bir şey söylersin. Çok öfkelendiğinde birine vurursun, tükürürsün, bir şey söylüyorsundur. Bu adamı anlayabiliyorum. Söyleyecek başka bir şeyi daha olmalı. O yüzden 'Başka?' diye sordum.'

Adam daha da çok şaşırır! Ve Buda öğrencilerine der ki:

'Siz beni daha çok kızdırdınız, çünkü siz beni tanıyorsunuz, benimle yıllarca yaşadınız, ama yine de tepki veriyorsunuz.'

Şaşıran, kafası karışan adam evine döner. Bütün gece uyuyamaz. Buda'yı gördükten sonra artık eskisi gibi uyumak zordur, mümkün değildir. Bu deneyim tekrar tekrar aklına gelir. Ne olduğunu kendine açıklayamaz. Titreme, terleme nöbetleri geçirir. Böyle bir adama hiç rastlamamıştır; bütün zihni, bütün kalıpları, bütün geçmişi dağılır.

Ertesi sabah geri döner. Buda'nın ayaklarına kapanır. Buda sorar:

'Başka? Bu da sözle söylenemeyeni söylemenin başka bir yolu... Ayaklarıma dokunduğun zaman, sözcüklere sığmayan, sıradan dille anlatılamayan bir şey söylüyorsun.'

Buda devam eder:

'Bak Ananda, bu adam yine burada, bir şey söylüyor. Çok derin duyguları olan bir adam bu.'

Adam Buda'ya bakar:

'Dün yaptığım şey için beni affet.'

Buda karşılık verir:

'Affetmek mi? Ama ben, dün o hareketi yaptığın adam değilim ki. Ganj Nehri sürekli akıyor, o hiçbir zaman aynı Ganj değil. Her adam bir nehirdir. Senin tükürdüğün adam artık burada değil; aynı onun gibi görünüyorum, ama aynı değilim, bu yirmi dört saatte öyle çok şey oldu ki! Nehirden çok su aktı. O yüzden seni affedemem, çünkü sana kızgın değilim.

Ve sen de yenilendin. Görüyorum ki sen dün gelen adam değilsin, çünkü o adam kızgındı. O kızgındı, ama sen önümde eğilip ayağıma dokunuyorsun, nasıl aynı adam olabilirsin? Sen o değilsin, o yüzden bunu unutalım. O iki adam; tüküren adam ve tükürülen adam, artık yok.

Yakına gel. Başka şeylerden konuşalım.'

Ve sen bana 'UK, negatif olaylar neden pozitif olaylardan daha çok karşımıza çıkıyor?' diye sorarken bile burada olumsuz olan bir enerjinin kapılarını açmış oluyoruz. Negatif enerji hakkında daha fazla konuşarak onu beslemeye çalışmanın bir anlamı yok, öyle değil mi?

O halde hadi gel güzelliklerden konuşarak güzel olanı büyütelim!.."

Soruyorsun: "UK, daha önce yaşamış olduğum sorunlu bir aşk ilişkisi yüzünden tekrar âşık olmaktan korkuyordum, şimdi bu durumdan kurtulmak, artık âşık olmak istiyorum, ne gibi bir öneriniz olabilir?"

"Diyorsun ki: 'Artık âşık olmak istiyorum.' Öncelikle şunu anlaman gerekiyor: Bu bir istek değil, bu bir arzu, çünkü sen onu dışarıda arıyorsun. Eğer onu arzulamadan masumiyetle isteseydin bana şu şekilde soracaktın: 'UK, ben aşka dönüşmek istiyorum, ne yapabilirim?' Aradaki farkı görebiliyor musun?

Senin bir şeye erişmeye değil, senin dönüşmeye ihtiyacın var, ancak o zaman aşkı iliklerine kadar hissedebilirsin. Ve ben bu yolda senin kişisel gelişimine, arzularına ulaşmana değil, sadece senin dönüşmene yardımcı olabilirim. Çünkü sen zaten aradığınsın! Sadece içine bakmıyorsun. Varlığının kapısını ardına kadar açmış ve kafanı dışarıya doğru uzatmışsın, içeride ne var haberin bile yok!

Sen yaratılırken aşk ve sevginin kaynağından geldin. Bunu izleyebiliyor musun? O halde bu soru çok saçma ve neredeyse tüm insanlık bu sorunun cevabını aramakla zamanını geçiriyor. Kimse merkezine odaklanmayı akıl etmiyor!

Ben sana 'Âşık olma, aşkın kendisi ol' dediğimde bunu anlatmaya çalışıyorum. Seni tekrar özüne dönmen için dürtüklüyorum ve sen bana hâlâ nasıl âşık olabileceğini soruyorsun.

Her sorun mutlak çözümü doğurur. Bunu iyi izle! Sorun nereden geliyor? Sorunu görebiliyor musun? O içten geliyor, öyle değil mi?

Peki, sen çözümü nerede arıyorsun? Onu dışarıda aramaktasın. Şimdi ne olacak? Çözüm orada, içeride; fakat sen dışarıda dolaşıyor ve uzmanlardan, ustalardan çözüm bekliyorsun!

Sana verilecek bir cevap yoktur, sana verilecek bir çözüm yoktur, sen zaten çözümün kendisisin, senin sadece kendi derinliğine, sorunlarının geldiği yöne doğru nüfuz etmen gerekir.

Ben senin aşkı bulmaktan değil, aşka dönüşmenden yanayım. Senin tüm güvensizliğin ve suçlamaların kendi özünden uzak kaldığın için ortaya çıkmaktadır! Bunun farkına varman kâfidir."

Soruyorsun: "UK, karşılıksız aşklar için ne yapmak gerekir? Çok zor bir durumun içindeyim, çok seviyorum ama karşılığı yok. Lütfen bir öneride bulunur musunuz?"

"Sevgi karşılık bekler mi? Eğer karşılık bekliyorsa bu sevgi değildir, o sadece bir alışverişe dönüşmüştür: 'Ben seni seviyorum sen de beni sev...'

Ben sana sevmeni değil, sevginin kendisi olmanı öneriyorum, o zaman her yer aşkla dolup taşmaya başlar. Sen açılacak bir kapı arıyorsun, fakat dışarıda açılması gereken bir kapı yok, çünkü kapılar zaten açık. İçe doğru bakmayı dene, orada dilediğin kadar açık kapı bulacaksın. Hepsi seni sevgiyle bütünleştirmek için beklemektedir.

Ancak sen sevgine karşılık beklediğin an bu arzuya dönüşecektir, bu egonla ilgilidir, ona direnç gösterecek ve yorulacaksın. Direnç göstermek yerine sevgiyle teslim olduğunda dönüşüm başlar.

Sevdiğim bir hikâye var:

Howard, yoksul bir ailenin çocuğuydu ve okul giderlerini karşılamak için kapı kapı dolaşarak bir şeyler satıyordu. O gün hiçbir şey satamamıştı, karnı da çok açtı. Bundan sonra çalacağı ilk kapıdan yiyecek bir şeyler istemeye karar verdi. Kapıyı açan sevimli genç kadını görünce utandı. Yiyecek bir şeyler yerine, 'Affedersiniz, bir bardak su rica edebilir miyim?' diyebildi yalnızca. Genç kadın çocuğun aç olabileceğini düşünerek kocaman bir bardak süt getirdi ona.

Çocuk sütü yavaş yavaş içine sindirerek içtikten sonra, 'Çok teşekkür ederim, borcum ne kadar?' diye sordu genç kadına. Genç kadın 'Borcunuz yok' diyerek yüzünde sıcak bir gülümsemeyle devam etti: 'Annem, gösterdiğimiz sevgi, şefkat ve nezaket karşılığı olarak asla bir bedel ödenmesini beklememememizi öğretmişti bize.' Çocuk, 'O halde çok teşekkürler, yürekten teşekkür ederim size' dedi.

Howard evin önünden ayrıldığı zaman kendisini yalnızca bedensel olarak değil, ruhsal olarak da güçlü hissediyordu.

Yıllar sonra genç kadın çok ender rastlanan bir hastalığa yakalanmıştı. Yöredeki doktorlar çaresiz kalınca hastalığıyla ilgili araştırmalar yapılması için onu büyük bir kente gönderdiler. Tedaviyi üstlenen doktor hastanın hangi kasabadan geldiğini duyunca heyecanlandı. Artık genç olmasa da yıllar önce kendisine sevgiyle yaklaşan kadını ilk gördüğü anda tanımıştı ve onun yaşamını kurtarmak için elinden geleni yaptı. Uzun süren tedaviden sonra kadın sağlığına kavuştu. Doktor denetlemesi için önüne getirilen faturaya şöyle bir baktı ve üstüne bir şeyler yazarak zarfın içine koyup hasta kadının odasına gönderdi. Kadın elleri titreyerek aldı zarfı eline. Açmaya korkuyordu. Hastane faturasını asla ödeyemeyeceğini ve geri kalan yaşamı boyunca bu faturayı ödemek için çalışacağını biliyordu. Sonunda zarfı açtı ve faturaya iliştirilmiş bir not dikkatini çekti. Kâğıtta şunlar yazılıydı:

'Hastane giderlerinin tamamı bir bardak süt karşılığı ödenmiştir.'

Gerçek sevgi sevgisizliği bile sevebilmektir. Sen tüm masumiyetinle sevmeye devam et, tüm güzellikler kapında sıralanacaktır!.."

Soruyorsun: "Ben sanırım özgüvenimi yitirmiş durumdayım, kendi başıma çok iyi dans etmeme rağmen toplum içinde utanıyor, kızarıp bozarıyor ve sıkılıyorum. Dans benim için bir yaşam biçimi, ama ben bunu çekinmeksizin yapamıyorum, bunu aşmam için lütfen yardımcı olun."

"Öncelikle ben senin insanlarla değil, varoluşla dansa kalkmanı istiyorum! Gözlerini kapat ve evin içinde çılgınlar gibi dans et. Varoluşu kucakla ve başın dönene, yere düşüne kadar dansına devam et. Ancak çocuksu masumiyetine ulaştığında zihinsel engellerin kalkacak ve sen toplum içinde sıkılmadan dans etmeye başlayacaksın.

Sen tüm hücrelerinle hissederek dans ettiğinde etrafında ne olursa olsun bunu fark edemezsin. Yanında her şey gerçekleşebilir, fakat sen orada olmayacaksın. Dansın büyüsü tüm varlığını kapladığında bütün bu kaygıların yok olacak, eriyecektir.

Bir besteci, çalışmalarına kendisini oldukça kaptırmıştı. Rüyasında bile beste yapıyordu. Yine bir gün kafasında oluşturduğu melodilerle yolda karşıdan karşıya geçerken, arabanın biri kendisine çarpıverdi. Bestecinin yere yuvarlanmasıyla ona çarpan araba da hızla olay yerinden uzaklaştı. Hastaneye kaldırılan besteci, gözlerini açtığında yanı başında polislerle karşılaştı. Polisler sordu:

'Size çarpan arabanın plakasını alabildiniz mi?'

'Hayır' dedi sanatçı.

'Peki markası neydi?'

'Onu da görmedim.'

'Bize yardımcı olabilecek, hatırladığınız bir şey var mı?' Besteci düşündü, fakat çarpan araba hakkında hiçbir şey aklına gelmedi. Polisler ümitsiz bir şekilde, 'Üstat' dediler, 'ne olur biraz daha düşünün. Belki hatırlayabildiğiniz bir şey çıkar.' Besteci, 'Üzgünüm ama aklım o sırada yeni yaptığım besteyle öylesine meşguldü ki hiçbir şey fark edemedim' dedi.

Polisler bu durumda işlerinin oldukça zor olduğu düşüncesiyle tam kapıdan çıkacakken, besteci, 'Hatırladım!' diye bağırdı.

Polisler hemen geri dönüp bilgileri not etmek için kâğıt kaleme sarıldılar, bu arada besteci de ne hatırladığını söyledi:

'Arabanın egzozundan şöyle bir ses çıkıyordu: Do, mi, fa...' Sen dansın kendisi olduğunda çevrendeki her şey dansa dönüşür. Eski bir Zen hikâyesi vardır:

Günün birinde birkaç kişi Zen ustasının yanına gelir ve sorularına cevap bulmak isterler.

'Üstat' derler, 'sen mutlu ve huzurlu olmak için neler yaparsın? Bizler de senin gibi mutlu ve huzurlu olmak istiyoruz. Lütfen bu işin sırrı ne söyler misin?'

Yaşlı Zen ustası yüzündeki gülümsemeyle şöyle der:

'Yatarsam yatarım, kalkarsam kalkarım. Yürürsem yürürüm. Yemek yersem de yemek yerim.'

Soranlar biraz şaşkınca birbirlerine bakınırken içlerinden biri dayanamaz, 'Lütfen, bizimle dalga geçme. Bu yaptığını bizler de yapıyoruz. Yani uyuruz, kalkarız, yemek yer ve yürürüz ama bizler mutlu değiliz. Şimdi söyler misin nedir senin sırrın?' der.

Zen ustası tekrar aynı cevabı verir:

'Yatarsam yatarım, kalkarsam kalkarım. Yürürsem yürürüm. Yemek yersem de yemek yerim.'

Soru soranların biraz garip bakışlarını ve şaşkınlıklarını fark eden Zen ustası şöyle devam eder:

'Elbette sizler de yatıyorsunuz, kalkıyorsunuz, yürüyorsunuz ve yemek de yiyorsunuz ama bana nazaran sizler yattığınızda biraz sonra kalkacağınızı düşünürsünüz, kalkarken de birazdan nereye gideceğinizi düşünürsünüz ve yürürken de biraz sonra neler yiyeceğinizi düşünürsünüz. Böylelikle düşünceleriniz sürekli içinde bulunduğunuz zamanda değil de başka yerdedir. Dolayısıyla asıl yaşam geçmiş ile geleceğin kesiştiği alan içinde gerçekleşir. Yani şimdi ve bu an. Tüm dikkatinizi bu ölçülmeyen zaman dilimine verdiğinizde gerçekten mutlu olmak için büyük bir fırsat yakalamış olduğunuzu işte o an göreceksiniz...'

Önce dansa dönüş ve bir dans eden değil, dansın kendisi ol!"

Soruyorsun: "UK, ölüm hakkında bir şeyler söyler misin?"

"Ölümden korkuyor olmalısın? Oysa peygamber efendimiz Hz. Muhammed insanın uykuda olduğunu ve ölünce aslında uyanacağını hadis etmiştir. Erzurumlu İbrahim Hakkı hazretleri de bu dünyayı aynen ana rahmine benzetir. Onunla aynı fikirdeyim. İnsan ölünce dünya denen rahimden gerçek yaşama gözlerini açar.

O halde yaşam yolculuğunda sevgiye dönüşmene izin ver ve insanların korktuğu, ölüm dediği değişimi sen şarkılar söyleyerek kucakla. Her an ölecekmiş gibi değil, her an sonsuz bir yaşamı kucaklayacakmış gibi nefes al!

Ancak sen ondan korkuyorsun.

Ölüm nedir? Unutma o; gerçek anlamda bir uyanıştır, Allah'ın rüyasından sonsuzluğa uyanış...

O bedeni terk etmektir. Dünyaya gönderilirken Yaradan bize bir beden (kılıf) verdi ve içine de ruh koydu. 'Beden gittiği yerde kalacak, fakat ruh bana geri dönecektir' dedi. Ancak insanlar geçici olana yani bedene odaklandı; onu süsledi, ona bakımlar, masajlar yaptırdı, onun yaralarını sardı; ruha hiç dokunmadı bile, onu hiç okşamadı.

Yaradan'ın yanına ruhla birlikte döneceğini unuttu, oysa ruhun en kutsal hazinendi!..

İnsanların neden ölümden korktuklarını izliyorum, onlar bu dünyaya çok fazla tutunmuş durumda, sahiplendikleri çok şey var, onlar ölümden değil, ellerindekileri, sevdiklerini kaybedecekleri, onlardan uzaklaşacakları için korkmaktadır. Çoğu insan aslında gerçek bir ölüdür, onlar yaşamıyorlar, sadece yaşadıklarını sanıyorlar. Aldığın nefesin farkında değilsen, attığın adımın farkında değilsen şimdi nasıl yaşadığını hissedeceksin?

İnsanlar kendilerinden kaçıyorlar, onlar bu yüzden hep dışarıdalar, bu yüzden sorunlara, acılara tutunuyorlar, onlar asla yalnız kalmak istemiyor, onlar asla içe dönerek kendileriyle yüzleşmek istemiyor. Ve ben kendi derinliğinin farkında olmayan bu insanlara gerçek bir ölü diyorum. Hayatın onlara göre hiçbir tadı yok.

Yaşamın hiçbir müziğini duyamıyorlar, hiçbir dansı göremiyorlar; neşe yok, coşku yok, sevgi yok; yaşam onlar için çok kuru. Ve insanlar bu kuruluğun içinde sadece dibe çökmekle meşguller.

Bana soruyorsun: 'Ölüm hakkında bir şey söyler misin?'

Şimdi yaşamak varken ölümü düşünmek, onun hakkında konuşmak niye? Fakat zihnin cevap bulma amacına erişemezse kendini kötü hissedecek, öyle değil mi?

Ölüm tezahür ettiğinde sen sadece bedeni-evi terk etmiş olacaksın, fakat varlığın ruhun yaşamaya devam edecek. İzle! Sen şu an yaşamın rahmindesin ve ben de bu satırları yazdığıma göre seninle birlikte aynı yaşamın rahmindeyim, henüz doğmadım. Doğuş ne zaman gerçekleşecek? Doğuş bu âleme gözlerini kapattığın zaman gerçekleşecektir.

Bunu anla!

O halde sen mekân değiştireceksin, sonsuzluğa açılan bir kapının eşiğindesin ve o kapıyı aralayacaksın, yaşam artık seni doğurmuş olacak. Sen gerçek anlamda doğumunu gerçekleştireceksin. Sen sadece başka bir âleme, başka bir boyuta ulaşacaksın. Sen henüz doğmadın, sen yaşamın karnındasın, onun içindesin, sen hamile olan bir hayatın karnındaki bebeksin, sen hâlâ bebeksin, hâlâ masumsun, sadece farkında ol.

Bir zamanlar önemli bir hikâye okumuştum:

Usta ölüm döşeğindeydi, neredeyse son nefeslerini alıp veriyordu ve bunun son nefesleri olduğunun farkındaydı. Çevresinde onun ölümünü bekleyen, bu son zamanlarında kendisini yalnız bırakmak istemeyen müritleri vardı. Onlar ustaları için üzülürken, usta yatağında gülümseyerek müritlerini izliyordu.

Ve içlerinden biri sordu:

'Sevgili ustam, bize bugüne kadar çok şey kattın ve şimdi artık ebedi uykuna çekilmek üzeresin, bugüne kadar senin için hiçbir şey yapamadık ve şimdi bizden bir şey istemeni diliyoruz. Senin için bir şey yapmak istiyoruz, lütfen bizi geri çevirme, bu bizim için çok önemli.'

Usta gülümseyerek müritlerine şöyle dedi:

'Bana çilekli bir pasta getirin.'

Müritler bir süre sonra pastayı getirdiler ve usta bir anda yatağından doğrularak pastayı yemeye başladı. Bir yandan pastasını yiyor, bir yandan da gözlerinin içi gülmeye devam ediyordu.

Müritleri sordu:

'Birazdan son nefesini vereceksin, bu nasıl bir histir, neler düşünüyorsun?'

Usta:

'Hımm, pasta çok leziz!..'

Bir usta için sonraki anın anlamı yoktur, o, gerçek yaşamın, bu anın içinde olduğunun farkındadır.

Sen ölmeyeceksin, sadece boyut değiştireceksin. Bedeni bırakarak özgürlüğe ulaşacaksın. Doğmayan bir şey nasıl ölebilir? Sen Yaradan'ın rüyasının içindesin, sadece uyanarak başka bir âleme geçeceksin. Ve ben senin cennete erişme yolculuğunda bir korkağa değil, şarkılar söyleyen cesur bir yüreğe dönüşmeni görmek istiyorum."

Soruyorsun: "UK, flört döneminde yaşadıklarım çok farklıydı, evlendikten sonra sanki ben başka biriyle evlenmişim gibi, eşim o kadar çok değişti ki. Evlilik aşkı gerçekten öldürüyor mu?"

"Anne dışarıda alışverişteydi. İki buçuk yaşındaki bebeğe babası göz kulak oluyordu. Aslında bu pek de zor bir şey değildi. Yavrucak halının üzerinde 'çay seti' oyuncağıyla oynarken baba da koltuğunda gazetesini okuyor, ara sırada bebeğinin kendisine çay seti oyuncağının minik plastik fincanlarıyla ikram ettiği suları çay niyetine içerek oyuna katılıyordu.

Derken anne eve geldi. Baba, anneye sus işareti yapıp,

bebeği izlemesini istedi. Bu çok şirin hareketini annenin de görmesini istiyordu.

Anne, bebeğin elinde çay fincanıyla salondan çıkıp, biraz sonra içi su dolu olarak babasına getirmesini ve babanın da onu çaymış gibi içmesini seyretti.

Sonra gayet sakin bir tavırla elindekilerle mutfağa geçerken eşine seslendi:

'Uzanabildiği tek su kaynağının klozet olduğunu biliyorsun, değil mi tatlım?'

Hikâyeyi izledin mi? Baba çocukla ilgilenmesine rağmen henüz anne kadar onu tanımıyor. Ve anne çocuğunun attığı her adımının farkında, onunla bütün bir anı paylaşabiliyor. Baba ise sadece belli zamanlarda onu görüyor ve onunla ilgileniyor. Arada çok büyük bir fark vardır.

Ve sen flört döneminde her şeyin çok daha farklı olduğunu, evlendikten sonra bu heyecanın bittiğini, yaşamın monotonlaştığını ifade ediyorsun. Bu konuda tek mustarip olan sen değilsin, neredeyse evli çiftlerin büyük bir bölümü aynı acıyı yaşamakta. Peki değişen nedir?

Aslında bakış açından başka değişen bir şey yoktur, sadece sizin göremedikleriniz ortaya çıkmıştır, artık daha önce göremediklerinizi görmeye başladınız. Bunu daha önce görebilirdiniz, fakat flört döneminde insanın gözü kördür, ayakları yerden kesilir ve büyülü bir masalın içinde hisseder kendini. Pikniklere gidilir, el ele tutuşup sahilde yürüyüşler yapılır, barlara gidilir, sinemaya, tiyatrolara gidilir, alışveriş merkezleri gezilir, kafelerde keyifler yapılır.

Bunlar senin gördüklerindir, ya göremediklerin? Sonra ne olur?

Flört ettin ve sonra ne oldu? Akşam olunca herkes evine döndü. Sen evindesin ve sevgilin de kendi evinde. Her şey çok güzel işliyor, büyü devam ediyor. Fakat bu yaşamın bütünü müdür?

Bu evlenmeden önceki evredir ve bu bütünün sadece bir parçasıdır. Sen yaşamın sadece bir parçasına tutunuyorsun ve sorunlar burada başlıyor. Aradığın her şey merkezdedir, bütünün içindedir, ancak sen hiçbir yerde yoksun. Sen büyünün içindesin ve büyü varsa sen uykudasındır. O yüzeyde harika bir duygu gibi gözükse de içinde farkındalık yoktur. Buna dikkat et!

Ve sonra evlenirsin, bütünü yavaş yavaş idrak etmeye başlarsın.

Önceki yarı ile sonraki yarı arasında farklar çıkmaya başlar, artık evliliğin getirdiği sorumluluklar vardır, artık ödemeler vardır, artık çocuk doğar ve sen bölünmeye başlarsın. Evlenmeden önce o büyünün içinde 'biz' olarak devam ediyordunuz, sen ve o diye bir ayrım yoktu, evlendikten sonra sen ve o diye ayrım gerçekleşir.

Sen şunu yaptın, ben bunu yaptım. Bu ay faturayı ben ödedim, sen elini hiçbir şeye uzatmadın. Çocuğa dersini ben yaptırdım, sen yan gelip yattın. Ve bu büyür gider. Artık birbirinize katlanamaz hale gelirsiniz.

Değişen ne oldu?

Soruyu soran sendin ve ben cevabını senin içinde gizlenmiş köşeden çıkararak daha görülür bir hale getirdim. Şimdi cevabı gözlerinin önünde duruyor, onu görüyor musun?

'Evlilik aşkı gerçekten öldürüyor mu?' sorusunun içinde sıkışıp kalmışsın. Sorunun içinde ne işin var? Onun dışına çıkarsan cevabını göreceksin, o halde orada ne işin var?

Öncelikle anlaman gereken, senin aşk dediğin gerçek bir aşk değil, o sadece bir duygu. Bu bir hoşlanma, keyif alma, geçici bir mutluluk duygusu; ancak o aşk değil. Ve bu söz ettiğin aşk uçup gidecektir. Tıpkı diğer duygular gibi. Öfken gibi, mutluluğun gibi, mutsuzluğun gibi, stres gibi... O gidecektir, seni terk edecektir ve sonra tekrar sana dönecektir. Tıpkı diğer duygular gibi. Senin sözüne ettiğin aşk bir duygu ve o zamanın içinde doğarak tekrar kaybolacaktır.

Eğer bana aşkı soruyorsan, o senin varlığındır, o senin merkezindir, o senin derinliğindeki hoş sıcaklıktır. O hiçbir yere gitmez, o kimseden ilgi ve şefkat beklemez, o tek başına da olsa huzurludur, neşelidir, coşkuludur. O bir çiçek fidesidir ve başkası için değil kendi içsel huzuru için çiçekler verir. O kimseye bağlı ve bağımlı değildir. Onu bir kez keşfettiğinde gözlerin ışık saçmaya başlar, yaşam başka bir boyutta şekillenir. Onunla bir kez kucaklaştığında baktığın her yerde aşk görürsün, sen artık aşkın kendisi olmuşsundur ve benim tüm dileğim insanlığın aşka dönüşmesinden yanadır.

Sana diyorum ki: Ne bir seven ol ne de sevilen, sadece sevgi ol en derinden.

Beni anlıyor musun?

Senin sözünü ettiğin aşkı öldürmeye gerek yok, o evlilik olmadan da boyut değiştirecektir, o başkasını ziyaret edecektir, o zihin değiştirecektir. O yüzden senin aşkını öldüren sadece evlilik değildir!

Ve ben senin güzelleşmeni istiyorum, senin güzelleşmek için kimsenin desteğine, sevgisine, cevaplarına ihtiyacın yoktur. Senin varlığın Yaradan'ın evidir ve orası en güzel yerdir, orası cennettir.

Artık cennetine dön, orada mutlak huzur bulacaksın ve

eşin de bu huzurdan nasibini alarak dönüşmeye başlayacaktır. Unutma, biz bu dünyaya kimsenin yaşamını değiştirmeye ya da kimseyi mutlu etmeye gelmedik. Biz dönüşerek mutlu olduğumuzda tüm dünya zaten mutluluğa dönüşecektir. Fakat tüm dünya mutlu olsun diye niyet ederek, böyle bir koşul yaratarak kendi içsel mutluluğuna ulaşmaya çalışma. O zaman bu bir beklenti, bu bir koşul içerecektir. Ben koşulsuzca kendi varlığına, mutluluğa dönüşmenden söz ediyorum.

Hadi şimdi git ve koşulsuzca, kimsenin mutluluğa dönüşmesini beklemeden sen mutluluğa dönüş."

Soruyorsun: "UK, sevgili ustam, çok neşeli bir insan olmama rağmen bazen dibe vurduğum zamanlar oluyor. Beni en çok küçük düşürülmek etkiliyor, yaptığım her şeyde ailem ya da arkadaşlarım bir kusur buluyor. Ben boncuk işlemelerle uğraşıyorum, bu yaşamıma renk katıyor; fakat insanlar beni bu işten soğutmaya başladı. Lütfen içinde bulunduğum bu durumdan çıkabilmem için beni motive edecek bir şeyler söyler misin?"

"Seni anlıyorum, yaşadıklarını izleyebiliyorum ve o yüzden seni çok net görüyorum. Fakat öncelikle şunu anlamalısın, ben seni motive etmeye çalışmıyorum, bu sana yapabileceğim en büyük kötülük olurdu. Ben senin kendini olduğun gibi sevebilmenden ve böylece kalıcı bir enerjiyi tüm hücrelerinde hissetmenden yanayım. Beni anlıyor musun?

Benim seni motive etmem demek, senin benden yükselen ışıkla kendi yolunu aydınlatmanı sağlaman demektir.

O benim patlamamdır ve zamanla bu senin için etkisiz hale gelir, artık önemini yitirir, çünkü o yalancı bir aydınlıktır.

Ben senin kendi ışığını kucaklamanı istiyorum. Kendi ışığınla yolunu aydınlatmanı ve mutlak huzura ulaşmanı diliyorum.

İnsanlar sen neşeli, mutlu ya da başarılı olduğunda kendilerini bir tuhaf hissederler. Onlar içlerinde 'Bu nasıl olabilir?' diye sorgularlar, çünkü sen onların ulaşamadığı bir yere yükselmişsindir.

Bir okurum güzel bir söz istemişti şunu söylemiştim: Muhteşem bir yola girdim ve baktığım her şeyde mutlak sevgi görüyorum. Ve bu cümleyi görebileceği her yere yazmasını istedim. Mutfağa, yatak odasına, çalışma masasına, internetteki profiline, görebileceği her yere...

Ve o güzel sözü internette paylaştığını gördüm, gelen yorumlar şöyleydi:

Birinci yorum: ???

İkinci yorum: Hayırdır?

Üçüncü yorum: Aa ne oldu?

O kişisel bölümüne, 'Muhteşem bir yola girdim ve baktığım her şeyde mutlak sevgi görüyorum' diye yazmıştı ve arkadaşları bu durum karşısında son derece şaşkındı!

Çünkü o arkadaşlarının giremeyeceği bir yola girmişti. O varlığına dönüşüm yolunda ilk adımı atmıştı ve insanlar sen mutlu ya da huzurlu olduğunda hep şaşkındır. Onlar kendilerine şöyle sorarlar: Benim ondan neyim eksik?

Onlar senin dertlerini, sıkıntılarını dinlemeye bayılırlar ve bu onlara büyük bir haz verir; çünkü onlar seni teselli ederken kendilerini güçlü hissederler, sen onların psikolojik olarak daha altındasındır ve üstte olmak onların egolarını okşar.

Şimdi sen üste geçtin, sen harika bir yola girdin... Onlar bu durumda, 'Bu nasıl olur?' diye iç geçireceklerdir.

Sevdiğim bir hikâye var:

Usta bir ressamın öğrencisi eğitimini tamamladı. Büyük usta, öğrencisini uğurladı. Çırağına, yaptığı son resmi, kentin en kalabalık meydanına koymasını istedi. 'Resmin yanına bir de kırmızı kalem bırak. İnsanlara, resmin beğenmedikleri yerlerine bir çarpı koymalarını rica eden bir yazı iliştirmeyi de unutma' diye ekledi.

Öğrenci, birkaç gün sonra resme bakmaya gitti. Resmin çarpılar içinde olduğunu gördü. Üzüntüyle ustasının yanına döndü. Usta ressam, üzülmeden yeniden resme devam etmesini tavsiye etti.

Öğrenci resmi yeniden yaptı. Usta, yine resmi kentin en kalabalık meydanına bırakmasını istedi, fakat bu kez yanına bir palet dolusu çeşitli renklerde boyayla birkaç fırça koymasını söyledi.

Yanına da, insanlardan beğenmedikleri yerleri düzeltmesini rica eden bir yazı bırakmasını önerdi.

Öğrenci denileni yaptı. Birkaç gün sonra baktı ki, resmine hiç dokunulmamış. Sevinçle ustasına koştu. Usta ressam şöyle dedi:

'İlkinde, insanlara fırsat verildiğinde ne kadar acımasız bir eleştiri sağanağıyla karşılaşılabileceğini gördün. Hayatında resim yapmamış insanlar dahi gelip senin resmini karaladı.

İkincisinde, onlardan yapıcı, olumlu olmalarını istedin. Yapıcı olmak eğitim gerektirir. Hiç kimse bilmediği bir konuyu düzeltmeye cesaret edemedi. Ve ben sana diyorum ki: Sen çiçek açmaya devam et, seni mutlu edecek olan insanlar değil, varlığında açan çiçeklerinin kokusudur."

Soruyorsun: "Sevgili UK, söylediğiniz gibi düşünceleri izlemeye çalışıyorum, fakat sanırım bunu beceremiyorum, düşünceleri tam olarak nasıl izleyeceğim ve onlardan nasıl kurtulacağım?"

"Sen hiç çimlere uzanarak gökyüzünde parlayan yıldızları seyrettin mi? Ya da bulutların el ele tutuşarak boşluğun dansına kalktığını? Ama sen bunları göremezsin, çünkü zihninden yükselen sorunu izledim ve senin bir savaş halinde olduğunu gördüm. Onlardan nasıl kurtulacağını soruyorsun!

Sen ne yaptın?

Sen eline ok ve yay alarak bir savaşçı kimliğine büründün! Ben sana 'Düşünceleri izle' derken bir savaşçı olmanı değil tam aksine onları büyük bir aşkla izleyerek aşka dönüştürmeni söylemiştim, sen onları savaşçı düşüncelerinle besleyerek daha çok büyütmüşsün! Yaptığını izliyor musun?

Şimdi ne olacak?

Önce elindeki şu ok ve yayı bırak; tıpkı yeni âşık olmuş bir insan gibi düşüncelerin içine, onların gözlerine aşkla bak ve onlar aşka dönüşsün! Sen nasıl bakarsan, karşındaki baktığın şeye dönüşür. Sen bir savaşçı olursan karşındaki de savaşçı olacaktır, sen sevgi olduğunda her şey sevgiye dönüşecektir.

Ben senin onlardan kurtulmanı değil, tam aksine onlarla kucaklaşarak bütünleşmeni istiyorum. İnsanlar her şeyi kontrol etmek isterler, eğer onları kontrol etmeye kalkarsan büyük bir enerji kaybı vereceksin. Çünkü karşında olan nötr bir enerjidir ve sen onlara tutunarak beslemiş olursun, kendi enerjini o duyguya vermiş olacaksın ve bu seni yoracaktır, senin iliklerine kadar bütün enerjini çekecektir.

İnsanların sebepsiz yorgunlukları hep bu yüzden, onlar sürekli düşüncelere tutunarak onları beslerler, kendi enerjilerini düşüncelere verirler ve sonra ne olur? Şimdi otur bunu izle!

İzlediğinde tanık olursun, izlediğinde bütünleşirsin. Sen sadece bir izleyen ol, kendi bedeninin dışına çık ve olanlara dışarıdan tanık ol, ancak o zaman cevaplara ulaşabilirsin. Sorunlar üreten zihnin içindeyken, zihnin içinde olup biteni göremezsin, o yüzden ben sana zihnin dışına çık diyorum.

Bir dişçi kendi ağzının içinde kök tedavisi yapabilir mi? İzlemek için önce zihni bırakman gerekecek, sorunlu zihnin içinde sorunları nasıl izleyebileceksin? Kendini izlemek için dışına çık, sahte benliği bırakarak varlığınla buluş. Dışarıdan kastım senin bildiğin sözlük anlamından farklıdır, ben sana dışarıya çık derken sahte benliğinle aranda mesafe bırakmandan söz ediyorum.

Amerikalı çok ünlü bir cerrah Yas ustası UK'yi ziyarete gelmişti. Cerrah biraz havalıydı, burnu yükseklerdeydi ve ustayla karşılaştığında ona anlatmaya başladı:

'Yapamayacağım ameliyat yoktur, yaşı kaç olursa olsun, bir insanda kalp rahatsızlığı da olsa onu ameliyat edebilirim. Hatta kedi, köpek bile ameliyat edebilirim.'

Onun için Amerika'da tek olduğu söyleniyordu ve usta onu saatlerce dinlemişti.

Sonunda cerrah ustaya, 'Benden yapamayacağım bir şey iste' dedi.

Usta gülümsedi:

'Çok küçük bir şey istiyorum; kendini ameliyat eder misin?'

Adam şaşkındı, daha önce hiç böyle bir şeyle karşılaşmamıştı. Şimdiye kadar hayvan, insan demeden her şeyi ameliyat edebilmişti, ancak şimdi kendisini ameliyat etmesini birisi ondan istiyordu.

Peki, ama bu nasıl olacak? Ameliyat eden ile ameliyat edilen aynı kişi!

Cerrah ustanın ayaklarına doğru eğildi ve şimşek çaktı! Fark eden, fark edilenle özdeşleşmeyi bıraktığında sorunlar kaybolacaktır.

Kendi zihnindeyken düşünceleri izleyemezsin, o zaten arıza yapmış bir zihin, o zaten hastalıklı düşüncelerle donanmış, o yüzden ben sana zihnin dışına çıkmanı söylüyorum. Eğer sen zihnin dışına çıkmayı bir kez başarırsan varlığını, bütünlüğü, cevapları çok net görebileceksin; çünkü sen artık sorular dünyasına ait olan zihnin dışına çıkmış oldun. Zihnin dışına çıktığında yaşayacağın hazzı tüm hücrelerinde sonsuza kadar hissedersin. Sen artık cevaplar dünyasındasın.

Sorunun değil, çözümün bir parçası olman seni kendinle buluşturur.

O halde yaşamın sunularını reddeden değil, her şeyi sevgiye dönüştüren bir melek ol."

Soruyorsun: "UK, bizlere çiçek açmamızdan söz ediyorsun. Sizin yaşadığınız yeri bilmiyorum, fakat benim yaşadığım yerde çiçek açmam imkânsız. Hem maddi durumum bu kadar berbat bir durumdayken ben nasıl çiçek açabilirim?"

"Senin bu dünyaya çiçek açman için paraya ihtiyacın yoktur. Bu senin tamamen içsel yolculuğuna giden bireysel dönüşümündür. Sen bir kraliyet bahçesinde papatya açmış olabilirsin, diğeri ise terk edilmiş bir toprak parçası üzerinde çiçek açabilir veya kırlarda ya da bir çöplüğün kenarında bulunan küçük bir toprak parçasının üzerinde, ne fark eder?

Önemli olan nerede çiçek açtığın değil, senin çiçek açmış olmandır!

Senin tüm bu bahanelerin, mazeretlerin ve olayları imkânsız görüşün, kendine dönük olmamandan, kendini sevmemekten ortaya çıkmaktadır. Bunu anladığında dönüşüm yolculuğuna hazır hale gelirsin.

Ancak ben senin neye ulaşmak istediğinin farkındayım. Bu sorunun altında yatan senin zenginliğe, ihtişama duyduğun arzularındır. Kendini dışarıdan izlediğinde bunu görebileceksin ve ben senin her şeyden önce içsel zenginliğe ulaşmandan yanayım.

Hikâyeyi izle!

Zamanın birinde bir hükümdar vardı, zenginliği tüm dünyaca bilinirdi. Hükümdar her gittiği yere hazinesinin bir bölümünü götürür ve bunları sergilemekten büyük onur duyardı.

Hükümdarın yaşamda en çok güvendiği, tek akıl hocası

bir bilgeydi. Bir gün bilgeyle otururken hükümdar şöyle bir soru sordu:

'Sen ki göğün gizemine ermiş, bilime yön vermiş bir adamsın. İnsanlar, ister hükümdar kadar güçlü, ister savaşçılar kadar onurlu olsun ayağına kapanır, ağzından çıkacak bir sözü beklerler. Şimdi senin gibi bilge bir adamın fikrini merak etmekteyim, benim hükümdarlığım ve servetim hakkında ne düşünüyorsun?'

Bilge bu soru karşısında hükümdarın gözlerine bakarak şöyle dedi:

'Diyelim ki hükümdarım, kızgın ve uçsuz bir çöldesiniz. Ölmemek için, size uzatacağım bir bardak suya servetinizin yarısını verir miydiniz?'

'Verirdim tabii.'

'Zaman geçti diyelim, susuzluğunuz arttı, size uzatacağım bir sonraki bardağa servetinizin öteki yarısını da verir miydiniz?'

Hükümdar biraz düşündü ve ardından, 'Ölmemek için evet' dedi.

Bunun üzerine Bilge gülerek şu sözleri söyledi:

'Madem öyle, o zaman övünmeyin fazlaca, çünkü haşmetlim sizin servetiniz yalnızca iki bardak sudur.'

Beni anlıyor musun?

Ben zengin olma konusunda sana hiçbir destekte bulunmam, bu sana yapabileceğim en büyük kötülük olur. Senin çiçek açmana yardımcı olabilirim; fakat sen bir kraliyet bahçesinde çiçek açmak istiyorsan bu arzuya dönüşecektir. O zaman çiçek de açsan bunun hazzını alamazsın, çünkü çiçeğin varlığı başlı başına bir güzelliktir. Arzular varsa sen o zaman kendinden uzaklaşmaya başlarsın. Kendini unutursun, doğanı unutursun, özünü unutursun ve gözün dışarıda olur.

Senin içindeki cennet bahçende açan çiçeklerinin kokusuna ulaşmanı istiyorum. Dışarıda birçok bahçe vardır, sen onları bir kez koklar ve oradan uzaklaşırsın, fakat o kokuya bir kez nüfus edersin. İçindeki cennet bahçesinde açan çiçeklere ulaştığında ise orası senin cennetin olur, yaşam anlam kazanır.

Ve ben sana çiçek aç derken, senin kendi içinde kaybolmanı istiyorum. Ortada bir sen kalmadığında, toplumun oluşturduğu dışsal benlik buharlaştığında varlığından yükselen saf sevgi belirecektir ve o yaratıcıdır. Şimdi güzelliği görebiliyor musun?

Senin çiçek açman başlı başına bir güzelliktir, eğer senin gözün çok daha fazlasında olursa Yaradan'dan uzaklaşmış olursun; çünkü O dışarıda değildir, O senin varlığınla buluştuğun noktadadır. Sen O'ndan bir parçasın, O'nun ruhundan bir parça... O halde ne diye kraliyet bahçesinde çiçek açmak istiyorsun?

Kendi saf güzelliğine ulaştığında nerede olursan ol Yaradan'la kucaklaşacaksın. İster bir çöplüğün içinde, ister bir deniz kıyısında ya da bir sarayda... Ne fark eder?

Hz. Âdem cennet bahçesinde nadide bir çiçek olarak açmıştı. O senin arzuladığın kraliyet bahçesinden çok daha ihtişamlı bir yerdeydi. Dünyada nefes almış tüm insanlığın arzuladığı yerde yani cennette. Ve Hz. Âdem orada bir çiçek açmıştı. Fakat o ne yaptı? Senin gibi arzularına kapıldı ve Yaradan'ın kendisine yasak koyduğu ağaçtan bir elma kopararak ısırdı.

Şimdi ne olacak? Sen zaten erişebileceğin en üst noktadasın, cennettesin, bundan ötesi ne olabilir? Fakat Hz.

Âdem küçük bir elmaya tenezzül etti, o arzularına yenik düştü, o kendi varlığının güzelliğini keşfedemedi, o birliği bozdu ve cennetten kovuldu.

Eğer sen çiçek açmanın güzelliğini bırakarak başka şeylere odaklanırsan arzuladıkların senden hep bir adım ötede olacaktır, o zaman sahip olduklarının, meyvelerinin farkında olamazsın. Ve bütün arzularını bıraktığında, yaşama karşı olan bu savaşında direncini geri çektiğinde bütün güzellikler senin peşinden koşmaya başlar.

Mevlana'nın sevdiğim bir sözü var:

'Bırak sarayda mermer olmayı, toprak ol bağrında güller yetişsin.'

Ve ben sana diyorum ki: Önce içindeki cennet bahçene ulaş, sonrasında dışarıda olan her şey sana cennetten gelme gözükecektir.

Soruyorsun: "UK, biz psikologlar ya da ustalar olmadan sorunlarımızı çözemeyecek miyiz? Hep birilerinden destek almamız mı gerekiyor? Tam olarak ne zaman insanlık kendi sorunlarını çözmeye başlayacak, yorumlar mısınız?"

" 'Sorunlarımızı çözemeyecek miyiz' diye soruyorsun. Sorunlar seninmiş gibi konuşuyorsun! Sorunlar gelir ve gider, onlar evrenin akışı içinde tezahür eder, sen ancak onlara tanık olabilirsin. Sen sorunlarla özdeşleşmezsen onları çözmeye gerek kalır mı? O halde onlara neden tutunuyorsun, bırak gelip gitsinler!

Ve şunu anla! Sorunlar zihnin bir oyunudur, zihin boşlukta rahatsız olur, o karmaşayı sever, o gürültüyü sever, dinginlik zihnin işine gelmez, o var olduğunu hissetmek için hep sorunlara tutunacaktır. Ve sen zihin değilsin, sen ne bir zihin ne de bedensin, sen onların ötesinde olansın.

Zihnin oyunlarına kapılmaya gerek var mı? Bunu tekrar söylüyorum. Sen çözüm arıyorsun, fakat zihin soruna odaklıyken, sürekli sorunları yakalıyorken, o sorunlar dünyasında yaşıyorken, aynı zihnin içinden bakarak çözüme nasıl ulaşacaksın? Çözüme ulaşman için mevcut zihnin dışına çık, zihnin ötesine... Zihnin ötesinden baktığında her sorunun içinde kendi çözümünü doğurduğunu çok net görürsün.

Bir futbol maçındaki orta saha hakemini izle, o tek başına maçı yönetseydi hemen hemen ofsayt pozisyonlarının hepsini kaçıracaktı, bu yüzden onun yardımcıları vardır ve yardımcıları sahanın kenarında-dışındadır. Dışarıdan izlediğinde daha net görürsün, vaki olana dışarıdan baktığında kendinle özdeşleşmezsin ve bu sana çok net bir bakış açısı sağlar.

Orta saha hakeminin maçı evde televizyon karşısında yönetme şansı olsaydı o bütün faulleri, bütün ofsaytları ve maçın akışında gerçekleşen diğer pozisyonları çok net görebilirdi, çünkü bir mesafe yaratmıştı, olayın dışındaydı.

Fakat sen sorunsuz yapamazsın, sürekli sorunlara tutunuyorsun, çünkü onlar sana yaşadığının hissini veriyor, meşguliyet sağlıyor. Ve insanoğlu en büyük sorunlarından biri yalnız kalmak istememesidir. Sen sorunlara, düşüncelere tutunarak yalnızlığını gideriyorsun. Bunu farkında olmadan yapıyorsun; zihnin oyunlarına geliyorsun, onu iyi tanımalısın!

Bir yanın sorunlardan kurtulmak isterken, diğer yanın sorunlara tutunmak istiyor ve sen zihnin esiri olmuşsun, onun dışına çıkmadan, kendine dışarıdan bakmadan neler olduğunu izleyemezsin. Eğer sen olanları belli bir uzaklıktan izlemeye koyulursan çözümün kendisi olmaya başlarsın, artık zihnin dışında, onun ötesindesindir, bu aydınlanma halidir!

Her sorun mutlak çözümü doğurur. Bunu iyi izle! Sorun nereden geliyor? Sorunu görebiliyor musun? O içten geliyor, öyle değil mi?

Ya sen çözümü nerede arıyorsun? Onu dışarıda aramaktasın. Şimdi ne olacak?

Çözüm orada, içeride; fakat sen dışarıda dolaşıyor ve uzmanlardan, ustalardan çözüm bekliyorsun!

Sorunun geldiği yöne doğru git, onu dışarıda arama, sorun içeride başlıyor! Sen içe yöneldiğinde sorunları çözmeye başlarsın, sorulara ait cevaplar yine senin içindedir, o bir başkasının içinde değil. O halde sen kendi içine dışarıdan bakmalısın.

Sana verilecek bir cevap yoktur, sana verilecek bir çözüm yoktur, sen zaten çözümün kendisisin, sadece farkında ol!.."

Soruyorsun: "UK, kitabevlerine gittiğimde kişisel gelişim konusunda özel bölümler olduğunu ve bu alanda birçok kişisel gelişim kitabının mevcut bulunduğunu görüyorum. Fakat geçenlerde çıktığınız bir televizyon programında sizin kişisel gelişimi benimsemediğinizi belirttiğinizi söylediler, ben çok şaşırmıştım, bununla ilgili bir açıklama yapabilir misiniz?"

"Bu çok güzel bir soru ve ben senin öncelikle sorunun köküne-derinliğine inmeni istiyorum. Kişisel gelişim nedir, o neyi geliştiriyor? O kişiliğin gelişmesidir, öyle değil mi? Toplumun senin üzerinde kurmuş olduğu bu hipnotik durumun güncelleştirilmesi, geliştirilmesidir. Kişi sen değilsin, o bir etikettir, o gerçek sen asla değildir, öncelikle buna dikkat etmelisin.

Ve ben kişiliğini, zihnini, sahte benliğini pasifize etmeni, ancak o zaman gerçek huzurla baş başa kalabileceğini anlatırken, seni saf varlığınla-merkezinle buluşturmak isterken, sen kişiliğin daha çok gelişmesinden söz ediyorsun! Ben senin kişiliğini geliştirmenden yana değil, senin bireysel dönüşüm yolculuğunda kendi varlığınla-özünle kucaklaşmandan yanayım.

Sen varlığını geliştirdikten sonra dilersen kişiliğini de geliştirebilirsin, ben buna karşı değilim, ben önce senin köküne inmenden ve oraya sağlam tohumlar ekmenden yanayım. Ben dengeden yanayım, denge her zaman anlamlıdır, o bütüne hizmet eder. Sen içindeki verimli toprağa sağlam tohumlar ekersen o zaten dışarıda toprağın üzerine güzel fideler verecektir, güzel çiçekler açacaktır ve o zaman senden harika kokular gelir. Yüzün ve gönlün ışıldamaya başlar.

Ruhu olgunlaşmış insanlara bak, onlar kişiliklerini değil, varlıklarını geliştirerek olgunluğa ulaşmışlardı ve o olgunluğa ulaştıklarında çevrelerine ışık saçmaya başladılar. Hiçbir kişisel gelişim kitabı senin yüreğine dokunamaz, onlar başarılı olman konusunda sana yardımcı olabilir, beyninin gelişmesi konusunda sana yardımcı olabilir, fakat ben senin ruhunun varlığının olgunlaşmasından yanayım. Kişisel gelişim duygularla ilgilidir, o zihnin gelişimiyle ilgilidir ve zihinde vaki olan her şey gelip geçer, o yüzden kişilik geliştirici kitaplarla geçici olarak bir motive sağlamış olursun. Sen o kitapları okuduktan birkaç gün sonra kendini tekrar dibe vurmuş olarak bulursun.

O yüzden ben sana önce varlığını geliştir diyorum. Senin saçların verimsiz ve sen güzellik merkezinde ek saç yaptırıyorsun, o çok yapay olacaktır, onu nereye kadar taşıyacaksın, onun ışıltısı bile doğal olmayacaktır. Ve bir süre sonra ondan sıkılmaya başlayacaksın, artık onu çıkarmayı isteyeceksin, o sana yük olarak gelmeye başlayacak.

Sen önce kendi öz saçını geliştir, ona bakımlar yap, onu okşa, onu sev, onu tara. Onun doğallığı, orijinalliği sana yetecektir.

Kişisel gelişim kitaplarında kendi doğrularını, kendi deneyimlerini nasıl bulacaksın? Onlar gelişimcilerin kendi deneyimleri, kendi doğrularıdır ve şunu asla unutma: Bir başkasının doğrusu senin üzerinde her zaman büyük yük oluşturur. Sen başkalarının doğrularıyla yola çıktığında her zaman yanlış yapma olasılığın vardır.

Olayı izle:

Sabah sporumu yapmış, havuzun kenarında dinleniyordum, yaşları 8-10 arası olan öğrenciler yaz okulu adı altında yüzme hocaları eşliğinde havuzda ayaklarını çırparak yüzme öğrenmenin ilk adımlarını gerçekleştiriyorlardı.

Ve ben de onları izliyordum, çocuklar her zaman ilgimi çeker, onlar aydınlanmış varlıklardır, onlar saf masumiyettir ve onlarla olmak bana her zaman büyük keyif verir.

Yüzme kursu bitmişti, hocaları çocukları yönlendiriyordu, 'şunu şöyle kendin yap, şunu böyle yap, hadi bakalım git oradan bana şunu getir' diye, kendi uzmanından, öğreticisinden ya da okuduğu kitaplardan edindiği bilgiyle çocuklara sorumluluk yüklemeye çalışıyordu.

Havuzdan çıkmışlardı ve şimdi duş alma vaktiydi, hoca çocuklara dolaplarından kendi şampuanlarını getirmelerini istedi. Çocuklar almış oldukları görev karşısında hocaya ilk şampuanı ben vereyim düşüncesi içinde koşturarak dolaplarına doğru yöneldiler.

Ve kısa bir süre sonra tekrar geri döndüler, hepsinin yüzünde küçük de olsa başarmanın, kendilerine yüklenmiş olan bir sorumluluğu yerine getirmiş olmanın hazzı vardı. Ve hoca şampuanı çocuklardan alarak onları duşa soktu, işte her şeyin yolunda gittiği an burada bozulmuştu. Hoca şampuanı eline alarak çocukları yıkamaya başladı. Yanlarına kadar gittim ve olanları izledim.

Az önceki sorumluluk yükleyen, otoriter hoca gitmiş, yerine, sanki yavrusuna kıyamayan ve onun kendi sorumluluğunu üzerine alarak varlığının gelişmesinde yaralayıcı olan bir anne modeli gelmişti. O çocukları oturmuş yıkamaya başlamıştı.

Şimdi ne oldu?

Yüzme hocası bilgiyle doluydu, o bir papağan gibi sürekli söylenen, tekrarlanan sözcükleri kendisine bilgi edinmişti.

Şimdi tekerlek patladı!

Bilgi bir arabanın tekerleği gibidir, o her zaman seni yarı yolda bırakmaya adaydır. Bilgi bir yerde mutlak patlak verecektir, seni hiç ummadığın bir yerde mutlaka yarı yolda bırakacaktır. O senin deneyimin değil, o senden bir parça değil.

Kişisel gelişim kitapları sana bilgi verir, ben sana o yüzden önce varlığını geliştir diyorum, onu olgunlaştırmanı istiyorum. Sen bir kez varlığını olgunlaştırdığın zaman büyük bir değişime, gerçek bir değişime her zaman açık olursun. Senin varlığınla buluşmanı sağlayan yol kişisel gelişim değil, tefekkür yoludur.

Tefekkür, senin ile Yaradan arasındaki sevgi köprüsüdür ve ben her zaman bu yolu kullanmandan yanayım. Bilgi de bir köprüdür, ancak o seni zihninle buluşturur, tefekkür ise seni Yaradan'la buluşturur. Aralarında çok büyük fark vardır, bu farkı görebildiğinde benim ne demek istediğimi anlamış olacaksın."

Soruyorsun: "UK, yazılarınızda çoğu zaman yaşama yüreğimizle bakmaktan söz ediyorsunuz. Yaşama nasıl yüreğimizle bakabiliriz?"

"Hikâyeyi izle!

Adamın biri, ilk kez gittiği küçük bir kasabada şaşkın şaşkın gezinirken yol kenarında duran bir arabanın yanına sokulmuş ve arka koltukta tek başına oturan çocuğa:

'Buraların yabancısıyım... Parkın hemen yanı başındaki fırını arıyorum, çok yakın olduğunu söylediler...'

Çocuk, arabanın penceresini iyice açtıktan sonra, 'Ben de buraya ilk kez geliyorum' demiş. 'Ama sağ tarafa gitmeniz gerekiyor herhalde.'

Adam, çocuğun da yabancı olmasına rağmen bunu nasıl anladığını sormuş sormuş:

Çocuk, 'Ihlamur çiçeklerinin kokusunu duymuyor musunuz?' diye gülümsemiş. 'Kuş cıvıltıları da oradan geliyor zaten.'

'İyi ama' demiş adam, 'bunların parktan değil de tek bir ağaçtan gelmediğini nerden biliyorsun?'

'Tek bir ağaçtan bu kadar yoğun koku gelmez' diye atılmış çocuk. 'Üstelik manolyalar da katılıyor onlara. Hem biraz derin nefes alırsanız, fırından yeni çıkmış ekmeklerin kokusunu duyacaksınız.'

Adam, gözlerini hafifçe kısarak denileni yaptıktan sonra, teşekkür etmek için döndüğünde fark etmiş çocuğun kör olduğunu.

Çocuk ise, konuşurken bir anda sözlerini yarıda kesmesinden anlamış, adamın kendisini fark ettiğini...

Işığa hasret gözlerini ondan saklamaya çalışırken, 'Üç yıl önce bir kaza geçirmiştim' demiş. 'Görmeyi o kadar çok özledim ki. Sizinkiler sağlam öyle değil mi?'

Adam, çocuğun tarif ettiği yerde bulunan fırına yönelirken, 'Artık emin değilim' demiş. 'Emin olduğum tek şey, senin benden daha iyi gördüğündür.'

Ve ben diyorum ki yaşama yüreğiyle bakan bir insan, yaşama gözleriyle bakan milyonlarca insanın göremediğini görür. Ona bir kez yüreğinle baktığında hayat büyülenmiş gibi gözükmeye başlar. Artık senin baktığın yer değişmiştir, bakış açın da buna bağlı olarak değişecektir, sen artık çamurun içinden bakmıyorsundur. O zaman mucizeleri beklemene gerek kalmaz, yaşama bir kez yüreğinle bakmaya başladığında her şey aşka dönüşür.

Ben sana, 'Yaşama yüreğinle bak' derken zihni artık bırakmanı ve kalbinin sesini dinlemeni söylüyorum. Bu çok ince bir ayrımdır, o kadar ince olmasına rağmen aralarında uçurumlar vardır, ancak bu çok hassas bir konudur. O uçurumun adı egodur ve ego sana hep zihnini kullanmanı söyler, onun bakış açısı kirlidir, o temiz bir yüzeyi benimsemez. Çünkü temiz bir yüzeyde netlik vardır ve o senin net olmanı istemez.

Eğer sen net olursan egoya rahatlıkla ulaşabilirsin ve ego bunu çok iyi bilir, bu egonun ölümüne işarettir ve o seni çamurlara yönlendirir. O seni kirli sulara, hayatın olumsuzluklarına tutunmaya yönlendirir. Onun sesi hep yüksektir, onun dilekleri, arzuları hep yoğundur, o asla yürek gibi inceden mırıldanamaz.

Ve yüreğin sesi çok yumuşaktır, onu duyman için zihni bırakman gerekir; çünkü zihin çok karmaşıktır, o ne kadar konuşma varsa, ne kadar düşünce varsa senin içinde toplamaya bayılır. O senin bütün enerjini düşüncelerle bitirmenden yanadır. Sen enerjini bitirdiğinde egonu peşini bırakmış olacaksın, artık yoruldun, şimdi egoyu buharlaştırmak için kim uğraşacak? Zihin çok kurnazdır, o çok uyanıktır, o şeytanın bir parçasıdır, o bir yan üründür, o yüzden zihne dikkat et.

Önemli olan renkli, güzel gözlere sahip olmak değildir, yaşama güzel bakabilmektir, bunu anla!

Bir gün deniz kenarında oturmuş dalgaların zikrini dinliyordum. Yakınımda denize girmeye hazırlanan Bir Aile vardı. Kumdan denize doğru yöneldiler ve yaklaşık on metre kadar gitmişlerdi ki birden çığlıkları yükseldi. 'Denizanası var!..' diye birbirlerine telaşla, panikle bağırıyorlardı. Yüzemediler, denizden geri çıkmak zorunda kaldılar ve isyan etmeye başladılar:

'Bu nasıl bir deniz böyle? Yüzemeyeceksen ne anlamı var bu denizin?'

Kadınlar sürekli isyan ediyorlardı, yaklaşık bir saat boyunca isyanları sürdü. Onların hemen önünde kıyıda kovalarıyla oynayan masum bir çocuk vardı. Çocukların henüz masumiyeti bozulmamıştır, ben onlara 'aydınlanmış varlıklar' derim.

Onlar dünyaya aydınlanmış olarak gelirler ve toplum onları karartır!

Çocuk tüm masumiyetiyle kıyıda kovasıyla oynuyordu. O denizin tadını çıkarmayı biliyordu. O yaşama yüreğiyle bakıyordu ve masalın içindeydi. Rahmetle kucaklaşıyordu.

Ailenin yanına gittim ve onlara 'geçecektir' dedim. Kısa ve net: Uzatmadım, geri döndüm. Arkamdan birisi bağırdı:

'Geçecek olan nedir? Bize de söyleyin, biz de bilelim, ne geçecek?'

'Zamanın içinde vuku bulan her şey zamanla birlikte geçmeye mahkûmdur' dedim ve yerime oturdum.

Bir süre sonra tekrar denize girmişlerdi ve saat öğleden sonra beşi gösteriyordu. Deniz tüm ihtişamıyla yüreklere dokunuyordu adeta. Pırıl pırıl olmuştu, bir elmas gibi parlıyordu, bir havuzdan farksızdı.

Ve o aile hiçbir şey olmamış gibi yüzmeye devam ettiler...

Ancak onların iki saati heba olmuştu, onlar bu çok değerli iki saati isyan ederek geçirmişlerdi. Eğer onlar kıyıda oynayan o masum çocuğun yaşama derinlemesine bakan gözleri gibi olaya yürekleriyle yaklaşsalardı bu çok önemli iki saati cehennemde değil, cennetteymiş gibi yaşayacaklardı.

Zihin hep sorun arar, o hep sorunlara tutunur ve büyütür. Şimdi büyütmeye ne gerek var? Her şey geçer ve arkasında olan belirir. Zihin, sorunları yakalamaca oyunu içindedir; ona kapılmaya ne gerek var? Her ne tezahür ediyorsa onun peşinden gelecek olanı bekle, bu yaşamın kuralıdır. Karanlık aydınlığı doğurur, aydınlık karanlığı... İkisi de birbirine gebedir, onlar iç içedir. Biri önde diğeri arkasındadır, ikisi aynı anda var olamaz. Ancak ikisi özde birdir, eğer hissedersen onları bütün olarak görürsün.

Ayrımı yapan, ikililiği oluşturan zihindir. Güzel ve çirkin, aydınlık ve karanlık; onlar ayrı değildir, tam aksine onlar aynı kartın iki farklı yüzüdür; ancak kart tektir.

Ben yaşama yüreğinle bakmandan yanayım, bu seni mucizelerle buluşturacaktır. Eğer sen yaşama kirli bir zihinle bakmaya devam edersen karşına hep bir bataklık çıkacaktır ve sen o bataklığın içine girmeye, dibe vurmaya mahkûm olursun, anlıyor musun?

Soruyorsun: "UK, mutlu olmak istiyorum, bana ne önerebilirsiniz?"

"Sen benden bir formül istiyorsun, seni tekrar icat etmemi, seni yapay hale getirmemi bekliyorsun. Fakat ben senin kendi doğanda açmandan yanayım, senin kendi cevaplarını bularak gerçek bir çiçek olmanı diliyorum. Sana bir formül verirsem seni yapay bir çiçeğe dönüştürmüş olacağım ve bu benim ilgi alanımda değil!

Sen bir başkasının cevaplarıyla açan bir çiçek olabilirsin, o halde senin kendine has bir kokun olmayacak, tıpkı büyük marketlerde satılan kuru çiçekler gibi, sen sadece bir süs olacaksın, yapay bir süs ve toplum seni şu an yapay bir çiçeğe çevirmiş durumda.

Ben senin kendi doğanda açarak güzel kokular vermeni istiyorum, senin bir süs değil senin aldığın nefesi hisseden bir varlık olmandan yanayım. Ben sana kendi dünyana ilişkin bir cevap veremem; dilersen göremediğin cevapları açığa-görülebilir bir hale getirmene yardımcı olabilirim, ancak seni bir yapay varlık haline getirmemi benden isteme!

Kedi korkusundan endişe içinde yaşayan bir fare vardır. Büyücü fareye acır ve onu bir kediye dönüştürür.

Fare, kedi olmaktan son derece mutlu olacağı yerde bu kez de köpekten korkmaya başlar. Büyücü bu kez onu bir kaplana dönüştürür. Kaplan olan fare, sevineceği yerde avcıdan korkmaya başlar. Büyücü bakar ki, ne yaparsa yapsın farenin korkusunu yenmeye imkân yok. Onu eski haline döndürür!..

Seni mutlu olman için neye dönüştürürsem dönüştüreyim sen mutsuz olacaksın; çünkü bunu yaparken senin doğanı bozmuş olacağım. Senin varlığın güzel, senin kendi orijinalliğin anlamlı, kendi merkezine indiğinde bunu görebileceksin, o zaman mutlu olmak için bir çaban olmayacak. Ve unutma, mutluluk tüm çabalarından arındığında hiç beklemediğin bir anda, tıpkı bir bambu ağacı gibi ortaya çıkacaktır.

Yaşam her zaman güzeldir, o her zaman anlamlıdır. Karşına öfke çıktığında, kasırgalar koptuğunda, dibe vurarak dayanamaz hale geldiğinde bile yaşam güzelliklerle doludur. Karşına çıkanın sana güzelliklerin kaynağından, güzelliğin kendisinden, yaratıcıdan geldiğinin farkındalığına bir kez ulaştığında baktığın her şey cennet bahçesine dönüşür.

Karşına çıkan olumsuz her duruma şükret ve minnet duy, göreceksin ki senin kızgınlığın, kırgınlığın, öfken, stresin, hastalığın, bir merhamete-sevgiye dönüşecektir.

O ki, izin vermedikçe yaprak dahi kıpırdamaz!

Sana küçük bir sır vereyim. Yaşam üzerine fazla geldiği zaman onu zorlama, biraz duraksa, neler olup bittiğine anlam verme. Mutlaka düşüncelerin ile dileklerin aynı orantıda değildi ve varlığınla buluşamadı. Sorun yok, sadece bekle. Güneş doğacaktır, çimler yeşerecektir, çiçekler açacaktır, rüzgâr esecektir ve yağmur yağacaktır; zorlamaya gerek yoktur, olması gereken her şey varoluşun uygunluğunda kendiliğinden olur!

Ve ben seni sadece sevgi yoluna davet ediyorum. Sen yeter ki sevgi yoluna gir, bu yolda karşına engeller de çıksa, yırtıcı kuşlar da üzerine üşüşse sen hepsinin derinliğindeki mutlak sevgiyi göreceksin!

Bizim yolumuz sevgi yolu, bizim yolumuzda bakmak yok, görmek var ve görünen her şeyin içinde saf sevginin olduğunun zihinsel ötesi bilincindeyiz.

Sen çocukken yaşamı seviyordun ve o da sana sımsıkı sarılmıştı; sonra sen büyüdün, yaşamda kusurlar bulmaya başladın, onu kucaklamayı bıraktın; şimdi sen yaşamın elinden tutmadığın için o da sana güzellik kapılarını kapalı tutuyor.

Sen yaşama sevgi dolu gözlerle bakarsan her şey sevgiye dönüşür, eğer sen yaşama kin, nefret, tepki ve ıstırapla bakarsan yaşam senin kâbusun olmaya başlayacaktır. Buna dikkat et!

Ve sen çabaladıklarını beslersin, onları güçlendirirsin, teslim olduğunda huzur çiçekleri açar; artık güneş doğmuştur, karanlık bulutlar yerini aydınlığa bırakır.

O halde önce çabalarını izle, mutlu olmayı arzulamaya gerek yoktur, sen sahip olduklarını nasıl arzulayabilirsin? O zaten senin. Senin binlerce dönümlük verimli toprağın var, ancak insanlardan meyve istiyorsun. Senin yaptığın bu!.. Toprak zaten senin, mutluluk zaten senin, o varlığında yuva kurmuş, o yüreğinde sıcak sevginle beslenmek istiyor, şimdi onu dışarıda aramanın ne anlamı var?

Sen bana, 'Mutluluk hakkında ne önerin olabilir?' derken bunun derinliğinde yatan düşünceni görebiliyorum, sen mutluluğu dışarıda arıyorsun ve ben seni sadece merkezinle buluşturmaya yardımcı olabilirim. Senin özüne dönmene, sahip olduğun mutlulukla tekrar tanışmana yardımcı olabilirim. Bu bir elde etme meselesi değildir, bu, derinliğindeki güzellikleri tekrar kucaklama ve mutluluğa dönüşünün ardından yükselen notaların müziğidir, olduğun şey senin hakikatindir.

İnsanlara dikkat et, uzmanlara dikkat et, profesörlere dikkat et, psikanalistlere dikkat et, onlar sana yaşamın anahtarını vermek isteyeceklerdir, fakat verdikleri bu anahtar kimin? Önce bunu sorgula. Bu anahtar onların, bu anahtar senin kapını açabilir mi? Yaradan herkesi farklı suretlerde yaratmıştır, şimdi başka bir suretin anahtarı senin huzur kapını nasıl açsın?

Sen bana, 'UK, mutlu olmak için ne önerebilirsin?' derken benim anahtarımı istiyorsun, farkında değilsin fakat senin arzun bu yönde. Eğer sen başkasının anahtarıyla kendi huzur kapını açmaya çalışırsan o kişiye bağımlı hale geleceksin.

O uzman senin huzur kapını kendi anahtarıyla açmış ve anahtarını alarak yoluna devam etmiştir ve sen geçici olarak mutlusundur, hayat tozpembedir, ya sonra? Sonra senin huzur kapın kapanmaya mahkûm olacaktır, o kapı tekrar kapanacaktır. Ve sen o uzmanı arayacaksın, onu bulmaya çalışacaksın, onu bulamazsan başka kapılar çalacak ve başka anahtarlar isteyeceksin, sen artık bir bağımlıya dönüşmüş olacaksın, senin özgürlüğün olmayacak, buna dikkat et!

Ben sana, huzurun kapısını, mutluluğun kapısını açacak kendi anahtarına ulaşmanı ve onu kucaklamanı söylüyorum. O anahtara ulaştığında, onu ellerinde tuttuğunda dilediğin zaman güzelliklerin kapılarını açabilirsin, o artık senin doğandan bir parçadır ve senin doğandan olan parçaları hissetmeye başladığında mutluluk kesintisiz olarak orada akmaya başlar."

Soruyorsun: "UK, sevgi bu kadar kutsal ise neden ilişkiyi kutsamıyor, neden zamansız bitiyor?"

"Sevgi derken aynı sevgiden mi söz ediyoruz? İnsanlar sevgiyi bin bir şekle soktular. Onlar hoşlanmayı, tutkuyu, bağımlılığı sevgi sanıyor ve ben sana diyorum ki: Eğer sen zihnin içinden bakarak sözcüklerle sevgiden bahsediyorsan hakikatle buluşamazsın. Çünkü zihin sözcüklerle uğraşır, onun sevgi dediği duygunun içinde sadece yapay ağaçlar vardır, sevginin sıcaklığını, zihnin ürettiği sözlerin içinde hissedemezsin.

Zihin ile varlığından yükselen sevgiyi karıştırma. Biri kalıcıdır, diğeri ise sahte ve geçici olandır. Ve gerçek sevgi zihnin değil varlığın yuvasındadır. Sen zihinsel bir duygudan sevgi diye söz ediyorsun.

Sen zihni pasifize etmeden, onun ötesine geçmeden gerçek sevgiyi hissedemezsin. İnsanların ilişkilerinin bitmesi çok doğaldır. Onlar sevginin içinde dans edemiyorlar, onlar zihnin kurnazlığı karşısında bir hapishane hayatı yaşıyorlar.

Gerçek sevgide özgürsündür, gökyüzüne doğru kanatlanıp bulutların üzerinde dansa kalkarsın, yıldızlar senin sevgine tanıktır, gerçek sevgide sen sevgisizliği bile seversin. Ancak senin söz ettiğin sevginin içinde özgürlüğü kısıtlama vardır, karşındakini engelliyor ve yaşamı bir bataklığa çevirip onun içinde yavaş yavaş dibe vuruyorsun.

Şimdi bu sevgi mi?

Sevgi acı değil, huzur verir.

Bu sadece senin sevgi olarak gördüğün avuntulardır. Zihnin üretmiş olduğu geçici duygulardır. Farkında ol, yoksa senin sevgin zamansız bitmeye mahkûm kalacaktır.

Topluma dikkat et, o seni yaşaman için değil, hayatta kalman için koşullandırır. Toplum senin yüreğinin-varlığının değil, beyninin-zihninin gelişmesinden yanadır. Ve sen bir kez bu kaosun içine girersen boğulmaya başlarsın. Nefes almak bile sana acı vermeye başlar, sen artık yaşamayı bırakmışsındır ve senin tüm çaban yarına kalabilmek olmuştur.

Yarına kalabilmek için bugünü feda ediyorsun ve yine aynısını, aynısını ve aynısını yapıyorsun. Sen hep hayatta kalmaya çalışıyorsun ve böyle devam edersen en son geriye baktığında aslında hiç yaşamadığını fark edeceksin.

Ben senin yaşamanı istiyorum, yıldızların kuyruğuna tutunarak dans etmeni, kuşlarla birlikte şarkı söylemeni, martılara simit atarak huzuru kucaklamanı...

Ben biten ilişkinle ilgilenmiyorum, senin sahte ilişkilerinin bir gerçekliği yok, gelip geçen bir şey nasıl gerçek olabilir? Bedenin bile gelip geçicidir, onun hiçbir gerçekliği yoktur, anlıyor musun?

Sen önce kendini sevgiyle doldur sonra dünya sevgiyle taşacaktır."

Soruyorsun: "UK, birçok sorunum var, hangisini anlatsam bilemiyorum, ama en önemlisi şu: Ben kendime güvenmiyorum, kendime güvenim için ne yapmam gerekir? Kendimi uzun zamandır çok kötü hissediyorum. Bir psikiyatrdan yardım almaktayım, fakat o benim duygusal bir insan olduğumu söylüyor, bu benim yapımdanmış ve ilaç veriyor.

İlaçların faydasını o an görsem de sonra yine kötü oluyorum. Siz nasıl davranmamı önerirsiniz?"

"Kendine güvenmediğini söylüyorsun, kendine güvenmediğini sana söyleyen kim? Bu zihnin düşüncesi, zihnin oyunlarına gelme, ona dikkat et! Sen zihin değilsin, onun ötesinde olansın, sen var olansın bunu unutma, bunun daima farkında ol. Zihin sana oyun oynamaya başladığı an onun ötesinde olduğunu hatırla, o zaman bu kurgular, sahte etiketler, düşünceler kaybolacaktır.

Psikiyatrdan aldığın desteğin etkili olmadığını ifade ediyorsun. Bu konuda mustarip durumda olan milyonlarca insan var. Psikiyatr seni geçici olarak rahatlatmaya çalışır, o senin sorunun sadece üzerini örter sen başka yerden yine başka bir sorun yaratırsın. Psikiyatr onu da örtecektir; fakat başka yerden yine bir sorun ortaya çıkacaktır; çünkü sen hâlâ sorunların kaynağı, sorun fabrikası olan zihnin içinden yaşama bakmaktasın.

Zihin zehirli bir ağaçtır ve sorunlar zehirli ağacın dallarında açan zehirli meyvelerdir. Psikiyatra gidersin ve o sana zehirli ağacının dalındaki meyveleri tek tek toplatacaktır, fakat bu çare mi? Zehirli meyve ağacı orada, sen istediğin kadar dalından meyveleri topla, o başka daldan yine sorunlar üretecektir!

Ben senin sorunlarınla, zehirli meyvelerinle ilgilenmiyorum, ben senin zehirli ağacınla, zehrin köküyle, zihninle ilgileniyorum ve bir kez o kökü kuruttuğunda bütün sorunlar buharlaşmaya başlar.

Sorun senin zihnindir, o zaten sorunun kendisidir, o hatalı bir programdır, o toplumun hastalıklı izlerini taşır. O halde zihnin neler yaptığına tanık ol, onu izle, ancak ona tutunma. Ona ne kadar tutunursan o kadar fazla sorunlar üretecektir, anlıyor musun?

İnsanlar yolunda gitmeyen bir durumla karşılaştıklarında kaderine isyan ederler, düşüncelerle savaşarak bütün enerjilerini geçici bir duygu için harcarlar, onlar karanlıktadır ve ışığı yakmak yerine içinde bulundukları karanlığa isyan ederler. Ancak sen güzel bir yoldasın, sen ışığın düğmesini arıyorsun, fakat onu yanlış yerde arıyorsun. Senin sorunun bu!

Ben sorunun değil, çözümün bir parçası olmandan yanayım. Ve çözüm sensin! Seni senden başka kimse anlayamaz, seni en iyi anlayan yine sensin.

İnsanlar bana gelir ve şöyle derler: Hocam ben neden bir arkadaşıma terapist gibi destek veriyorken, onun tüm sorunlarını çözmesine yardımcı oluyorken kendime yardımcı olamıyorum?'

Soru çok güzeldir, bu soru çok anlamlı, o yüzden bu soruyu biraz izle.

Bir başkasına terapist oluyorsun; çünkü sen onun sorunlarının dışındasın, onun sorunlarıyla özdeşleşmiyorsun, o senin karşında, sen onun dışındasın. Yaşananlar senin sorunun değil. Sen karşındaki insanın sorunlarını çok net görüyorsun, ama kendi sorunlarını göremiyorsun, bulanıklık var, neden?

Çünkü sen kendi düşüncelerinle sürekli özdeşleşiyorsun, sen sorunun içindesin, sen bulanık zihnin içinden kendine bakmaya çalışıyorsun. Sen zaten bir pisliğin içinde batmaktasındır, şimdi onu nasıl temizleyeceksin?

O halde önce zihin denen bu bataklıktan çıkman gerekecek. Zihnini markette kullan, alışverişte kullan, hesap kitap işlerinde kullan; onu yaşamına anlam kattığın beyaz sayfanda ne diye kullanıyorsun?

Senin zihnin dışına çıkman gerekiyor, tıpkı bir hakemin televizyondan maçın pozisyonlarını daha iyi analize edebileceği gibi senin de kendini dışarıdan izlemen gerekiyor. Sorunlu bir zihin sorunlara odaklanacaktır, senin cevaplara ihtiyacın var, sana çözüm lazım. 'Sorunun değil, çözümün bir parçası ol' derken sana anlatmak istediğim budur. Ben seni zihnin ötesine yönlendirmeye çalışıyorum.

Mevcut sorunları, sadece sorun üreten bir zihinle çözemezsin, beni anlıyor musun?

Psikiyatra gittiğini ve sana sadece ilaç verdiğini söylüyorsun.

Bunu tekrarlıyorum, içlerinde bir elin parmakları kadar az sayıda, yürekleriyle hastalarına yaklaşan uzman var, ben fazlasını görmedim, karşılaşmadım ve duymadım. Onların bilişsel terapi denen yöntemi yapmaları gerekir, en azından bunu yapmaları ve sana nitelikli zaman ayırmaları gerekir, ancak onlar ilaç vermekten yanadır. Onlar kolay olanı seçerler, şimdi ilaç varken bilişsel terapi neden?

Eğer o sana kullanmış olduğu anahtarı vermeyi bırakarak senin içindeki mutluluğun kapısını açacak kendi anahtarını bulmanı sağlamana yardımcı olursa ne olacak? Artık senin onunla işin bitecek, bir kez içindeki huzurun kapısını açan anahtarın yerini keşfettiğinde senin onlarla işin kalmayacak, öyle değil mi? Fakat bu onların hiç işine gelmeyecek bir durumdur. O seni kendinle buluşturdu, artık senin kimseye ihtiyacın kalmadı, şimdi kimden para kazanacaklar?

Mantık bu yola başvurur, onlar mantıkla hareket ederler ve bu yüzden yürekler körelmiş durumda; çünkü onu hiç kullanmıyorlar.

Düşünsene, dünyada herkesin farklı anahtarı var ve herkes kendi huzur kapısının anahtarını elinde tutuyor. Psikiyatrlar ne yapacak? Onlar artık işsiz kalacaklar ve bir uzmana gittiğinde o seni sadece oyalayacaktır, geçici olarak sorunlarının üzerini örtebilir fakat senin sorunların başka bir yerden tekrar ortaya çıkacaktır.

Daha önce gittiğin psikiyatrdan memnun kalmayacaksın ve başka bir uzmanın kapısını çalacaksın; fakat kesin çözüm yolu bu değildir, sen yine aynısındır. Uzman değişmiştir, ancak sen zihnin ötesine geçmedikten sonra sorunlar sürekli karşına çıkmaya devam eder.

Bir keresinde yaşlı bir adamla karşılaşmıştım ve zamanında beş karısı olduğunu, hepsini boşadığını, şimdi başka bir kadınla evlenmek istediğini, ancak bu seferki kadının diğerleri gibi sorunlar çıkarmamasını dilediğini söylemişti.

'Buralardan taşınırsam belki daha farklı olabilir benim için' diyordu.

Yüzüne baktım ve gülümseyerek ona şöyle dedim:

Nereye giderseniz gidin, bu zihin ve içindeki düşünceler

değişmedikçe ne gittiğiniz yerler ne de evlendiğiniz kadınlar değişecek, çünkü siz aynı kişisiniz.'

Ve ben sana diyorum ki: Sen istediğin kadar uzman değiştir, istersen deniz kenarında küçük bir ev yap kendine, bahçesi de olsun, çiçekler, sebzeler yetiştir; fakat sen aynı sen olduğun sürece orada da kendine bir sorun yaratacaksın.

İlaçların faydasını göremediği söylüyorsun.

Senin ilaçlardan çok içsel konuşmalarındaki olumlu enerjiye, bakış açını değiştirmeye ihtiyacın vardır. İlaçları reddetmiyorum, ancak ben insanların sadece ilaç ile uyuşturulmasına karşıyım. İnsanın ilacın yanında terapi görmeye ihtiyacı var. benim terapiden kastım danışanı motive etmek değil, bir bilgiyi hayata sokmasına yardımcı olmaktır. Danışana; takma, etme, güzel bak diyerek terapi olmaz. Zaten terapi yapacak bir danışmanın da zihin, ilim ve psikolojiyi bilmesi gerekir. Terapi sadece psikolojiden ibaret değildir, çünkü psikolojiyi bozan yaşadıklarımızı bize sürekli hatırlatan zihin ve vesvesedir!"

Soruyorsun: "UK, kendimi yalnız hisseden birisiyim, çocuklarım evlendikten sonra bu yalnızlık daha çok arttı. Ayrıca çevremdekilerin bana söylediklerine göre sanırım ben hastalık hastasıyım, sürekli ömrüm hastanelerde geçiyor. Kendimi mutlu ve sağlıklı hissetmem için ne önerirsiniz?"

Hikâye çok anlamlı:

Sınav zamanı yaklaşıyordu ve Ahmet çok heyecanlıydı. Aklında sürekli olarak sınavda başarısız not alırsa neler olacağına ilişkin sorular vardı. Ahmet sınavdan önce ateşli bir hastalık geçirdi. Sınav zamanı geldiğinde zorlukla sınavlara girdi. Pere başarısız not almıştı. Salona geçti, ailesi oradaydı ve onlara şöyle dedi:

'Hep bu hastalığım yüzünden, sonuca bakar mısınız, ne kötü! Kendimi biraz daha iyi hissedebilseydim çok daha iyi, farklı bir sonuç getirecektim!..'

Hikâyeyi izledin mi? Ahmet ne yaptı?

O hastalığa tutundu ve kötü sonucu buna bağlayarak içinde rahatlama, içinde tatmin sağladı. Ve Ahmet sınav bittikten sonra iyileşmişti, ateşi yoktu, oldukça sağlıklıydı. Hastalık bir anda bitivermişti!..

Mesnevi'de geçen sevdiğim bir hasta öğretmen hikâyesi vardır. Bir mektebin öğrencileri hocalarından bıkmışlar, çalışıp çabalamadan usanmışlardı. Ne yapıp yaparak bir iş becermek, bu suretle de muallimi derde düşürmek için birbirleriyle görüşüp danıştılar.

"Hoca hiç hastalanmıyor ki bir kaç günceğiz olsun mektebe gelmesin de rahat kalalım. Bir hapisten, bu darlıktan, bu çalışıp çabalamaktan kurtulalım. Adam, mermer kaya gibi yerinde durup duruyor" dediler.

İçlerinden en zekileri bir tedbir düşündü:

"Hocam nasılsın, neden böyle benzin sararmış? Hayrola rengin kaçmış, senin. Bu ya hava çarpmasından veya sıtmadandır" derim, ben. Hoca elbette bu sözden biraz olsun vehme düşer. Sizler de bu çeşit sözlerle bana yardımcı olursunuz. Mektebin kapısından içeri girer girmez: "Hayrola hocam, bu halin ne?" dersiniz Otuz çocuk hep aynı sözü peş peşe söylerse hocanın vehmi arttıkça artar ve iş olur, biter dedi.

Çocukların hepsi de, "Aferin zeki çocuk, bahtın daima yaver olsun, Allah sana yardım etsin" dediler.

Birleşip hiçbirisinin bu kavilden, bu karardan dönmeyeceklerine ait kuvvetlice ahdettiler. Sonra o zeki çocuk içlerinden kimsenin bunu söylememesi için hepsine yemin ettirdi.

Ertesi gün oldu. Çocuklar bu düşünceyle mektebe geldiler. Hepsi de dışarıda bu fikri ortaya atan zeki çocuğu bekliyorlardı. Çünkü bu tedbirin kaynağı oydu. 'Baş, daima ayağın reisidir, ayağı çekip götüren baştır.'

Çocuk geldi, hocaya selam verip:

"Hocam, hayrola, benzin sararmış" dedi. Hoca:

"Hasta filan değilim, saçmalama. Geç yerine otur" dedi.

Dedi ama hatırına da bir vehim tozudur kondu, az bile olsa gönlüne bir endişedir, düştü. Derken öbür çocuk içeri girdi. O da öyle söyleyince vehmi arttıkça arttı. Her çocuk anı şeyi söyleyince kendisi de hasta olduğuna hükmetti.

Hoca vehimden, korkudan hastalandı. Yerinden sıçrayıp kalktı, kilimi başına örttü.

"Zaten bana sevgisi az, ben bu halde olduğum halde halimi sormadı, bile. Bana hasta olduğumu, rengimin solduğunu haber vermedi. Bana kastediyor, benden kurtulmaya çalışıyor" diye karısına kızarak evine geldi ve kapıyı hışımla açtı. Çocuklarda ardından geliyorlardı. Karısı:

"Hayır ola, erken geldin. Allah esirgesin, başına kötü bir şey gelmesin de" dedi. Hoca karısına şöyle çıkıştı:

"Kör müsün sen? Bir benzime, bir halime baksana. Yabancılar bile derdimle dertlenirken sen evimin içinde bana düşmanlığından, bana karşı münafıklık edip yanıp yakıldığı mı görmüyor musun?"

Karısı:

"A hocam, senin bir şeyin yok. Bu endişeden, vehimden ibaret" dediyse de laf anlatamadı. Ayna getirmek istediyse de hoca:

"Git, aynan da batsın, sen de bat. Zaten daima bana buğuz etmede, daima bana kin gütmede, benimle inatlaşmadasın. Yatağı yay, yorganı getir. Ben yatayım, hele başım ağırlaştı" dedi. Kadın biraz duraklayınca da:

"Hadi behey düşman, senin layığın bu laf, durmasana!" diye bağırdı.

Çocuklar yatağın yanında derslerine devam ediyorlardı. Yaptıkları oyunun kendilerini dersten kurtarmadığına hayıflanıyorlardı. O zeki çocuk:

"Arkadaşlar, dersinizi bağıra bağıra okuyun" dedi. Hepsi birden okumaya başlayınca da:

"Çocuklar, bizim bağırmamız hocaya fena gelir. Bu gürültü hocanın baş ağrısını fazlalaştırır. Bu dert, bir kuruşa değer mi?" dedi.

Hoca ise inleyerek yattığı yerden:

"Doğru söylüyor, başımın ağrısı fazlalaştı, haydi gidin" dedi. Çocuklarda dersten kurtuldular.

Senin yaptığın da budur, senin içinde kendini hasta etmekle uğraşan çok güçlü bir kök inanç var ve o kök inancı ektiğin topraktan geri sökmezsen sana kimse yardım edemez!

Eğer ben sana bu konuda yardım etsem bile sen başka bir sorun çıkaracaksın, sen sorunlara tutunmayı seviyorsun, çünkü bu sana güç veriyor, bu sana tatmin veriyor, bu senin yalnızlığını gideriyor, beni anlıyor musun? Hastalık yoktur, hasta olduğuna ilişkin inanç vardır, hastalıklı düşünce vardır. Varlık nasıl hasta olabilir? Sen ne bir düşünce ne bir zihin ne de duygusun, sen sadece var olansın, bunu unutma!

Seni izliyorum ve senin gibi hastalık hastası adı altında kendini etiketlemiş ya da toplum tarafından etiketlenmiş yüzlerce insan var. Onlar doktor doktor dolaşırlar. Önce vücutlarında ağrı duyarlar ve gittikleri doktor bir şey bulamaz, onları ağrı merkezine yönlendirir. Sonra orada da bir sonuç çıkmaz, görünen bir rahatsızlık yoktur ve en son psikoloğa yönlendirirler.

Sen psikoloğa gidersin ağrın geçer, sonra başka bir ağrıya tutunursun. Bu sefer bacağın ağrır, bacağın geçer, kolun ağrır. Ağrıların ve şikâyetlerin hiç bitmez. Kendinden kuşkulanır hale gelirsin. Kalp doktoruna gidersin, sonuç temizdir ve zihin başka bir hastalığa tutunmak isteyecektir. Koştura koştura beyin cerrahına gidersin. Orada da sonuç temizdir.

Senin hiçbir şeyin yoktur, gerçekte sen sapasağlamsındır, ancak senin düşüncelerin hasta olduğu için kendini hep hasta sanırsın.

Peki neden? Çünkü sen zihnin oyununa geliyorsun. Zihin ilgiyi sever. Hasta olduğunda torunların yanına koşturur, oğlun gelir, kızın gelir, gelinin gelir, onların elinden bir tas çorba bile içsen bu senin içini okşayacaktır. Senin tüm niyetin ve dileğin ilgi görmektir. Zihin sevilme, ilgi görme ihtiyacı içinde bulunduğundan hastalık yaratmaya başlar, o hastalıkla uğraşmaktan hoşnuttur. Otur ve biraz zihni izle onun çalışma mantığını göreceksin.

Ve sonrasında zihindeki kök inanca ulaşarak onu ektiğin topraktan çıkar, kökünü eline al. Yoksa o sürekli yabani otlar açacaktır, sen yabani otları topladıkça başka yerden yine yabani otlar bitecektir, o yüzden köke ulaşman ve onu topraktan çıkarmanı söylüyorum.

Eğer o zehirli köke ulaşır ve onun yerine bir gül tohumu ekersen yaşamın renklenmeye başlayacak ve varlığın bir gülün kokusuyla dolup taşacaktır.

Tüm etiketlerden sıyrılarak öze dönüşümünü gerçekleştir. Bu dönüşüm senin izninle senin içinde gerçekleşir ve bunun için en uygun zaman şimdidir!..".

Soruyorsun: "UK, yarınlar için ne düşünüyorsun?"

"Yarınlar...

Bu bana çok yabancı, onunla hiç karşılaşmadım, bu anı, şimdiyi görebiliyorum; fakat başka bir zaman dilimini hiç görmedim, ya sen? Sen görebildin mi? Göremedin, onu göremezsin, olmayan bir şeyi nasıl göreceksin?

O halde yarın için bir şey düşünmem akıllıca olmaz. Senin yarın dediğin şey zihnin bir yanılsamasıdır, o hiç gelmeyecek, vuku bulan her şey anın içinde tezahür eder.

Sana bir sır vereyim: İnsanlar yarını düşünür, onlar gelecek hayali içindedir ve onların asıl amacı hayata tutunabilmektir, bu onları psikolojik olarak rahatlatır. Çünkü insanlar yarına kalabilmek için uğraş verirler. Ben senin hayata tutunmanı değil yaşamanı söylüyorum. Bunu iyi izle, ne demek istediğimi anlıyor musun? Tekrarlıyorum. Ben senin hayata tutunmanı değil, yaşamanı söylüyorum!

Şu andan başka bir an yok, o halde dans et, şarkılar söyle, çılgınlar gibi zıpla; atla, koş; bırak sana deli desinler; hayata tutunup onun her anını kaçırarak bir ölüden farksız kalacağına, yaşamayı seçerek hayatı sonsuzlaştırabilirsin.

Önemli olan çok yaşama meselesi değil, yaşamın tadını çıkarabilmenin derin coşkusudur.

Allah'a güven, sen O'na güvenmediğin ve tevekkülün (bağlılığın) sağlam olmadığı için mustarip durumdasın. Kulsun; fakat Allah'a haşa güvenmiyorsun? Bana soruyorsun, 'UK yarınlar için ne düşünüyorsun?' diye.

Şimdiyi yaşamak varken, zihnin oyunlarına gelmek niye? Kendinden kaçtığının farkında mısın? Kendinle baş başa kalmaktan korkuyorsun, çünkü senin içindeki bugüne kadar bastırmış olduğun duygular yarattığın o boşlukla birlikte ortaya çıkacaktır ve sen tüm seslerden arınarak kendinle baş başa kaldığında o duyguların açığa çıkmasından çekiniyorsun. Senin yarını bekleme, yarına yatırım yapma çabaların kendinle yüzleşmekten kaçtığın içindir.

Fakat nereye kadar? Bu kaçış ne zaman son bulacak? Kendinle bir kez yüzleştiğinde bütün o yükü gereksiz yere, yaşam boyunca taşımak zorunda kalmayacaksın, o halde bu yükü taşımanın ne anlamı var?

İnsanları izle, onlar aşk acısı çekiyorlar. Kendilerini değiştirmekten korkan insanları izle. Bastırdıkları duygularla karşı karşıya kalmaktan korkan zavallıları izle. Onlar kendilerini değiştiremedikleri için sürekli olarak sevgili değiştirmek zorunda kalırlar.

Bu insanlar hep başkalarının değişmesini isterler, değiştiremediklerinde ise karşılarındaki insanı suçlarlar, çünkü onlar bu şekilde psikolojik bir rahatlama hissederler.

Sen kimsenin aracı değilsin, eğer birisi seni araç olarak kullanıyorsa, senin üzerinden mutluluk sağlamaya çalışıyorsa, o bir âşık değil, o bir dilencidir. O bir mutluluk dilencisidir, o bir sömürücüdür, o bir aşk katilidir.

Evet, o bir katildir, o senin saf aşkını katletmek için uğraş veriyordur, bunun bilincinde değildir, bunun farkında değildir; ancak o bir aşk katilidir. Buna dikkat et!

Gerçek âşık seni özgür kılar, o sevgisiyle seni boğmaz, o senden ne alabilirim değil, sana ne katabilirim düşüncesindedir. O aşkla bütünleşmiş ve aşkın kendisi olmuştur, onun baktığı her yer aşkla doludur. O seni mutlu olmak için kullanıp atmaz, o zaten mutludur ve o mutluluğunu paylaşmak için seninle birlikte gökyüzüne uçmak ister. O seni gökyüzünden indirmez, özgürlüğünü elinden almaz. Yarınları düşüneceksen aşkı unut, o zaman aşkın doruklarına ulaşamazsın.

Bir hikâye okudum:

Bir Japon savaşçı düşmanlarına yakalanır ve hapse atılır. Ertesi gün sorguya çekileceği, işkence edileceği ve idam edileceğinden korktuğu için o gece uyku tutmaz. Ancak bir süre sonra ünlü bir Zen ustasının sözleri aklına gelir: 'Yarın gerçek değildir, bir yanılsamadır! Tek gerçek şimdidir!' Bu sözleri düşündükçe savaşçı rahatlar ve uykuya dalar.

Uyku sorunu çeken milyonlarca insan var, neredeyse yeryüzündeki insanlığın yarısından fazlası uykusuzluk sorunu yaşamakta. Çünkü onlar yatağa başlarını koydukları anda planlar yapmaya başlıyor, düşünceler yoğun bir şekilde etraflarında uçuşuyor, onlar yaşama tutunmak için yaşayan insanlardır.

Uyuyacaksan uyku ol, yürüyeceksen yürümenin kendisi ol, seveceksen sevgi ol, ne yaparsan yap yaptığın şey ol ve tüm bunlar ancak kendi özünle buluştuğunda olduğunda gerçekleşir.

Varoluşa güven, o sana sunacağını sunacaktır, merak etme, sen onun işine karışma. Yaradan sana sevmeyeceğin bir şey sunmaz, sen Yaradan'a güven. Senin önce güven sorununu çözmen gerekiyor, senin önce kendi evine dönmen gerekiyor. Eğer içeride olsaydın ve varlığınla kucaklaşsaydın bana yarınları sormayacaktın. Ona gerek duymayacaktın. Anın tadını çıkarıyor olacaktın.

Yaşama tutunan insanlar kafalarına odaklı yaşarlar, ben derinlikten yanayım, önce yüreğini okşa, sonra başarı gelecektir. Huzurun yolu kalbindir, başarının yolu ise aklındır ve dengede yaşamak güzeldir. Hiçbir şeyi reddetmeden...

Eğer yaşamın bir sunusunu reddedersen onu kilitlersin, kilitli bir yaşamı açmak için bütün enerjini harcıyorsun. Mantığını aşkta kullanma, aşka mutlak teslimiyetle koş, mantığını alışverişte kullan, onu pazarda-markette kullan, fakat mantığını aşkta kullanma.

Unutma, huzurun yolu kalbindir, onun mantıkla hiçbir ilgisi yoktur, o mantığın olmadığı yerde doğar. Aşk mantığın olmadığı yerde çiçeklenir, bunu izle, göreceksin. Senin aşkın yalnızca huzurun yolunda çiçek açacaktır. Sen yaşamı aşka dönüştür, o zaman yarın denen bir illüzyonla ilgilenmeyeceksin."

Soruyorsun: "UK, takip ettiğim kadarıyla yüzü aşkın özlü sözünüz var, bunlar nasıl ortaya çıkıyor ve hepsi tek tek aklınızda mı?"

"Özlü söz... Adı üzerinde özle bütünleşmiş söz ve onlar özden gelir. Onlar merkezden, onlar varlıktan yükselerek yüreklerle buluşur. Beş yüze yakın özlü sözüm olduğu söyleniyor fakat hiçbiri aklımda değildir. Ben aklı sözlerle doldurmuyorum, sözler sadece işaretçilerdir, zihin denen deponun içi ne kadar sessiz kalırsa o kadar huzura yakın olursun. Benim yolum yürek yolu, zihnin ötesinde sözlerin bir anlamı yoktur. Onları paylaşmak güzel, şimdi hafızamda tutmanın ne anlamı var?

Bilgi çöplükten başka bir şey değildir, onu içselleştir ve farkındalık doğsun, sonra onu unut. Bilgiyi yük olarak taşımanın artık bir anlamı yok, farkındalık sana her zaman ışık tutacaktır. Ben farkındalıktan yanayım. Sen bir kez farkındalığa ulaştığın zaman karanlık gelen yaşam artık aydınlanmaya başlar.

Bende hafıza yok, o yüzden hiçbir özlü sözümü hatırlamıyorum. Onları not ediyorum, bırakıyorum kâğıtlar sözleri taşısın, zihni neden yüklerle doldurayım?

Özlü söz de olsa onu zihninde tutman anlamsız, onu yaşamında uygula ancak onu bilgi olarak saklama, bunun hiçbir anlamı yok. Sözleri yıllarca saklı tutmak seni sadece yoracaktır.

Dinginlik güzeldir. Dinginlikten huzur doğar, kalabalıktan ise yorgunluk. Bunu unutma!"

Soruyorsun: "Hocam yazılarınızı okudukça sizi bazen Mevlana'ya, bazen de Osho'ya benzetiyorum, bu konu hakkında bir açıklama yapar mısınız?"

"Osho kendi merkeziyle buluşmuş bir varlıktı, Mevlana kendi özündeydi, Krişnamurti kendi varlığıyla buluşmuştu, bir ermiş kendi merkezindedir. Ve öz birdir, tek bir zihindir. O senin zihninin ötesinde olandır ve sen kendi zihninle bakarsan bunu asla göremezsin. Onu nasıl göreceksin? Aydınlanmamış bir zihinle aydınlanmış birini nasıl anlayacaksın?

Onlar ayırt edilemez, onlar zaten birdir. Bir papatya papatyadır. Ona sağından da baksan, solundan da baksan, yukarıdan da baksan o diğer papatyalarla aynıdır.

Ve 'Varlığı çiçek açmış insanlar özde birdir' derken sana anlatmak istediğim budur.

Benim varlığım çiçek açmış, Osho'nun varlığı çiçek açmış, Mevlana çiçek açmış, Buda çiçek açmış; şimdi bunları nasıl ayırt edeceksin?

Nereden bakarsan bak, hep aynı şeyi görürsün, göreceğin sadece bir çiçektir, başka bir şey göremezsin. O halde bu soru yanlış, yanlış bir iz üzerindesin. Bu çok anlamsız, normalde buna cevap vermem, fakat senin zihnin nedenlere bir cevap bulamazsa çatlar, o resmen çatlar. Kafayı yiyecek duruma gelirsin. Benim yanımdayken kafayı yemene izin vermiyorum, ama ben buna müsaade etmiyorum. Eğer sen buradaysan ve bu yazılanları anlattıklarımı yüreğinle okuyorsan farkındalıkla dolacağına inandığın içindir. Bu senin seçimin, burada olmak, şu an seninle karşı karşıya olmak bizim seçimimizdir. Ben senim, sen de bensin! Bunu izleyebiliyor musun?

Sen varsan ben varım, sen yoksan ben de yokum. Zihnin içinden bakarsan farklı farklı şeyler görürsün, zihnin ötesinden izlemeye başlarsan biri görürsün, aradaki farkı izleyebildin mi? Eğer zihnin ötesine geçersen çok net izleyebilirsin. Ne söylediğimi anlayabilirsin, yoksa şaşıracaksın, çünkü mevcut zihnin içindeyken birliği göremezsin, zihin sürekli böler, çarpar, toplar, çıkarır. Zihin hesaplarla uğraşır. Zihin benden bir kopya yapmak ister, zihin senden bir kopya yapmak ister, zihin klonlamayı sever. Anlıyor musun?

Zihin çok kurnazdır ve sen ona uyarak benim karşıma dikilirsen çarpılırsın; çünkü ben onu bir anda durdurabilirim. Tıpkı aracınla yolda giderken arabanın bir anda arıza yaparak stop etmesi gibi!..

Fakat rahat ol, zihni durdurmak kötü bir şey değildir, tam aksine sen göremediğin hakikatle kucaklaşmış olursun. Zihni bıraktığın anda hakikat tüm ihtişamıyla ortaya çıkar. Hakikat ne fenomenolojik ne de felsefidir, o özün aynasıdır, o çok basittir. Sen araba kullanırken hakikati kaçırabilirsin, çünkü arabada yaşamın güzelliklerini ıskalarsın, onları göremezsin, beynin sürekli çalışıyordur, o arzular ve planlar içindedir, o gelecek hayalleri içindedir. Oysa hakikat, o basitçe oradadır, en güzel meyvesiyle karşındadır. Ben dünyaya tutunmayla ilgilenmiyorum, ben basitçe hakikatle ilgileniyorum.

Ve hakikat tek bir bilinçtir. Bir gün bir belgesel kanalında okyanusta buzların üzerinde sürüklenen kutup ayılarını izliyordum, onlar avlanmak için bir ay boyunca aynı büyük buz parçasının üzerinde yüzmek zorunda kaldılar. Ve bir gün buzullar eridi, tüm kutup ayıları aynı okyanusta bütünleştiler!

Okyanusa daldığın zaman artık herkes okyanus olmuştur, tek bir zihin halinde yeniden bütünlüğe ulaşırsın. Anlıyor musun? Osho başka bir buzulun üzerindeydi, Mevlana diğer buzulun üzerinde, Şems farklı bir buzulun üzerinde ve buzullar eridiğinde herkes okyanusla bütünleşir.

Ben okyanusun içindeyim, Mevlana okyanusun içinde ve sen hâlâ okyanusun üzerindeki buzuldan bizi izliyorsun, çünkü sen zihni aşamadın ve bu soru o yüzden doğdu. Eğer sen de zihni bıraksaydın ve okyanusla bütünleşseydin bu soru doğmayacaktı. Şimdi sen kendi buzulunun üzerinde okyanusa bakarak şöyle soruyorsun:

'Hey! UK, Mevlana, Şems, Osho, Krişnamurti, Maharaj, Buda, siz birbirinize benziyorsunuz, sizi nasıl ayırt edeceğim?'

Parçalarla, bölmelerle, ayırmalarla niye uğraşıyorsunuz? Sen okyanusun içinde, okyanusa dönmüş, onunla bütünleşmiş olanı nasıl ayırt edeceksin?

Hâlâ buzul parçasının üzerinden bize bakıyorsan bu durumda göreceğin sadece bir tek okyanus olacaktır."

Soruyorsun: UK. Sizin dininiz nedir? Korku dinde olmalı mı?

İlk soruna ayet ile cevap vereyim:

Allah katında tek din İslam'dır. (Âli İmran-19)

O halde benim de dinim İslam'dır. Ancak herkes Müslüman fakat farza, Allah'ın emrine tam anlamıyla uyan ne kadar kul var? Ve unutma ki bu yol sevgi ile olmalı. Sevgi ile olan her şey daha kutsaldır, daha çok huşu getirir.

Ve en kutsal yolculuk insanın kendi içine, evine olan yolculuğudur. Orada yaradan vardır. Senin derinliğinde yaradan vardır. Senin ruhunda Allah'ın ruhundan bir parça vardır, o yüzden din içeridedir.

Din senin içselliğinde, din senin güzelliğindedir, din senin sevgindedir. Sen sevgi ile doluysan cennetle kucaklaşırsın. Bu yüzeysel bir mesele değil, derinsel bir hissediştir.

İkinci sorunda ise "Dinde korku olmalı mı?" diyorsun. Bu çok ince bir ayrımdır. Allah'tan korkmak insanlara farklı yansıtıldı. Allah'ın gazabından kâfirler korksun, Allah'ın gazabından müşrikler korksun. Allah'ın gazabından kul hakkı yiyenler korksun. Ancak sen neden korkacaksın?

Şayet iyi bir insan isen, kalp kırmaktan korkuyorsan, merhametli isen neden korkacaksın? Bir de Allah'ın emirlerini yerine getiriyorsan... Ne mutlu sana.. Varsa hatan çok tövbe et Rabbimiz rahmandır, affı çok sever.

Ancak bu pedagojik bir baskı ile bize yanlış öğretildi. Ta çocukluğumuzda bize, "Taş olacaksın, Allah seni yakacak, çarpılacaksın, cehennemde kızgın ateşlerde yanacaksın" diye dayatılarak korku yerleştirildi. İnsanlar bu sefer Allah'a yakın olmak yerine uzaklaşmaya başladılar. Bu dengeyi kuramadılar...

Zaten insanların çoğu sevap için Allah'a yaklaşmakta o zaman nerede kaldı Aşk?

İnsanları izle, onlar korktukları zaman Allah'a sığınıyorlar yahut onlar hasta olduklarında ellerini Rabbimize açarak şifa bekliyorlar. Onlar namaz kılıyor fakat çoğu insan namazı korkudan kılmakta, onlar cehennem korkusu yüzünden namaz kılmakta. Şimdi korku varsa namazı nasıl hissedeceksin? Korku varsa Allah'ı nasıl hissedebilirsin? Ben sevgiden yanayım, ben namazın sevgi ile kılınmasından yanayım. Sevdiğim bir hikâye var:

Adamın biri elinde büyük bir bıçakla camiye dalar ve sorar:

"Aranızda Müslüman olan var mı?"

Korkudan kimse bir şey diyemez. Birazdan yaşlı bir adam ayağa kalkar:

"Ben Müslüman'ım" der.

Bıçaklı adamla yaşlı adam camiden çıkarlar. Adam dışarıdaki inek sürüsünü gösterip:

"Amca, şunları kurban edeceğim de ben beceremem yardım eder misin?" der.

Yaşlı adam bayağı bir hayvanı kestikten sonra 'ben yoruldum başka birini bul' der.

Adam bu sefer kanlı bıçakla yine camiye girer ve sorar:

"Aranızda başka Müslüman var mı?" Az önceki adamı doğradığını düşünen cemaat çok korkar ve herkes aynı anda imama bakar, imam:

"Ne bakıyorsunuz öyle? İki rekât namaz kıldırdık diye hemen Müslüman mı olduk!"

Korku böyledir, o insanı hemen saptırır. Korkarsan yüzeyde yaşarsın ve senin ibadetin zihninde kalır, hissedemezsin.

Şayet seversen o senin içine işler, namaz senin içine işler, derinselliğinde sevgi ile beslenir ve sevgi ile yayılırlar.

Ve benim yolum sevgi yoludur, aşk yoludur, ilahi olan budur. Sevginin olduğu yerde yaradan vardır, çünkü o vedüddür bunu asla unutma!

Soruyorsun: "UK, teslimiyet hakkında çok şey okudum, sizin yorumunuzdan da teslimiyet hakkında düşüncelerinizi alabilir miyim?"

"Sana teslimiyet hakkında bir bilgi vermem, fakat teslim olma konusunda senin kendi doğrularını bulmana yardımcı olabilirim.

Beyaz ya da elektronik eşyan bozulduğunda ne yapıyorsun? Onu servise teslim ediyorsun, öyle değil mi? Ya da fiziksel olarak hastalandığında kendini doktora teslim ediyorsun. Ancak çok önemli bir şeyi ıskalıyorsun: Sen dibe vurduğunda, ruhsal sıkıntı içinde kaldığında kendini Yaradan'a teslim etmiyorsun!

Aldığın ürünlerin bir garanti süresi var ve onlar süresi dolunca bitiyor, oysa senin garantin Yaradan tarafından son nefesini verene kadar sürer ve sen nefes aldığın sürece garanti altındayken içsel sorunlar yaşadığında Yaradan'a teslim olmuyorsun!

Sen kime teslim oluyorsun? Uzmana, ustaya, psikanalistlere teslim oluyorsun. Sen garantilisin ancak seni üretmeyen bir firmada tedavi görüyorsun. Seni tedavi ediyorlar, seni onarıyorlar, sonra başka bir yerden tekrar arıza vermeye başlıyorsun!

Sen geçirgen değilsin, esnek değilsin, sen sert bir duvar gibisin. Neden? Çünkü sen bilgilerle dolusun, sen tabularla dolusun, sen kurallarla dolusun. Bir bebeğe hakaret et, o sana sadece gülümseyecektir ve bir bebeğe teşekkür et, o sana sadece gülümseyecektir. Bebek ne söylediğinle ilgilenmez, o sözcüklerle uğraşmaz, o sözlerin ötesindedir. Sen bir duvarsın ve tüm hakaretleri yakalayan bir mıknatısa dönüşmüşsün.

Yaradan'a teslim ol, Yaradan'ın sana sunduğu yaşama teslim ol ve yaşamın kendisine dönüş, tıpkı bir bebek gibi! O zaman hakikatin içinde yükselen hoş kokularla mutlak huzuru kucaklarsın.

Ancak insanlar direnmeyi seviyor, insanlar tepki vermeyi benimsiyor, insanlar çabalamaya ve enerji tüketmeye alışkınlar ve bu onları sebepsiz yere yoruyor. Bu egonun işidir, ego o kadar sincice hareket eder ki sen onun esiri haline gelirsin. Eğer sen farkında olmazsan o seni bir köleye indirger ve yaşamını altüst eder.

Senin acılara ve direnmeye tutunma isteğin egonun seni yönlendirmesinden kaynaklıdır. Buna dikkat et. O olumsuzluğu kullanarak senin bir şeyler elde etmenden yanadır. Ego arzu ettiği bir şeyi olumsuzlukla kendine çekmeyi iyi bilir. Sen hasta olursun ve herkes senin başındadır, sen ağlarsın ve bir sürü insan teselli etmek için başında bekler. Olumsuzluk, aslında psikolojik doyumunu sağladığın bir yemdir.

Zihinde takılı kalırsan asla teslim olamazsın, kendini hep sorunların içinde bulursun, asla cevaplar dünyasına geçemezsin, çünkü zihin egonun gölgesidir, ona dikkat edilmesi gerekir. Ben yaşamın tüm sunularını sevgiyle kabullenmekten yanayım. Bu mutlak teslimiyet halidir. Ve sen tevekkül içinde olduğunda sana biri hakaret de etse onu içinde yakalayacak bir ego artık olmayacaktır. İçinde direnç gösteren biri yok, sen artık teslim olmuşsundur. Sen artık esnek-geçirgen olmuşsundur. Teslim olduğunda ördüğün duvar kaybolur ve duvar kaybolduğunda tüm olumsuz sesler senin içine girer; fakat içine işlemez. Girer ve çıkar... Sen artık varlık haline dönüşmüşsündür ve varlık olduğunda incinen benlik kaybolur, artık dünyaya ilk geldiğin gibi saf-öz benliğinle incinmez hale dönüşmüşsündür.

Teslim olmak kendini kutsamaktır, o rahmete açılan kapının anahtarıdır. Bir kez gerçek anlamda yaşama teslim olduğunda her şey sevgiye dönüşür ve artık sen aydınlık bir varlık halinde nefes alırsın.

Teslimiyet seni orijinalliğine döndürür."

Soruyorsun. "UK, kendimi çok kötü hissediyorum, artık bir aşkım yok, evlilik hayallerim bile yok artık ve en kötüsü de yaşama olan güvenimi kaybettim. Nasıl bir yol izleyebilirim?"

"Sen zihinsel bir aşktan söz ediyorsun ve bulunduğun durumu izlemen için sana senin dilinden yazacağım. Aşk sadece boyut değiştirir, zihin değiştirir, aşk gider ve başka aşk gelir. Aşk aşktır. Gelen de aşktır giden de... Senin üzüldüğün giden kişi değildir, onun sana sunduğu imkânlar veya koşullardır ya da senin alışkanlığındır!

Ve eğer senin için aşk bir duygudan ibaretse o aşk senden uzaklaşacaktır. Çünkü o gezmeyi sever, o keşfetmeyi sever, o macerayı sever ve seni keşfettiğinde artık ziyaretini tamamlamış olacaktır; bunu kabullendiğinde yaşama olan güvensizliğin kaybolur. Kaybedeceğin bir şey yoktur, korkuların son bulur. Çünkü zihinsel aşkın işleyişini izlemiş ve içinde bulunduğun durumun farkına varmışsındır. Gelen senindir, giden zaten hiç senin olmamıştır, öyle değil mi?

Ve insanlar isyandalar, hayat çoğu için anlamını yitirmiş durumda; çünkü hep başkalarının hayatını yaşadılar. Bu hayat onların değildi, başka bedenlerde, başka ruhlarda hayat buldular ve onlar gidince hayat da anlamını yitirdi. İnsanlığın en büyük sorunu budur. Eğer kendi hayatını yaşamıyorsan yaşadığın hayat senin değildir. Nasıl olabilir ki? Sen kendi inşaatını başkasının temelinin üzerine kurmuşsun ve o temel kaydığında sen yok oluyorsun, sen de bitiyorsun, bütün olay bu. Sen kendi merkezinden uzakta başka merkezlerde mutluluk arıyorsun!

Eğer bana soruyorsan, tek yapman gereken şey teslim olmaktır. Aşka teslim ol, sevgiye teslim ol, hayata teslim ol, akışa güven, ona güvendiğin zaman sana mucizeleri sunar. Fakat insanlar en ufak bir olayda yaşama küserler ve yaşama olan güvenlerini kaybederler. Sen yaşama güvenmiyorsan şimdi o sana nasıl güvensin? Yaşam sensin zaten, senin kendine güvenin yok ve yaşamdan güven beklemektesin!..

Ona renk katacak olan sensin, onu güzelleştirecek olan sensin, sen güzel baktığında güzel görürsün, kirli baktığında kirli görürsün. Yaşama baktığın pencereni silmen gerekecek, yüreğinin üzerinde insanlar tozlar oluşturdu, çevrende olan herkes üzerine bir parça çamur bıraktı ve artık göremiyorsun, sorun bu, bunu izle, izleyeceğin yol budur!

Aşk için endişe etmeye gerek yoktur, o seni tekrar bulur. Ben eski aşkımı istiyorum diye tutturma, bu konuda aşk doktorları türedi, terapistler var ve hiçbiri giden aşkı geri getiremiyor, nasıl geri getirebilir ki? Giden kendisine başka aşk buldu ve onu keşfedecek, yeni macerası güzel, bulunduğu yerden keyif alıyor, o halde neden sana geri dönsün?

Sen olsan haz almadığın bir maceraya çıkar mısın? Giden aşkın arkasından el sallayacak kadar yürekli ol.

Mevlana'ya kulak ver. O yıllar önce yaşamı izlemiş ve şöyle söylemiş:

'Düzenim bozulur, hayatımın altı üstüne gelir diye endişe etme. Nereden biliyorsun hayatın altının üstünden daha iyi olmayacağını?'

O güzel düşünmüş, doğru izlemiş ve yürekten seslenmişler insanlara. Ve bunu kendine sorabilirsin.

Sen nereden biliyorsun ki? Ben de bilmiyorum, ben sadece izlediklerimi yazıyorum. Bana inanmak zorunda değilsin ve bana asla inanma! Bunu sakın yapma. Kendi yaşamını kendin izle. Ben sadece senin olanları izlemen için yardımcı olabilirim.

Kendi doğrunu kendin bul! Senin doğruların gerçek doğru olsaydı aşk gittiğinde yıkılmazdın! Doğrularınla acı çekiyorsan bir yerde yanlışlık vardır, eğer kendi doğrularınla mutluluğa ulaşmışsan yaşamla bütün olmuşsundur.

Ve aldatılmak seni uyandırır!

Kocan ya da hanımla aynı yataktasın ama uyur durumdasın, o seni başkasıyla aldatıyor ve akşam gelip seninle aynı yatağı paylaşıyor. Hiçbir şeyden haberin yok. Onun bedeni seninle, ama aklı diğer kadında ya da adamda...

İkiniz de mezardasınız. Birinin aklı başka tarafta olduğu için yaşamı kaçırır, diğeri ise uyur durumda olduğu için. Her ikisi de mezardakilerden farksızdır ve aldatılmak seni uyandırıyor. Sana sesleniyor: 'Hey kalk! Ben artık seni sevmiyorum, aklım, yüreğim başkasında, seni özgür bırakıyorum. Bak seni aldattım, benimle bu hayatın geri kalan kısmını paylaşmak zorunda değilsin.'

Bitmiş, takılmaya gerek yok, önüne çıkan bu durumdan daha ötesine bakabilirsin.

'Üzülme' der Mevlana ve devam eder: 'Kaybettiğin her şey bir gün başka surette sana geri döner.'

Aşk bittiği için üzülmek niye? Onu yaşadın, ondan haz aldın, aşk yaşadım diye sevinmek varken bitti diye üzülmenin anlamı yok. Sevgiyi yaşaman onu hiç yaşamamaktan çok daha iyidir, öyle değil mi?

Uzatmaya gerek yok, egonun oyunlarına gelme. Eğer bitti ise bitmiştir!

Bitti demek yaşamın bundan sonra zehir olacağı anlamına gelmez, sana değer veren, seni yürekten seven başka biri gelir karşına ya da gelmez. Tezahür eden her şeyi sana Yaradan gönderir ve onun mutlaka bir bildiği vardır. Hediyene, sana göndereceği sürprize odaklan ve teslim ol.

Hikâye çok güzel:

Yas ustası nehirde balık tutuyordu ve saatlerce orada olmasına rağmen oltasına tek bir balık bile gelmemişti. Elinden oltayı bıraktı, olta artık serbestti. Usta teslim olmuştu, balık gelmiyorsa gelmiyordur, dedi ve akışa bıraktı. Usta oturmuş yaşamı izliyordu, nehrin sularındaki akışla ruhunu arındırıyordu ve olta hâlâ denizdeydi; fakat ustanın oltadan bir beklentisi yoktu.

Ve bir süre sonra olta oynamaya başladı, ustanın dikkatini çekti, bacağına dokunuyordu sallandıkça olta. Ve oltayı eline aldı çekmeye başladı. Hâlâ bir beklentisi yoktu ustanın, sadece olanı çekiyordu, olanın ne getireceği belli değildir. Bazen en güzel sandıkların bile senin yüreğini acıtır. Ve usta oltanın ucunda bir ayakkabı gördü.

Gülümsedi. Bir başkası olsa buna isyan ederdi, fakat usta gülümsüyordu; çünkü onun kaygıları yoktur, hayal kırıklıkları olamazdı, usta aydınlanmıştı. Ayakkabıyı eline aldı ve arkasından omzuna bir adam dokundu.

Adam fakirdi ve nehirde yüzerken kenara koyduğu ayakkabısının teki düşerek suların içinde kaybolmuştu. Adamın gözleri sevinç içinde parlıyordu, başka ayakkabı alacak parası yoktu ve ayakkabısını bulduğuna çok sevinmişti.

Usta adamın gözlerine baktı, her ikisinin de gözleri gülüyordu!

Ve senin de yeni bir aşkla gözlerinin gülmeyeceği ne malum? O aşkın bitmesi gerekiyordu; zaten o aşk varken senin gözlerin gülmüyordu! Gülse bile karşındakinin gülmüyordu, çünkü o başkasına âşık olmuştu ve aşk iki kişinin aynı kanatta birleşip özgürleşmesidir.

Aşk tek kanat olmaktır. Fakat senin eski aşkın kanadını bırakmıştı, son zamanlarda çok yorgun olmalısın, çünkü uçmak için bütün yük sendeydi. O başka bir kanatla gökyüzüne havalanmış ve sen onun için yoksun; şimdi ise uyandın.

Yorulmanın bir anlamı yok, onu düşünerek enerjini tüketmenin gereği yok.

Unutma, hayatı hissettiğin kadar yaşarsın, hissetmiyorsan zaten hiç yaşamıyorsundur!"

Soruyorsun: "UK, aşkım dediğim insan şimdi benden çok uzak. Yanımda fakat bana olan ilgisi eskisi gibi değil. Yüreğim yanıyor, bu duygudan nasıl çıkmalıyım?"

"Öncelikle sorunun derinliğine, onun köküne inmek gerekir ve sorun senin 'aşkım' demenle birlikte başlar. Gerçek sevgi tüm ayrımlardan ötedir. Sen 'aşkım' dediğinde orada bir ikililik yaratıyorsun. O saf haliyle aşktır. Ona neden aşk demiyorsun?

'Aşkım' demekle aşkı en başta bitirmişsin, onu öldürmüşsün, hatta ona eziyet etmişsin, aşkı sahiplenmişsin ve zindana atmışsın! Aşkın her yerini sımsıkı bağlamışsın ve o çok acı çekmiş vaziyette!

Aşk sana yalın haliyle, coşku içinde gelmiş ve sen ona 'ım' gibi zehirli bir takı ekleyerek onu sahiplenmiş ve bütün gizemini mahvetmişsin! Gerçek aşkta onun bedeni senden ayrı olabilir fakat onun varlığı seninle buluşur. Ancak sen 'aşkım' diyerek onu kendinden en başta uzak tutmuşsun. Aşk okyanuslarda yüzen bir balık gibidir, fakat sen onu avlıyorsun. Onun özgürlüğü sona ermiş ve o bir tutsağa dönüşmüş.

Aşkı önce sahipleniyor ve sonra da yüreğinin yanmasına izin veriyorsun. Bu oturduğun konakladığın evi ateşe vererek içinde yanmaktan farksızdır. Bu büyük bir ahmaklık!

Aşk sana yolunu aydınlatmak için fener olmuş ve sen onun pillerini çıkarmışsın! Bu yaptığın en büyük cahillik!

Aşk yanında, fakat sana olan ilgisi eskisi gibi değil, senin tüm derdin bu mu?

O senin yanında nasıl olabilir ki? O darmadağın, tutsaklık içinde sıkışmış durumda, şimdi yüreğini nasıl okşayabilir?

'Aşkım' demekle sen kendi kuyunu kazmışsın, kendi mezarını hazırlamışsın ve bunu neredeyse bütün insanlar yapıyor. Herkes kendi kuyusunu kazıyor ve oraya aşkı gömüyor!..

'Sevgilim' demekle de aynı şekilde sevgiyi zindana tıkıyorsunuz ve onu karartıyorsunuz. Kendi karanlığınızda sevgi de kararıyor. Sevginin bütün mucizesini yok ediyorsunuz.

Aşk sana gelmeye çekiniyor, seni tanıyor çünkü. Sevgi senden korkar oldu ve sen hiçbir şeyin farkında değilsin! O sana daha önce geldi, sana şans tanıdı ve sen onu mezara gömdün. Şimdi gelmeye cesaret edemiyor, gelse yine yıpranacak, o halde neden gelsin?

Sen sahiplenmeyi bırakmadan gerçek aşkın doruklarına erişerek orada dans edemezsin.

Uzmanlara bakıyorum; uzmanların tek yaptığı senin öldürdüğün aşkı canlandırmak; fakat bu nasıl başarılacak? Aşk canlansa bile sen aynı sensin! Başka aşklara yelken açsan bile sen aynısın; onu yine katledeceksin! Önce senin değişmen gerekiyor, yoksa girdiğin her kalpte yıkım gerçekleştireceksin.

İnsanlardan aşkı canlandırmak için formüller ummayı bırakarak, gizemli bir duygunun metodu olmadığını idrak ettiğinde yüzeyden uzaklaşarak kendi derinliğine ineceksin. O derinlerde yaşadığın aşk işte Allah aşkıdır. Sen bir kez kendi derinliğine indiğinde baktığın her yerde aşkı göreceksin; çünkü sen artık aşk olacaksın. Yaradan'ın sevgi dolu oluşu bu yüzdendir. O aşktır, O sevgidir, O bütün güzellikleri sunandır. O bütün güzellikleri yaratıyor ve siz onları çirkinleştiriyorsunuz. Onların bütün doğasını katlediyorsunuz. Bu işlemiş olduğunuz en büyük günahtır!

Yaradan'ın huzuruna çıktığınızda inanıyorum ki size şöyle soracaktır:

'Ben sizlere güzel olan her şeyi verdim ve siz onları ne hale getirdiniz. Ben size aşk verdim, sevgi verdim onları yaşayın, derinliğine inin ve onlarla bütünleşin dedim, siz ise benim yarattığım bütün güzellikleri öldürdünüz. Şimdi günahınızın farkında mısınız?'

Birisi mutluluğunu şöyle dile getiriyordu:

'Yaşasın, sevgilim yanımda, çok mutluyum.' Sevgilin yanında olduğu için mutlu olduğunu söylüyorsun, fakat bu aynı zamanda sevgilin birazdan gideceği için mutsuz olacağın anlamına gelir!

Sözcüklerin sihirli etkisi vardır, birazdan sevgilin gidecek ve sen mutsuz olacaksın. Sevgi yanında olsaydı gitmezdi, o gidemez, o senin yanından ayrılmaz. 'Sevgilim' dedin ve onu sahiplendin. Bir insanın en büyük değeri özgürlüktür, özgürlüğü hissetmezse boğulur, sevgin bile onu boğarak öldürür, bu yüzden dengeden ayrılma.

Onu özgür kıl, bırak ne yaparsa yapsın demiyorum, fakat ne yaptığının farkında ol! İnsanlar şöyle diyor: 'Onu özgür kılarsam bu sefer arkamdan işler çevirecek, beni aldatacak.' Ben de sana diyorum ki, onu sahiplendiğinde aldatmayacak mı? Aldatma tam aksine daha çok yayılır, sahiplendiğin insan boğulmaya başlar ve senden yavaş yavaş uzaklaşır. Bana ne yapman gerektiğini soruyorsun. Her şeyi bırak ve kendinle kucaklaş. Her şeyi bırakan insan aynı zamanda her şeye sahip olandır, o var oluşun kendisidir, o artık olmuştur, bunu unutma!

Kendisiyle kucaklaşabilen bir insan herkesle kucaklaşabilir. O yüzden ben sana her şeyi bırak ve kendinle kucaklaş, diyorum. Tek yapman gereken budur, sonrasında güzellikler kendiliğinden varoluşun uygunluğunda karşına çıkmaya başlayacaktır."

Soruyorsun: "UK, artık eski enerjim yok, eski gücüm yok. Enerjim nereye gitti? Enerjimi tekrar kazanmak için ne yapabilirim?"

"Öncelikle şunu anlamalısın, enerji bir yere gitmez; o senin varlığının derinliğinde pasif halde durmaktadır, onu hissedersen aktif hale geçer, ancak sen yüzeydesin. Derinliğine inemezsen onu harekete geçiremezsin. Enerjinin kaybolduğunu sanıyorsun, aslında kaybolan sensin. Varlığını özünü bulamıyorsun, bu en büyük kayıptır!

Sen sende değilken enerjiyi nasıl fark edeceksin? Sen hiç mezarda yatan bir ölüde enerji gördün mü?

Tüm güzellikler içeride fakat sen dışarıda geziniyorsun, dışarıda kaldığın sürece yaşamadığını anlamalısın. Yaradan'a uzak kaldığını anlamalısın. Onun içeride olduğunu ve sen dışarıda olduğun için onu tam anlamıyla hissetmediğini anlamalısın.

İçindeki Yaradan'ı hissedersen enerjinin kaynağına da

ulaşmış olacaksın. Muhteşem bir gücün var ve sen onu uyutuyorsun. Enerjini tekrar kazanmak istediğini söylüyorsun.

O senin içinde, sende olan bir şeyi nasıl kazanacaksın ki? O bir yere gitmedi, zaten sende. Ancak sende olmayan bir şeyi kazanmak isteyebilirsin. Enerji zaten varlığında, onun evi orası. Sen evden uzak olduğun için onu duyumsayamıyorsun, anlıyor musun? Bu kazanılacak bir durum değildir, sadece enerjinin kaynağının derinliğinde aktığını idrak et, bu kâfidir. Başka bir şey isteme, başka bir şey arama.

Sadece izle!..

Yaşam yolculuğunda mutsuzluk, öfke ve stresi reddederek onların derinliğine inemezsen, yüzeysel bakarsan, onlara çok büyük bir enerji katmış olursun!

Buna dikkat etmelisin. Enerjin var ve bu duygulardan biri seni ziyaret ediyor. Sana yaklaşıyor ve çarpışmak istediğini söylüyor. Hemen kolları sıvıyorsun. Hemen taarruza hazır durumdasın ve ego sana saldır emrini veriyor.

Fakat karşında bir duygu var, hem de evrenin sonsuz enerjisiyle donanmış bir duygu ve sen ona karşı kolları sıvamış durumdasın. Bu artık aptallığı aşıyor!

Eğer o duyguya karşı savaş açmayı bırakarak duygunun derinliğine inersen, onunla bütünleşmiş olacaksın ve onunla bütünleştiğinde duygu-düşüncenin enerjisiyle de bütünleşmiş olursun.

Sen ne yapıyorsun? Onunla savaşıyorsun. Onunla savaşmak demek kendi enerjini karşı tarafa doğru akıtmak demektir, ben senin tezahür edeni kabul etmenden ve onun enerjisiyle birleşmenden yanayım. İnsanları izliyorum, onlar yaşamla boğuşmaktan yoruluyor, yaşam insanlar için bir savaş alanına dönmüş durumda, onlar kendi savaşlarını kendileri hazırlıyorlar. Savaş da sensin, savaşan da, bunu unutma; vaki olan her şey senin içinde gerçekleşir. İnsanlar sadece görünen bir beden olduklarının idraki içindeler, görsel bedenin dışında nefes aldıkları dünyanın onların görünmeyen bedeni olduklarının farkına vardıklarında tüm sorunlar bir anda buharlaşacaktır.

Sadece yaşamı izle!..

Bunu sana sık sık söylüyorum. Bir şey yapmana gerek yok, erişilecek bir yer yok, sadece olduğun seni bul, bu kadar!.."

Soruyorsun: "Çocuğum hareket ve davranışlarını benimsemediğim birisiyle arkadaşlık ediyor, onu bu durumdan nasıl kurtarabilirim?"

"Çocuğunun sevgi dolu olduğunu söylüyorsun ve buna rağmen arkadaşının sevgisizliği üstün gelecek ve oğlun da sevgisiz kalacak diye endişe duyuyorsun. Birincisi, sen oğluna güvenmiyorsun. Sevgi, sevgisizliği eritir ve sevgiyle bütünleştirir ve sevginin olduğu yerde sevgisizlik kaybolur. Artık korkular anlamını yitirir; fakat sen oğlunun değişeceği yönde kaygılanıyorsun, diğer çocuğun oğlunu görerek sevgiyle bütünleşebileceği ihtimalinin farkında değilsin.

Şöyle bir söz var: 'Bana arkadaşını söyle, sana kim olduğunu söyleyeyim.'

Ben de sana diyorum ki, oğlunun arkadaşı kim olursa olsun onun varlığında sevgi vardır ve o, senin sevginle birlikte kendi varlığına dönebilir, sevgiyle kucaklaşabilir, buna sen vesile olabilirsin ve bu çok anlamlıdır, bu çok kutsaldır. Tüm bunların olabilmesi için öncelikle senin kendine güvenmen ve sonra oğluna, en sonunda da yaşama güven duymaya başlaman gerekecektir. Sen yaşama güvendiğinde o da sana güvenecektir. O senin aynan, o senin içsel düşüncelerinin bir yansımasıdır, sen yaşama güvenirsen o da sana güven verecektir.

Yaşam ve sen ve güven. Ayrım yapmaya gerek yoktur, vuku bulan olan her şey bütüne aittir ve sen yaşamın kendisisin. Dışarıda olan her şey senin içinde olup biter, olayları dışarıda gösteren ve seni oyunlarıyla meşgul eden zihnin kendisidir ve zihin sürekli hep senin dışarıda kalmanı ister. O kendisini keşfedildiğinde kontrolü kaybedeceğini çok iyi bilir, artık o bir efendi değil senin hizmetkârın olacaktır ve bu durum zihnin işine gelmez; o sürekli sorunlarla uğraşacaktır, çünkü o egonun bir yan ürünüdür!

Ve bir insanı kaybetmek çok kolaydır, onu tekmelersin ve gider, bu kadar. Artık o senin için bitmiştir, fakat onu kazanmak ve dünyaya kazandırmak, sevgi dolu bir insanın varlığına yakışandır ve olması gereken budur. Yoksa nasıl daha güzel bir dünya bekleyebilirsin?

Yaşamın sana sundukları karşısında güvensizliğe düştüğüne ilişkin savunman olabilir, çünkü insanların yaptığı budur. İnsanlar bir mazeret fabrikasına dönüşmeye başladılar ve kendi içlerinde olup biteni göremeyecek kadar kör duruma geldiler. Güneş her gün yeniden doğar, o asla karanlığın kendi yerini aldığına ilişkin gücenme içinde değildir ve yıldızlar da öyle. Yaşam her gün yeniden doğuyor ve varoluşun içinde kırılma yoktur, varoluş bütündür ve önde olan her zaman arkasından geleni çeker. Güneş ayı çeker, ay güneşi ve biri ekranın ön tarafına düştüğünde diğeri arkasında kalır. Benim bütünlük dediğim budur.

Sen de bu bütünün bir parçasısın, ancak kendine olan

güvensizliğin olanları görmene engel oluyor. Güneş de içinde açıyor, ay da ve yıldızlar da senin içinde, bulutlar da. Çiçek senin içinde açıyor ve kuruyor sonra tekrar açıyor ve yaşama küsen hiçbir şey yok. Ve bütün bu olanlar senin içinde gerçekleşiyor, güvensiz birinin içinde. Şimdi yaşam sona nasıl güzel gelebilir ki? Sen kendi içinde olan bitenden habersizken yaşamın tüm bu güzelliklerine nasıl tanık olabilirsin?

İçinde bütün bu güzellikler oluşurken sen onları ıskalıyorsun, hepsini kaçırıyorsun; çünkü sen kendine dönmek yerine dışarıda başarı, mükemmellik peşinde koşuyorsun. Kendini keşfetmeden neyin başarısı bu? Neyin mükemmelliği? Aradığın nedir? İçinde hepsi fazlasıyla var. Evren dediğin şey senden öte bir şey değil, olanların kendisi sensin, bütün diğerleri sensin!

İnsanlar bana soruyorlar:

'UK, neden başarılı olmam konusunda bana fikirler sunmuyor ve yardımcı olmuyorsun?'

Benden böyle bir kötülük isteme, bunu ne kendime ne de sana yapabilirim! Ben senin başarılı ya da mükemmel olmanla ilgilenmiyorum, benim için önemli olan, bu dünyada yaşayan herkesin kendi özünü bulmasıdır. Ben seni kendin olman yönünde sadece düşündürebilirim!

Önemli olan senin içinde bir parlamanın oluşması, aydınlık içinde gerçekleşirse bunu varlığın hissedecektir, eğer aydınlık için dışarıdan birisinin sana fener tutmasını istersen gerçekleşecek bütün bu güzelliklerin anlamı kalmayacak, olanları hissedemeyeceksin. O çok yapay olacaktır ve sen bundan asla haz alamazsın.

Bu bir tavşanın ormandaki güzelliklerin farkında olmayarak kente inmesi gibidir. Tavşan kentte mutsuz olacaktır, belki canlı bir yaşamı olacaktır ama bu taze bir yaşam olmayacaktır. Taze yaşam varlığın içindedir, taze yaşam doğallığındadır ve tavşan ormana döndüğünde huzuru kucaklamış olacaktır.

Çocuğunu bu durumdan nasıl kurtarmak istediğini bilmek istiyorsun.

Çocuğunun kendi seçimlerini kullanmasına izin ver ve bırak kendi deneyimleriyle hakikati bulsun. Senin doğruların onun boynunda ancak yük olacaktır. Sen önünde diz çöken bir kuzu yaratmak istiyorsun, onun doğasında aslan olmak varsa buna engel olma, onun orijinalliğini bozma, o kendi yolunu model alarak bulacaktır."

Soruyorsun: "UK, sebepsiz yorgunluklarım var ve kendimi kötü hissettiğimde sizin yazılarınızı okuyorum fakat uygulamak konusunda zorluk çekiyorum. Ne yapmamı önerirsiniz?"

"Senin sebepsiz yorgunlukların yaşamı taşıma fikrinden doğmaktadır. O çok büyük bir yük, onu nasıl taşıyabilirsin ki? Fakat sen farkında olmadan onun bütün yükünü üstleniyorsun ve bu sana çok fazla yorgunluk veriyor, artık yaşamı kendini kaldıramaz hale geliyorsun!

Ve batmaya başlıyorsun, dibe vurmaya... O kadar dolusun ki bir bataklığa saplanmış gibi kalıyorsun, kilitleniyorsun, ne yapacağın şaşırıyorsun. Evet, tüm bunlar hayatı taşıdığın için gerçekleşiyor.

İnsanlar soruyor: 'UK, bu söylediklerinin çok güzel, fakat yaşamda uygulamak konusunda sıkıntı yaşıyorum.'

Zihin sınırlıdır, varlık ise boyutsuzluktur, sonsuzluktur, o sınırsızdır. Ve zihne sığınırsan engellerin, sorunların yaratılmasına izin vermiş olursun. O zaman bin bir çeşit sorunla karşı karşıya kalacaksın; çünkü onları yaratan zihindir, o zehirli bir ağaç gibidir ve onun meyveleri de sorunlardır. Sen ne kadar sorun çözersen çöz, ağacı kökünden kurutmadıktan sonra zehirli ağacın meyve vermeye devam eder. Salt varlığını hissederek yaşarsan, bir anda birçok yerde olabilirsin. Hem dünyanın kuzeyinde hem güneyinde... Hem batısında hem de doğusunda! Aynı anda birçok yerde...

Varlık seni bütün sınırlardan arındırır; o özgürlüktür, o aşktır, o sevgidir, o senin özündür.

Ve bu kadar düşüncen varken asla özgür kalamazsın! Bırak yaşam seni taşısın, sen onu değil! Yaşamın seni taşıyamayacağı fikri bile insanlığın en büyük yüklerinden birisidir, bu düşünceyi bırakarak yoluna devam ettiğinde ise varoluşa teslim olmuş olursun. Teslimiyet bastırma ya da kaçma değildir, tam aksine o, senin özgürlüğüne açılan kapının anahtarıdır.

Yaşam duru bir su gibidir ve o sürekli akış halinde süzülür, onu renkli kılan ve ona anlam katan sen olacaksın. Bir deniz düşün ve içinde balıklar, denizyıldızları, yunuslar varsa o deniz renklidir, anlamlıdır ve o denize çöpler attığında artık deniz sana itici gelmeye başlar. Deniz aynı denizdir, ancak artık o kirlidir.

Yaşam denen duru suya güzel duygular katan güzellikleri görürken, onu kirli düşüncelerle bataklığa çevirenler, içinden çıkamaz hale gelir. Ve yaşam bu şekilde işler!

İşleyiş sana bağlıdır, senin bakış açına göre her şey değişir ve sen güzelleşirsen dünya da güzelleşir, sen özgürleşirsen dünya da özgürleşir. Sen kendini aşk olarak görürsen, aşkın kendisi olursan baktığın her yer aşka dönüşür, sen kendini değersiz bir varlık olarak görürsen bu dünya sana anlamsız, yaşanılması zor ve gereksiz bir yer gibi gelmeye başlar.

İçindeki dünya önemlidir, o senin dış dünyanı şekillendirir, bunun farkında ol.

Ve sana tekrar söylüyorum: Yaşamı taşımak hamallıktır, birçok gereksiz yorgunluğun sebebi budur. Sana yük olan her şeyi bıraktığında hafiflersin ve o yükleri bırakmak zor değildir, zoru var eden zihindir ve zoru var eden zihin bunu kolay da kılabilir. Sen zihnin emrindesin, huzur ve sevginin kaynağına ulaşmak istiyorsan öncelikle onun emrinden çıkmalısın. Bunu idrak etmek demek onun ötesine geçmenin ilk adımıdır ve ona şöyle de:

'Ben tüm inancımla ve samimi niyetimle var oluşu olduğu gibi kabul ediyor ve Allah'a sığınıyorum. Özüme ait olmayan tüm enerjileri kabulle bırakıyorum.'

Bunları söylerken kararlı ol. Önce senin kendine inanman gerekiyor, anlıyor musun? O zaman tüm dünya sana inanacaktır. Kendi inanç ve kararlılığını sorgulamadan yaşamı suçlamayı seçen birçok insan var. Bu en kolay yoldur!

İnsanlar şöyle der: 'Yapıyorum, deniyorum, ama olmuyor!'

Olmuyorsa tekrar dene ve sonra tekrar ve sonra yine tekrarla!

Ve olmuyorsa yaşamı suçlamayı bırak, bu âcizliktir. Sen âciz olamazsın, sen Yaradan tarafında buraya gönderildiğine göre mutlaka önemli bir rolün var! Sen yaşamı suçlamayı bırakarak kendi inanç ve kararlılığını sorguladığında kendine döneceksin. Sen kendine döndüğünde mucizeyi kucaklarsın. Sen en büyük mucizesin; fakat o kadar özünün dışında kalmışsın ki, kendinden o kadar uzaksın ki, hakikati idrak etmekte zorlanıyorsun.

Ve sen kendinden uzak kalıyorsan nasıl özgürleşeceksin? Dışarıda olduğun sürece bağımlı olarak bir yaşam sürersin. Kendini mutlu hissetmek için insanlara gereksinim duyacaksın ve bu çok aptalcadır! Sen özgürlüğünü başkasının ellerine bırakıyorsun ve o izin verirse özgür kalabiliyorsun, senin farkında olmadan yaptığın budur. Senin tüm yorgunluğunun kök sebebi budur.

Kendini iyi hissetmek başkalarına bağımlı olmayı, onlardan sevgi ve ilgi beklemeyi gerektirmez. Sen zaten özgürlüğün kendisisin, senin varlığın özgürlük; fakat o kadar çok zehirli düşünceler taşıyorsun ki, kara bulutlar merkezinin üstünü kapatmış durumda ve sen merkeze-özüne ulaşamıyorsun. Kara bulutların-düşüncelerin içinde sıkışıp kalmışsın. Önce merkezinin üzerini örten kara bulutları bırak, onu bırakacağın an şimdidir. Özüne ait olmayan hiçbir şeyi besleme, onlara tutunma, sadece onları kabul yoluyla sevgiyle bırak ve özgürleş.

Bırakmak kolaydır, zehirli düşüncelere bir anlam katma, onlar senin için olmazsa olmazlardan değildir, onlar olmadan çok daha huzurlu yaşayacaksın ve yarına kalmak için onlara ihtiyacın yok! İnsanlar acıyı benimsiyor, bunun farkında değil ama acıyı istiyorlar; çünkü acı onlara yaşamda var olduklarının hissini veriyor. Buna gerek yok, kendine eziyet etmene gerek yok, yarına kalabilmek için acıya sığınmaya gerek yok!

Denize düşmüşsün ve yılana sarılıyorsun, durumun budur ve buna hiç gerek yok. Denizin eşsiz duruluğuna bırak kendini, zorlama, teslim ol, sen deniz ol! O zaman dalgalar da olsa, önüne kayalar da çıksa buna aldırmayacaksın. Sen artık denizin kendisisin, akışına devam edersin.

Denize düşüp yılana sarılacağına denizin kendisi ol!

İşte bu teslimiyettir, bu özgürlüktür, bu hayatın seni taşımasıdır. Sen her şeyi bıraktın ve akıştasın. Akış, ancak her şeyi bırakarak kendini özgür kıldığında gerçekleşir, yoksa takılıp kalırsın ve dibe çökersin!

Toplumsal koşullandırmalara dikkat et, onlara karşı uyanık olmak gerekir. Toplumun oluşturduğu sistem seni kendinden uzaklaştırmaya yöneliktir, toplum senin özgür kalmanı istemez, kendi başına akmanı istemez, toplum uyum ister ve onların uyumdan kastı seni kendilerine benzetmektir. Sen bir balıksındır ve senin özgürlüğün denizlerdir, denizde özgürce akabilirsin, deniz senin yaşam alanındır ve sen karaya çıkarılmaya koşullandırılırsan boğulmaya başlarsın, daralırsın ve senin sonun gelir.

Ve bazıları bir şahindir, o gökyüzünde özgürdür, onun doğasında uçmak vardır ve onu denizde yüzmeye koşullandırırsan şahin artık eski şahin olmayacaktır, onu kaybedersin, onun güzelliğini yok edersin. Toplum balığı şahine, şahini balığa dönüştürmeye çalışıyor. Toplum seni kendin olmaktan uzaklaştırır, o sana kendi doğrularını benimsetmeye çalışır, ben senin uyanık kalmandan yanayım.

Sana bir balıksın ya da bir şahinsin demiyorum, sadece kendin ne olduğunu bul ve özüne dön, diyorum. Benim özüm denizlerde, ben denizlerde özgürüm ve sen gökyüzünde yükselen bir şahinsen benim doğrularım sana yanlış gelecektir ve o yüzden tek bir nihai doğru yoktur. Fakat insanlar doğruyu aramakla ömürlerini çürütüyorlar.

Doğruyu aramaya gerek yok. Sen olmayan bir şeyi arıyorsun, çünkü doğru yoktur, yanlış yoktur. Senin zihninin bir amaca ihtiyacı var, o cevaplara tutunmak istiyor, o elle tutulur bir kanıt istiyor, zihin yaşama-varoluşa güvenmez o yüzden sana yanlışı ya da doğruyu buldurmaya çalışarak seni kendinden uzaklaştırıyor, ona dikkat et!

Ben sana ne yapacağın hakkında bir fikir veremem, fakat seni ne olduğun konusunda düşündürebilirim! Sen kendine gerçek anlamda döndüğünde içsel sezginden yükselen cevaplarla huzuru kucaklayacaksın!"

Soruyorsun: "UK, her şeye güzel bakmak nereye kadar işe yarar ya da şöyle söyleyeyim böyle bir şey olabilir mi? Hayat çok gri ve bunu insanlara beyaz diye anlatmak illüzyon... Bu arada bloglarınız falan çok iç açıcı, tabii ki insan okuyunca biraz rahatlıyor ama bu hayatı değiştirmiyor, üzgünüm..."

"Hayatın çok gri olduğunu ve bunu insanlara beyaz diye anlatmanın bir illüzyon olduğunu söylüyorsun. Hayatın gri, beyaz, siyah vb. tüm renklerine sahip olduğunu sana söyleyebilirim, bunda haklısın, fakat o sadece gri ve beyaz değil, o tüm renkleri içinde barındırır.

Ve griyi beyaz olarak gösteren ben değilim bu senin yorumun olmalı, beni tanımadan gerçekleşmiş bir yorum olduğuna inanıyorum; çünkü bu dünyada yaşamın sadece mutluluk üzerine kurulu olduğunu söyleyen en son insan ben olmalıyım.

Yaşam mutluluk değildir, o bütün duyguların toplamıdır. Onun bir sunusunu reddetmek yaşamı reddetmektir. Bu onun bütünlüğüne aykırıdır ve ben insanlara asla çok mutlu olun, demiyorum. Nasıl diyebilirim ki? Yaşam mutluluk denen duygudan ibaret değil, bu sadece onları kandırmak olurdu.

Yaşam asla tekdüze değildir, inişli ve çıkışlıdır. Ona düz mantıkla bakarsan sadece düz bir çizgi görmek isteyeceksin, fakat sorunlar ardı ardına gelmeye başlayacaktır. Onun özünde iniş ve çıkış var, senin mantığın ise onu düz bir çizgi olarak görmek istiyor, o halde sorunlar dünyasının kapısını ardına kadar araladın demektir.

Ve ben insanlara asla bir şey öğretme düşüncesi içinde değilim. Bu bencil bir yaklaşım olurdu; çünkü herkes Yaradan tarafından eşit donanıma sahip ve herkesin kendi sezgileri vardır. Benim doğrularım asla senin doğrun olamaz, benim doğrularımı sana vermeye çalışsam seni kendime çevirmiş olurdum ve o zaman ortada bir sen olmazdı, öyle değil mi?

Sen kendin özelsin ve ben sana bir şey öğretmeye kalkmış olsam senin özelliğin kaybolurdu. Kendin olamazdın. Bu bir insanın başkasına yapabileceği en büyük kötülüktür!

İnsanların kendi içlerindeki güzelliklere, cevaplara ulaşmaları adına onlara ancak farkındalık kazandırmış olabilirim. Onlar zaten mevcut bir enerji ve ben onların kendi enerjilerini kullanmaları adına hareket etmelerini sağlayabilirim! Onlara bir şey vermem, ben kendi toprağımda açmış bir çiçeğim ve senin blog dediğin yerler benim toprağım. Ben sadece orada bir çiçek olarak açtım ve bir çiçek asla kimseyi mutlu etmeye çalışmaz.

Çiçeğin varlığı başlı başına bir güzelliktir. Çiçek kimseye gitmez, o herkese eşit mesafededir ve onun güzelliğinden saçan kokuyu hissetmek isteyen yanına yaklaşarak burnunu çiçeklerin üzerine doğru uzatır.

Her insan bir çiçek olarak açtığında dünya yavaş yavaş güzelleşmeye başlar. Çiçek insanlara 'siz de benim gibi çiçek olun' demez. Çiçeğin varlığı güzelliktir ve dileyen herkes bu dünyada çiçek gibi açabilir, çiçek gibi güzelleşebilir, ama kendi çiçeği olarak!

Şöyle diyorsun:

'Bloglarınız falan çok iç açıcı tabii ki, insan okuyunca rahatlıyor ama bu hayatı değiştirmiyor, üzgünüm...

Çiçek iç açıcıdır, ancak o seni değiştirmeye çalışmıyor, öyle değil mi? O zaten kendi dünyasında açmış ve mutlu, o halde seni neden değiştirmeye çalışsın? Ancak sen istersen çiçek olarak açabilirsin, o seni çiçek açmaya zorlamaz. O zaten mutlu, o zaten huzurlu, onun senden bir beklentisi yok ve sen ona şöyle demiş oluyorsun:

'Hey çiçek! Orada açmışsın seni görünce gülümsüyorum, renklerin çok canlı, kokun çok güzel iyi hoş ama bu yaşamımı değiştirmiyor, senden sonra yine mutsuz oluyorum.'

Ve çiçek sana bakıp sadece gülecektir. Senin de bana sorduğun soru bu şekilde. Ve ben sana sadece gülümsemekle kalmıyorum, seni düşündürmek istiyorum, belki kendin bir çiçek olarak açabilirsin. Fakat bu senin seçimindir, ben asla sana karışamam, dilersen varlığında çiçek açabilirsin, dilersen olduğun gibi kalabilirsin!

Yaşamı değiştirmekten söz ediyorsun. Yaşamı değiştirmek istiyorsan, kendi bakış açını değiştirmekle buna başla. Ve şunu asla unutma, yaşam herkese karşı eşittir, onu farklı kılan insanların bakış açılarıdır. İçindeki dünya değiştiğinde dışındaki dünya da değişir, fakat sen önce dışındaki dünyayı değiştirmeye çalışıyorsun, yanılgı burada başlıyor!

Benim içdünya dediğim senin gördüğün dış dünyadır. Senin dış gördüğün benim içimde vuku bulur. Öncelikle dış dünyanın senin görünmeyen bir bedenin olduğunun farkındalığına ulaş.

Ve sen siyahı görebilirsin, ben ise baktığımda beyazı görüyorsam bu benim bakış açımdan kaynaklıdır. Sen kendini karanlıklar içinde görüyorsun ben ise aydınlığın altında açan bir çiçek. Bu senin bakış açınla ilgilidir ve sen ne düşünüyorsan, neye inanıyorsan o olursun!

Ben bir çiçek olarak açtım bu dünyaya, sevgi çiçeği... Senin ne olarak açmak istediğine kendin karar vermen en doğrusu!"

Soruyorsun: "UK, korkularım var ve ben artık yaşamdan tat alamıyorum. Hayat çok karanlık gelmeye başladı, karanlıktan kurtulmam için bana bir yol göster."

Öncelikle şunu hatırlamalısın. Sevginin olduğu yerde korku barınamaz. Sevgi bütün korkuları eritir, ancak sevginin olmadığı yerde korku doğar ve benliği sarar. Sevginin olmadığı yerde artık nefes bile alamazsın, boğulursun!

Sevgi varsa güvenlik vardır ve sevgi yoksa ortalık hırsızlara kalmıştır. O zaman müthiş bir kaygı sarar içini, işte o korku sevgisizliktendir. Senin asıl sorunun sevgisizliktir.

Kendini güvende hissetmiyorsun, kendi derinliğine, bastırdığın duygulara doğru yaklaştığında yaşama karşı güvensizliğini göreceksin. Yaşama güvenmeden yaşayan milyarlarca insan var. Bu bir felaket olmalı. Bu en büyük doğal afet!

Güvenmediğin bir dünyanın içinde nasıl yaşayabilirsin? Aldığın her soluk sana eziyet veriyor, zaman zaman bu soluğu da kesmek istiyorsun, fakat o gücü kendinde bulamıyorsun. Bunları sende izliyorum. Bunlar birçoğunuzda izliyorum!

Karanlıktan söz ediyorsun, dünyanın sana karanlık gelmesi şu durumda çok doğal, çünkü sen onun karanlıklarla kaplı tarafına geçmeyi seçmişsin. Bunu farkında olmadan yapmışsın, ancak şu an karanlık taraftasın! O tarafta olduğun sürece güzel olanı hissedemezsin. Nasıl hissedeceksin? Karanlık bütün güzelliklerin üzerini örtmüş. Güzellikler aslında orada; fakat üzerinde kocaman bir kara bulut var.

Önce kara bulutu kaldırman gerekiyor, öyle değil mi?

Mutluluk ve mutsuzluğun arasında sadece bir kapı olduğu gibi karanlık ve aydınlığın arasında da bir kapı vardır. Karanlık ve aydınlık, nefes alıp nefes vermek gibidir, onlar ayrı gibi gözükse de bir bütünü oluşturur.

Aynı babadan, aynı özden geliyor. Yaşamın özünde karanlık ve aydınlık var, onları birbirinden ayırt edemezsin, sadece kabullenebilirsin. Ve kabullendiğinde ikisinin ortasında bir kapı olduğunun ve kapıyı ne tarafa doğru açarsan o yöne doğru adım atacağının farkına varırsın. Sen kapıyı karanlığa doğru açarak karanlığın hâkim olduğu tarafa geçmişsin. Bunları okurken izle! Zihninde resmet, nasıl buraya geldiğini farkındalıkla yaşaman gerekiyor. Kapıyı ittin ve karanlık tarafa geçtin, sonra kapı kapandı ve sen orada sıkıştın kaldın. Yaşama ilişkin hissedebileceğin neredeyse hiçbir şey yok!

Orada olduğun sürece isyan etmen çok doğaldır. Seni anlıyorum. Oraya nasıl geldiğini çok iyi izliyorum. Dünyana kabul ettiklerin-seçimlerin sonucunda şu an karanlıktasın, fakat şunu unutma, dünyana onları sen kabul ettin, tüm bunlar senin seçimin sonucu oluştu, öyle değil mi?

Ancak bu sorun değil, karanlıkta kalmaya devam edersen sorun olacak, fakat bizim konumuz bu değil. Şu an karanlıktasın ve buna isyan etmenin bir anlamı yok. Karanlıktaysan ancak aydınlığı düşünebilirsin. İnsanlar bu yanılgıya çok düşüyor. Yaşamın kararmış tarafındalar ve aydınlığa ulaşmak yerine isyan ediyorlar. O zaman bir ışık yak, bir ateş yak, bu senin elinde.

Adamın biri Yas ustası UK'ye geldi. Bir elinde mum ve diğer elinde ateş vardı. Ustaya sordu:

'Aydınlık istiyorum, artık aydınlığı görmek istiyorum ve bana dediler ki ışığı görmem için gerekli olanlar kendi ellerimdeymiş. Ellerime baktım, yanmayan bir mum ve bir ateş var, fakat ışık yok!'

Usta gülümsedi, o her zaman gülümserdi. Adamın elindeki ateşi muma doğru tuttu ve aydınlandı!

Bu kadar basittir. Yaşam bir karmaşa değildir, yaşam çok kolaydır, onu zor yapan zihindir, zihni iyi tanı! Zihnin şeytanın kardeşi olduğunu sana söylemiştim ve o seni kandırıyor, aptal yerine koyuyor!

Malzeme elinde, bir tek ışığı ateşlemen gerekiyor. O zaman karanlık eriyecek ve ışık yanacak, güvende olacaksın, ışık olduğunda sevgi olacak ve korkuların bir anda kaybolacak. Korku zaman zaman tekrar gelebilir, onu asla reddetme! Onu kabul etmelisin, onu bastırmak demek, yaşamın bir özünü kabul etmemek demektir ve yaşam tüm bu duygularla birbirine bağlı olduğu için sen bir tanesini kabul etmediğinde yaşamı da kabul etmiyor olursun.

Karanlık, sana aydınlığın güzelliğini, anlamını öğretiyor. Yüreğini büyütüyor. O tarafta çok kalmadığın sürece sorun yoktur. Karanlıktan alacaklarını al ve ışığı yak, hepsi bu kadar.

Hadi şimdi git ve kapıyı aydınlık tarafa doğru aralayarak ışıkla buluş."

Soruyorsun: "UK, ben hep mutlu olmak istiyorum, bana mutlu olmanın bir formülünü söyler misiniz?"

"Bu nasıl bir soru? Sen beni bugüne kadar hiç anlamamışsın!

Sizlere yaşamın salt mutluluk olmadığını, onun bütün duyguları içerdiğini ve ancak bu şekilde bir bütün olduğunu anlatıyorum, siz duymak istediklerinizi mi alıyorsunuz?

Yaşamın bir sunusunu kabullenmemek, yaşamı geri çevirmektir. Sen, salt mutlu olmak isteğinle yaşamı geri çeviriyorsun. Yaşam sana geliyor ve sen onu elinin tersiyle geri itiyorsun. O sana bir dal uzatıyor ve sen o dalı tutmak yerine, 'Hayır, bana başka dallar ver, ben bu dalı beğenmedim' diyorsun.

Sürekli mutlu olma fikrinde ego vardır.

Mantığının merkezindesin. Tam ortadasın ve orada düşünmeye başlamışsın. Mantığın arka tarafına geçtiğinde orada varlığını bulacaksın. Orada sahiplenecek bir şey olmadığının farkına varacaksın ve o zaman ortaya saf sen çıkacak. O saf benliğinin içindeyken kendin olmanın vermiş olduğu hazla tatlı bir huzur duyumsayacaksın. Ne zaman istersen oraya gidebilirsin. Mantığının hemen arkasında... Zihin merkezindeki kapıyı aç ve dışarı çık, onun ötesine geç, bu kadar basit.

Ancak bunu sürekli yapma, o zaman mutlu olmanın bir anlamı kalmaz. Her duygunun sana anlatmaya çalıştığı bir şeyler var, onu dinle, ona güven! Düşünceler zihnin üretimidir, onlar zihne ait ve sen zihin değilsin. Düşüncelerle özdeşleşmediğin sürece sorun yoktur.

Sen kendine güvenmediğin için yaşama da güvenmiyorsun ve bütün güvensizliklerin hep bu yüzden.

Benden yaşamla ilgili bir formül istiyorsun.

Sana soruyorum, nasıl yaşadığının bana formülünü söyle? Yemek, içmek, uyumak vesaire vesaire...

Bunlar formül mü?

Yaşarken formülle mi yaşıyorsun? Yemek yemen formülle mi? Uyumanın formülü mü var? Yaşamla ilgili bir formül isteyerek bütün gizemi sorgulamış oluyorsun. Yaradan gerekli şeyleri düşünmüş olmalı ve sen şimdi buradasın. Formül diye bir şey olamaz, bunu unut, böyle bir şeyi sakın sorma, bu en büyük günahtır!

Mutlu olmanın bir formülü yok, mutluluk zaten varlığının derinliğindedir.

Senin saf varlığın mutluluktur, bunu idrak ederek farkında olmak senin bütün arayışlarının sonudur.

Şimdi sana öğretilen bütün formülleri unut!

Bebek konuşmaya başladığında, bunun bir formülü olmadığı gibi, yaşam da gizemli bir geçittir ve onun gizeminden sevginin yaydığı güzel kokular yükselir.

Tefekkür et, bu kâfidir."

Soruyorsun: "UK, anlattıkların, yazdıkların kısacası öğretilerin, bana hayatın tozpembe olduğunu duyumsatıyor. Senin bakış açını yakalamakta zorlanıyorum, hayat zorluklarla doluyken nasıl olur da sen onu bu kadar basite çekebiliyorsun?"

"Seni anlıyorum. Seni anlamam senin düşüncelerine katıldığım anlamına gelmiyor, fakat seni anlıyorum!..

Yaşamın tozpembe olmadığını, yaşamın salt mutluluk olmadığını, 'O, bütün duyguların toplamıdır' diyerek sana anlatmıştım. 'Yaşam herkese karşı eşittir ve onu farklı kılan insanların bakış açılarıdır' dediğimde buna inanman zor gelebilir.

Kendi doğrularını, bugüne kadar koşullandırılarak zihnine doldurulan o fazla, gereksiz bilgileri zihinden arındırmadan yeni bir yaşamı kucaklayamazsın. İçinde eski bir sen varken yeni bir sen nasıl ortada yükselecek? Önce eski senden, toplumun oluşturduğu kimlikten-sahte benlikten ve tüm etiketlerden arın.

Sen mutluluğun kendisi olmadan mutluluğu bilemezsin, sen aşk olmadan aşkı yaşayamazsın, sen sevgi olmadan sevemezsin ve tüm bunlar için önce aydınlanman-olman gerekir. Kendi dünyan karanlıklar içinde ve sen bana zorluklardan söz ediyorsun. Karanlığın için söz edeceğin tek şey karanlık olduğuna inandığından bu sorulara cevap arıyorsun.

Aydınlanmamış bir zihin aydınlanmış bir varlığı nasıl anlasın?

Sen kendin olmadan kendini sevemezsin, bilen varsa bilinen oradadır ve kendini bilmeden, sevemeden tüm güzelliklerin ardında kalırsın. Hepsi içinde var; fakat sen dışarıdasın. Onlar içeride, ancak sen dışarıdasın. Her şey var ancak sen yoksun, önce bunu anlamalısın.

Seni izliyorum, yaşam yolculuğunda ya geride kalıyorsun ya da ileride; gerçek yaşam ikisinin tam ortasında, ama sen orada yoksun; sana kötü bir haberim var, sen hiç yaşamıyorsun! Yaşam ortada ve sen geridesin, yaşam ortada ama sen ileridesin. Yaşam orada ve sen yoksun, sen yaşamıyorsun! Bunu kabullenmek zorunda değilsin, fakat sen yaşamın içinde yoksun!

Duyguları izle! Mutsuzluk sana geldiğinde nötr bir duygudur, enerjisi pasifizedir, o sana senden doyum almak için gelir. Evrendeki evinden çıkmıştır ve sen onu doyurmak için kendine çekersin. Bu onun işine gelecektir ve hemen yanında bitiverir. Kendini izle! Sonra sen mutsuzluğu sahiplenir ve bütün enerjini ona yüklersin. Mutsuzluğun da tek istediği budur; senin enerjinle doyuma ulaşmak.

O bana da geliyor, ancak ben onun hangi amaçla beni ziyaret ettiğinin farkındayım ve ona istediği enerjiyi vermediğim için ziyareti kısa sürüyor. Onu beslemiyorum. 'Yaşam herkese karşı eşittir, fakat onu farklı kılan insanların bakış açılarıdır' derken anlatmak istediğim budur.

Seni sürekli bir bataklığa sokup çıkararak nefes almanı zorlaştıran mevcut bilgilerinle yaşadığın sürece benim ne anlattığıma değil, kendi düşüncelerine yoğunlaşırsın. Onları besleyerek bütün enerjini tüketirsin. Onları ne kontrol et ne de onların esiri ol, sadece düşüncenin-zihnin ötesinde ol, orası tüm arayışların sonudur.

Huzur için bilgiye gerek yok, bilgi sadece bir yanılsamadır. Zihnin yaşamış olduğu deneyimlerin bir anısı, bir gölgesidir. Tüm bildiklerini unut! Bilmek zorunda değilsin, Yaradan her şeyi biliyor; onun bilmesi kâfidir!

Senin bilmene gerek yok. Bilme isteği, doyuma ulaşmak isteğidir ve bu zihnin oyunlarından sadece bir tanesidir. Arzu oradadır ve arzuda ego vardır. Düşüncelere kendin enerji veriyorsun ve onlar seni kemiriyor. Yaşamın ortasında-dengede kalamıyorsun. Düşünce varsa sen yoksun. Bunu izle! Çünkü düşünceler yaşamını çalan hırsızlardır. Seni yaşamın merkezinden ayırırlar, onlar seni önce geriye çeker, sonra ileriye itmeye çalışırlar, düşüncelerin oyununa gelme, onları beslemeyi artık bırak!

İlk adım kendini tanımak, sonraki adım kendini sevmektir. Benim bakış açımı anlamaya gerek yok, benim değil kendi varlığın üzerinde yoğunlaşmalısın, kendi derinliğine inmelisin. Ve sen kendini tanıdıktan sonra beni tanımak gereksinimin kaybolacak, ortaya senin aydınlanmandan doğan rahmani bir aşk yükselecektir."

Soruyorsun: "Sevgili UK, aşkı sahiplenme konusunda bir sorum olacaktı. Aşkı neden sahiplenmek isteriz ve aşkı sahiplenmeye kalktığımızda onu nasıl kaybediyoruz?"

"İnsanlar bir şeye sahip olduklarında rahatlama hissediyorlar, çünkü beyin elde etmeyi sever. Beyin garanticidir, işi sağlam tutmak ister, kendini bu şekilde güvende hisseder. Aşkı sahiplenmek, aslında kendine verdiğin büyük bir cezadır. Çünkü bir şeyi sahiplendiğin zaman zihnin başka şeyler istemeye başlayacaktır. Zihin hep elde etmek ister ve elde ettikçe daha fazlasını isteyecektir. İnsanlar doyumsuz oldular, hep bir fazlasını istiyorlar.

Aşkı sahiplendiğin zaman onu neden kaybettiğini bilmek istiyorsun...

Aşkın rengi kırmızıdır, aşk bir çiçektir ve onun çiçeği güldür. O bütün çiçekleri sembolize eder, fakat ona gül daha bir yakışır. Ve sen onu koklamak yerine, 'bu benim' diyerek dalından koparıyorsun. Sonra onu evine götürüyor ve bir vazoya koyuyorsun. Onu en fazla üç gün koklayabilirsin, sonra onun katili olduğunu anlayacaksın:

Çiçek artık bir ölü, onu dalından çektin aldın, şimdi nasıl yaşayacak?

Onu sahiplenmek demek, dalından kopararak öldürmek demektir. Senin de yaptığın bu. Aşk olduğu gibi güzeldi, o mis gibi kokuyordu, ama sen onun doğasına zarar verdin, onu sahiplendin, ona beyninle yaklaştın. Ve sen ona yüreğinle yaklaşmadıkça aşkı hissedemezsin.

Elindeki çiçek solunca başka çiçeklere gidiyorsun, artık senin için o gülün anlamı kalmadı, artık eskisi gibi kokmuyor, sana eski rengini göstermiyor, rengi soldu ve aşk kurudu! Şimdi yeni açan çiçekler peşinde olacaksın ve onu da koparacaksın. İnsanların aşka kattığı anlam bu, onu ellerinde hissetmek istiyorlar, aşkı bir nesneye indirgiyorlar ve o yüzden aşkı hissedemiyorlar.

Aşk senin ellerinde değil, yüreğinde büyür; bunu unuttuğun sürece aşkı kaybetmeye mahkûmsundur!"

Soruyorsun: "UK, aydınlanmak bütün sorunlardan arınmak anlamına geliyor, bu huzura eriş için gerekli ise neden kimse aydınlanmak için bir çaba göstermiyor ve ben aydınlanmak için ne yapabilirim?"

"Öncelikle anlaman gereken içindeki gökyüzünün farkındalığıdır. Dışarıdaki gökyüzü aydınlık da olsa, eğer senin içindeki gökyüzü karanlıksa her yer karanlık gözükecektir.

İçindeki gökyüzünü keşfetmeden, dışarıda olan anlamsız kalır. Dışarısı oldukça aydınlık, ancak sen karanlıksın, o halde ıstırap çekmeye mahkûm olursun.

Yaşam sana tatsız gelmeye başlar, onda renk göremezsin, çünkü yaşama renk veren senden başka kimse değildir. Sen karanlıksan yaşam da karanlıktır. Aydınlanmak için bir şey yapmana gerek yok, sadece sende olanın farkında olman kâfidir.

İnsanların neden aydınlanmaya erişmek için çaba göstermediğini soruyorsun. Çünkü aydınlanmanın fikri bile insana ürkütücü geliyor; eğer sen bu dönüşüm yoluna kendini hazır hissedersen içindeki karanlık kaybolacak ve o karanlığın ardına gizlemiş olduğun bastırılmış duyguların birdenbire ortaya çıkacaktır.

İnsanlar yüzleşmekten korkuyor. Şimdi bu duyguları bastırmışım, üzerini örterek gizlemişim, bir daha deşmenin ve onlarla karşılaşmanın ne anlamı var? İnsanların içsel konuşması aynen böyledir. O halde öncelikle aydınlanmak inanç ve cesaret ister. Bir Buda aydınlanmıştır, bir Mevlana aydınlanmıştır; çünkü onların, yaşamın cesurları sevdiğine dair inançları vardı. Onlar, yaşama kendileri renk katmadıkça bu yaşamdan renk alamayacaklarının farkındaydılar.

Onlar aydınlanmak için bir şey yapmadılar, sadece olanı fark ederek dönüşümü gerçekleştirdiler.

Şimdi sen aydınlanmak istiyorsun, fakat korkuların ve kendi doğru bildiğin yanlışlara sahipken bu dönüşüme nasıl hazır olacaksın? Yeni bir yaşama kucak açmak istiyorsan, eski seni-sahte benliği bırakman gerekecek, öyle değil mi?

Sevdiğim bir hikâye var:

Bir profesör bir gün Japon Zen ustası Nan-İn'i ziyarete gider, amacı Zen hakkında bilgi edinmektir. Nan-İn profesöre çay ikram eder ve fincanını iyice doldurur; fincan dolduğu halde çayı koymaya devam eder. Profesör fincanın taştığını görünce dayanamaz ve sorar: 'Fincan doldu, taşıyor! İçine daha fazla bir şey alamaz!'

Usta Nan-İn karşılık verir:

'Bu fincan gibi siz de kendi fikirlerinizle dolusunuz. Fincanınızı boşaltmadan size nasıl Zen'i gösterebilirim ki?'

Nan-in aydınlanmıştı; o, aldığı nefesin farkındaydı. Nan-in sonsuz bir enerjiye sahipti, içinde eşsiz bir enerji deposu vardı ve Nan-in bu kaynağın farkındaydı.

Senin de içinde sonsuz bir enerji deposu var, fakat farkında değilsin! Bu bir benzin istasyonuna sahip olup, arabada benzin yok diyerek yayan dünya turuna çıkmaya benziyor. Senin yaptığın bu!

İnsanlar mutluluğu bir araç olarak kullanıyor, onu ticarete dökmüş durumdalar. Mutluluk satıyorsun ve mutluluk deponun bu şekilde dolduğunu düşünüyorsun. Varlığının derinliğinde olmadığın için kendi mutluluk deponun da farkında değilsin. Farkında olmadıktan sonra yaşamın anlamsızlaşacaktır. Yakıt orada fakat onu arabanın benzin deposuna koymazsan yoluna nasıl devam edeceksin?

İnsanlar bana 'Çevremdekileri mutlu ediyorum, onlar benim yanımdayken gözleri ışıl ışıl, ancak onlar gittikten sonra mutsuzluğumla baş başa kalıyorum' diyorlar. Sen mutluluk depondaki enerjiyi dışarıya akıtıyorsun, önce onu kendine kullan. Bu bencillik değildir, ancak sende olan bir enerjiyi-sevgiyi-mutluluğu paylaşabilirsin, öyle değil mi?

Unutma, aydınlanmak erişilecek nesnel bir durum değildir, o senin derinliğindeki öznelliğindir. Onu arzulamaktan vazgeçtiğinde içsel yolculuğa hazır hale gelirsin ve bu dünyaya tutunmayı bıraktığında aydınlanma bir anda ortaya çıkar.

Senin bir şey arzulamana ya da erişmene gerek yoktur. Her şeyi bıraktığın an her şey senindir!"

Soruyorsun: "UK, yazdığın sözcüklerin netliği, keskinliği insanları etkiliyor, sen yaşam öğretmeni misin, bu kadar bilgi nereden, nasıl geliyor?"

"Öncelikle anlaman gereken, benim hiçbir şey bilmediğimdir, tek yaptığım yaşamı izlemek ve insanları düşündürmek. Ben öğretici değilim. Kimse kimseye bir şey öğretemez, ancak farkındalık kazanmasına yardımcı olabilir, öyle değil mi?

Ben eğitmen değilim! Bilgi bir yerden gelmiyor, bende bilgi yoktur. Bilgi deneyimlerin gölgesidir, o anıların izidir. Eğer bilgiyi farkındalığın doğması için kullanmıyorsan o benim için bir çöplüktür. Ben farkındalıktan yanayım! Benim sadece varlığımda yeşermiş sezgiden doğan ve sonrasında farkındalığa dönüşen cevaplarım vardır.

Yaşamın içinde tüm cevaplar zaten mevcuttur, onları görebilmen için orada olman gerekir, cevapların yanında, onları bulunduğun yüzeyde göremezsin, cevaplar her zaman derinliğindedir.

Ben sana bunları yazarken bir yerden okumuyorum, bu yazdıklarımı kimse anlatmadı, onlar kendiliğinden gelir, bunun nedenini araştırmadım, her neden kendi nedenini beraberinde getirir, bu yüzden nedene ve nasıla takılmaya gerek yoktur.

İnsanlar bana, 'Siz düşünerek mi yazıyorsunuz?' diye soruyor.

Hayır, ben yazarken hiç düşünmüyorum.

Nasıl düşünebilirim ki? Düşünürsem yazamam, düşünürsem anı kaçırırım, o zaman her şey sahte olur. Gerçek yaşam sadece bu anın içindedir ve ben düşünürsem kilitlenirim, o zaman akışım bozulur, ben ölüden farksız hale gelirim.

İnsanları izlersen devamlı düşünce içinde olduklarına tanık olursun, zihinlerinde hep kurgular vardır, onlar aldıkları soluğun farkında olmadıkları için bu yaşamı hep kaçırmışlardır. Bilgi varsa düşünceler içinde kalırsın, sen o zaman zihnin içindesindir ve zihnin içi adeta bir bataklıktan farksızdır, orada kaldıkça batmaya devam edersin. Farkındalık ise zihnin ötesinde olandır, o cennetin bir meyvesidir. Ben o yüzden insanlığın farkındalığa erişmesinden yanayım.

Hikâye çok anlamlıdır:

Bir gün Napoléon düşman askerlerinden kaçarken, bir bakkal dükkânına girmiş. Bakkala hemen kendisini saklamasını emretmiş. Bakkal da Napoléon'u uygun bir yere saklayıp, biraz sonra gelen düşmanları da, 'Az önce biri koşarak şu tarafa kaçtı' diye savuşturmuş. Biraz sonra Napoléon'un muhafızları yetişmişler. Bakkal ömründe bir daha karşılaşamayacağı Napoléon'a sormuş:

'Efendim, af buyurun ama merak ettim, ölümle burun buruna gelmek nasıl bir duygu?'

Napoléon birden öfkelenmiş. 'Sen kim oluyorsun da benimle böyle dalga geçercesine konuşabiliyorsun?' diye bağırmış. Hemen askerlerine, adamcağızı kurşuna dizmelerini emretmiş. Askerler bakkalın gözünü bağlayıp, karşısına dizilmişler. Mermiler namlulara sürülmüş, artık 'ateş' emri verilecek... Adamcağız içinden, 'Ah, ne yaptın sen? Şimdi ölüp gideceksin' diye düşünürken, arkadan bir el uzanmış, gözündeki bağı açmış. Karşısında Napoléon, tek cümleyle cevaplamış:

'İşte böyle bir duygu!'

Bilgilerin nasıl geldiğini soruyorsun, öncelikle yaşamla kendini ayrı kılma fikrinden vazgeç. Beni bilgili görme! Bende olan sende de var, sadece içine bakman yeterlidir. Yaşam=sen olduğunda bütünle buluşursun ve bütün olduğunda sorular kaybolur. O zaman sadece cevapları görürsün. Bütünün olduğu yer senin merkezindir, orası senin öz benliğin-gerçek evindir. Orada aldığın her solukta huzur vardır, baktığın her yerde mutluluğu kucaklarsın."

Soruyorsun: "UK, bedenimi sevmiyorum, çok kilolarım var ve bu beni yaşamdan soğutuyor. Bütün motivasyonumu yok ediyor. Nasıl zayıflayabilirim?"

"Sen geçici olan bir şeyden söz ediyorsun, zihninle algıladığın her şey gerçeğin dışındadır. Gelip geçici olan hiçbir şey hakikati işaret edemez, onlar sadece bir gölgedir, her zaman kaybolmaya mahkûmdur.

Yaradan sana ruh verdi ve onun yaşaması için bir de ev. Beden senin evindir, o, Yaradan'ın sana vermiş olduğu bir hediyedir. O bir paket, o bir kılıftır, onun özü budur. Ve yaratıcı bedeni sana verdiğinde bunun bir hediye olduğunu, varlığını içinde barındırman gerektiğini söylemedi. Ona çok iyi bak, demedi.

Çünkü O sana kullanman için bir akıl vermişti. O her şeyi insanlara söylemez, şunu böyle yapın, bu şekilde düşünün, demez; O sana verdiği aklı kullanmanı ister.

O asla bir şey yapman için seni zorlamaz, O sadece senin yol ayrımlarına kadar gitmen konusunda yardımcı olmuştur, yol ayrımına geldiğinde ise hangi yola sapacağına senin karar vermeni ister; yoksa sana neden akıl versin?

O seni sadece düşündürür!

Yaradan sana, 'Bedenine çok iyi bak' demedi, fakat sen ona çok iyi baktın, yalnız çok önemli bir şeyi unuttun; asıl hatırlaman gereken varlığını! Varlığın senin özündür, hakiki olan odur. Bedenin ise sadece varlığın içinde korunması için sana hediye edildi. Ancak sen hakiki olanı duyumsamadın bile. Aklın hep dışarıda, bedeninde kaldı. Onu sahiplendin, sonsuz yaşama gözlerini açtığında yanında sadece varlığını götüreceğini unuttun, toprağa gömülecek bedenine ise süslemeler yaparak ona çok fazla değer verdin!

Ve şimdi bunun için bunalımdasın. Senin hediye paketin kilolu, biraz büyük, epeyce büyük de olabilir, ancak o sen değilsin, o sadece bir zırh! Sen ne bir beden ne de zihinsin, öncelikle bunun farkında ol, bunun üzerine odaklan ve bunu izle!

O kiloları üzerine alınma, bu bedeninden çok varlığını yoruyor, bütün yük varlığının üzerinde. Sen özü unutmuş, bedeninde yaşıyorsun, onu okşuyor, makyajlarla süslüyorsun, fakat bedenin ağırlaştığında bütün ağırlık varlığının üzerine çöküyor. Seni rahatsız eden bedenin değil, vicdanın! O seni dürtüklüyor, gerçeği görmen için seni uyarıyor, fakat sen dışarıdasın, kapının dışında. O kapıyı çalıyor fakat sen onu duyamıyorsun,

Şimdi sen kiloların olduğu için bütün motivasyonunun yok olduğunu söylüyorsun. Bu durum senin bütün direncini kırıyor. Bırak yok etsin, motive olmak zorunda değilsin, gereklilikların hepsini bırak.

Sen çocukken motive olarak mı yürümeyi öğrendin? Sen küçücükken motive olarak mı konuşmayı öğrendin? Büyüyünce değişen sadece kurallar oldu, toplumun sahte kuralları seni bu hale getirdi ve sen kendinden uzaklaştırıldın.

Bedene bu kadar fazla odaklanmayı artık bırak! Onun kendi bilgeliği vardır, bedenin bilgeliğine güven. Sen istemesen de o yaşayacaktır, varoluş onun zamanlamasına kendi karar verir, tıpkı nefes alıp verme gibi bedeni kendi haline bırakman yeterlidir.

Eğer odağın kendi derinliğinde olursa o zaman ruhunun hafiflemeye başladığını göreceksin. Gereksiz bütün yüklerden arınmış ve hafiflemiş bir sen ortaya çıkacak, o halde öncelikle gereksiz bütün kuralların farkında ol ve onları bırak!

Şimdi söyleyeceklerimi izle, sana kiloların nasıl bedeninde yer ettiğini anlatacağım.

Acıktın ve yemek yiyorsun, bir süre sonra içinden bir ses mırıldanıyor, 'Bu kadar yeterlidir' diye. Ancak sen onu duymuyorsun; çünkü o sırada içinde adeta bir yangın var, bu yangını yakan nefis ile egonun ortaklığıdır. Ego nefsin bir yan ürünüdür, onlar ortak çalışır ve senin içinde mırıldanan

'Tamam, bu kadar yeterlidir' sesini bastırmak için iş başındadırlar.

İçinden gelen mırıldanış sana 'Tamam' derken ego ve nefis arzulu bir şekilde 'Hayır, bak bunlar çok leziz, harika gözüküyorlar, mis gibi kokuyorlar, şundan bir kaşık daha al, bak en sevdiğin yemek orada hadi biraz daha yemelisin' gibi kandırmacalar içinde seni zorlamaya başlar.

Sen otomatiğe bağlamışsın, farkındalık neredeyse pasif durumda, egonun ve nefsin o yoğun sesinin ardında kalan mırıldanışı bu yüzden duyman mümkün olmuyor!

Yedikçe yemeye devam ediyorsun, o sırada nefsin ve egon kıkır kıkır gülüyor, onlar zafere ulaşmış olmanın heyecanı ve coşkusu içindeler. Sen de mutlusun, ancak bu geçici bir mutluluk halidir.

O yüzden ben, aşırı yemek ihtiyacı egodan kaynaklanıyor, derim.

Ben sana zayıflaman konusunda şunu şöyle bunu böyle yap, diyemem. Sen sadece içinde olup bitenin farkında ol, varlığın ve bedenin dengeyi bulduğunda olman gereken kiloya kendiliğinden kavuşursun, fakat ben sana bunun için bir formül veremem. Formül verenlere de inanma, onlar uzmanların ruh ticaretinden sonra gelen, diyetisyenlerin beden ticaretine döndürmüş olduğu bir tuzak. Eğer sana bir formül ya da gereklilik veren bir diyetisyenle karşılaşırsan hemen onun yanından uzaklaş, ancak seni kendine döndüren, gerçek özünü bulman için senin yanında olan bir diyetisyenin varsa ondan destek alabilirsin.

Çünkü her ev, her bünye farklıdır, o yüzden zayıflama metotları geçerli değildir. Bütün metotları unut, onlar sadece reklam, onlar kocaman bir tuzak. Sen dışarıyı bırak ve özüne dön, o zaman kuş gibi hafifleyecek, hatta kanatlanıp uçacaksın!

Bedene fazla odaklanırsan o seni sınırlayacaktır. Varlığa dokun, o zaman özgürlüğü hissedersin."

Soruyorsun: "UK, bana sizin gözünüzden yaşamı anlatır mısınız? Onu daha rahat yaşayabilmem için bir formüle ihtiyacım var."

"Sana yaşamı anlatacak doğru kişi ben değilim, aslına bakarsan kimse sana yaşamı anlatamaz, onu yaşamak gerekir, onu hissetmek gerekir, onu olduğu gibi kucaklamak en güzeli. Onu oyuncak gibi kurcalamadan ve bozmadan tüm hücrelerinde hissederek nefes almak en anlamlısı...

Yaşam bir çiçektir, onun kendine has özel bir kokusu vardır ve o da sevgidir. Onu formüllerine alet edersen koparmak zorunda kalırsın ve kopan bir çiçek artık ölüdür, onun kokusunu hissedemezsin. Onu kopardın ve elinde tutuyorsun, amacın onu keşfetmek, fakat onu keşfetmek adına her şeyi berbat ettin! Şimdi ölü bir şeyi keşfedeceksin ve bunu asla yapamazsın! O artık cansızdır, onda keşfedilecek bir şey bırakmadın!

Yaşamı hissetmek istiyorsan onu olduğu gibi kabul edebilirsin, o zaman sevgi kokusu tüm benliğini saracaktır. Ona yüreğinle yaklaştığında o da sana yüreğindeki kokuyu sunacaktır; fakat insanlar bunun aksini yapmakta.

İnsanlar yaşamın bir gizem olduğunu unuttular. Onu keşfetmek için formüller aradılar ve hâlâ da arıyorlar. Gizemi bozduğunuz zaman anlamını yitirir, o yüzden yaşam çoğu kez insanlara anlamsız geliyor.

Ve sen de buna dahilsin!

Benden bir formül istemekle onu kurcalamak istediğini görüyorum. Yaşam bir oyun bahçesi gibidir, bir bebeği içine bıraktığında o bahçede oyununu oynar, bahçede zorluklar da olsa bebek bunu duyumsamaz bile; çünkü o yaşam bahçesinde mutludur, huzurludur, oyunun içindedir. Sen de o bahçedesin ancak saf bir bebek gibi hissetmiyorsun kendini, sen kurnazlık peşindesin. Sen, 'Onu nasıl ele geçirebilirim? Nasıl kontrolü sağlarım?' diye düşünerek kurnazca planlar peşindesin!

Bebek de seninle birlikte aynı bahçede, fakat o mutlu ve huzurlu, gözleri ışıl ışıl, çünkü o bahçeye saldırmıyor, olanla mutlu olmasını biliyor.

Onun bahçeyi ele geçirmek gibi bir egosu yok! Yaşam bahçende mutluluğu kucaklamak istiyorsan o bahçeyi elde etmeye-sahiplenmeye gerek yoktur, onun içinde olman kâfidir! Olduğun seni bulman yeterlidir. Daha fazlası egonun kandırmasıdır.

Yaşam sana bir gül sunuyor ve sen gülün dikeni olduğu için rahatsızlık duyuyorsun. İnsanlar sana bugüne kadar hep şöyle dedi: 'Gülü seven dikenine katlanır.' Hayır katlanmak zorunda değilsin, dikene katlanmak seni yoracaktır, benimsemediğin bir şeye nasıl katlanabilirsin ki?

Bunu bastırmak zorunda kalacaksın, o içeride sürekli olarak seni rahatsız edecek ve bu rahatsızlığı bir ömür boyu sırtında taşımak zorunda kalacaksın! Bu en büyük yanılgıdır, sana öğretilenler yüzünden şu an bu noktadasın ve ben sana diyorum ki: Gülü severek dikenine katlanmak zorunda değilsin.

Gülü dikeniyle birlikte sev, onları ayırt etme, onlar birlikte güzel ve anlamlı. Onları ayırırsan bütünü bozmuş olursun.

Her ikisini de sevgiyle kucakladığında bir mucizeye tanık olacaksın. O zaman yüzeyden ayrıldığını ve yaşamı derinlerden izlediğini göreceksin ve bu seni nihai huzura, aydınlanmaya götürür.

O zaman baktığın her yerde mucizeyi fark edersin ve bunu tekrar tekrar söylüyorum: Yaradan'ın sana sunmuş olduğu her şeyde bir mucize vardır. O güzel olmayan bir şeyi yaratmaz, bunu asla yapmaz. Sen, O'nun sana gönderdiği bazı sunuları kötü diyerek geri çevirdiğinde en büyük nankörlüğü yapmış oluyorsun. O sana gül veriyor ve sen ona

'Hayır, bunun dikeni de var' diyerek reddediyorsun.

Gülü dikeniyle sevdiğinde bütünü kavramış olacaksın ve bunun farkındalığına eriştiğinde yaşamın her sunusunu sevgiyle kucaklamaya başlayacaksın.

Hadi artık git ve gülü olduğu gibi sevgiyle kucakla, canını yakanın diken değil, ayrımlar olduğunu fark edeceksin."

Soruyorsun: "UK, bağımlılık, aşk ve korku hakkında yorumunuzu alabilir miyim?"

"Öncelikle anlaşılması gereken bir şey var: İnsanları izliyorum ve onların, korkularından kaçmak için aşka sarılmış durumda olduklarını görüyorum. Bir adamı korkuların için seviyorsan sen ona bağımlısındır ve bağımlılık varsa aşk senin içinde nasıl filizlensin?

Artık karşındaki senin korkularını kaybetmen için kullandığın bir araç olmuştur. Aşk sandığın koca bir yanılgıdan öte bir şey değildir. Aşk kanatlanmak ister, uçmak ister ve o kanatlarının birini sevdiğiyle paylaşmayı benimser. Biri sen diğeri o... İki kanat var fakat bir gibi duruyor, işte aşk budur, bu en derin aşk halidir, artık yüzeyi bırakıp derinliğe inmişsindir; bu aynı zamanda biz olabilmenin dinginliğiyle ortaya çıkan en derin rahmet halidir.

Aşk bir ilahi olana dönüştüğü zaman tüm varlığın sıcacık kalır, dışarıda soğuk vardır ancak senin tüm hücrelerin aşkın sıcaklığıyla ısınmıştır. İçinde eşsiz bir müzik belirir, hücrelerin dansa kalkar ve bütün organların bu dansa eşlik eder. Bu Yaradan'ın dansıdır!

Sen içindeki rahmete dokundun ve bu bir kutlamaya dönüştü. Allah senin gerçek aşkı bulmanı bekledi ve sen sonunda O'nun sesini duyumsadın. Artık karanlık kalkmıştır ve karanlığın örtüsü kalktığı için Allah derinliğinde belirmiştir. Orada bir aydınlanma olmuştur, sen Yaradan'la bütünleşmişsindir.

Allah ve aşk...

Gerçek aşkı duyumsarsan Allah hemen ardında belirecektir; o zaman her ikisini de kucaklamış olursun. Eğer bağımlı bir ilişkin varsa bu bağımlılığın ipleri kopmaz, o artık senin içinde çok derin bir kök salmıştır, senin tamamen zihnin ötesine geçmen gerekir. Bu bir işkenceye dönüşmüştür. Bağımlı olduğun kişi de yaşam denen okyanusun içinde boğulmaktadır, çünkü o senin gibi bir ölüyle birlikte can çekişiyordur.

Bağımlı insanları izle. Bağımlılığın altında yatan yalnızlık korkusudur, korkun var ve sen eşine, arkadaşına, nişanlına hatta sigaraya ve içkiye bağımlısın. Ona tutunmuşsun; sen onu sadece sevdiğini sanıyorsun, onunla birlikte olmak senin için sadece bir ihtiyaç. Sen onu sevmiyorsun, sadece sevdiğini sanıyorsun. Onun sana sunduğu imkânları, koşulları seviyorsun, ancak sen onu sevmiyorsun! Onun yanında olmasını istemen bu yüzden, sen tamamen korkularını-yalnızlığını gidermek için bir ilişkiye tutunuyorsun... Sevgi senin için sadece bir yanılgı, zihnin seni kandırıyor. Vicdan azabı çekmeni istemiyor, fakat ortada sevgi yok! Gerçek bu, ancak sen gerçeği göremiyorsun! Nasıl görebilirsin ki? Yüreğin kör olmuş durumda, gerçeği görmen bu durumda imkânsızdır.

Aşk senin bağımlılığına dönüşürse acı çeker, hastalanır. Senin kopyaların var ve bu her geçen gün çoğalıyor. Bir sürü senden var ve aşk acıya dönüşüyor. Aşk acıya dönüşünce sen de yaşama acı katıyorsun. Yaşam, sen acıysan acıdır, sen tatlıysan tatlıdır. Sen renkliysen yaşam renklidir, senin rengin yoksa o da renksizdir. Ve sen yaşamı karalıyorsun, şimdi nasıl huzurla dolacaksın?

Yaşam çekilmez bir hale geliyor ve en kötüsü de bunun farkında olmaman. Bir olumsuzluk başlatıyorsun ve tüm dünya bundan etkileniyor, merkez sensin ancak farkında değilsin.

İnsanlara dikkat et, Allah'a bağlı olmak yerine bağımlı bir şekilde yaşarlar. Sadece korkuları olduğunda Allah'ı hisseden, ona dua eden insanlar neredeyse yüzde doksanın üzerindedir. O zaman sen Allah'ı nasıl seveceksin? Sen ona bağımlısın, korkuların var ve Allah senin korkularını gidermek için kullandığın bir iyileştirici oluyor, sen mutlu ve huzurluysan Allah kayboluyor! Bu durumda sen Allah'ı sevmiyorsun, sadece ona bağımlısın ve sevdiğini sanıyorsun. Arada çok büyük bir fark var, sevgi ve korku!..

Bugüne kadar sana herkes Yaradan'dan korkmanı söyledi. O sevginin merkezi, o sevginin kaynağı, şimdi ondan ne diye korkacaksın? İnsan merhametin kaynağından korkar mı? Tam aksine onu sevmelisin. Korku varsa sevgi nasıl ortaya çıkacak? Korku ve sevgi... İki ayrı kutup... Güneş ve ay gibi. Güneş varsa ay çekilir, ay varsa güneş kaybolur. Hiç ikisini aynı anda dans ederken görebildin mi?

Sevgi ve korku, gece ve gündüz gibi; biri varsa diğeri yok. Korku varsa sevgi kaybolur. O'nu korkularını arındırmak için yanında hissetmen sevgisizliktir; anlatmak istediğim bu!

Bak bir şey anlatayım:

Adam ateistti ve arkadaşı dindardı ama çok korkuları vardı. Ateist dindar arkadaşına şöyle dedi:

'Gel bırak bu işleri, Allah yok, her şey kendi kendine oluyor zaten; ben bunları yapan birini görmüyorum.'

'Arkadaşı net bir şekilde karşılık verdi:

'Hayır, bunu yapamam. Beni bir yaratan var ve ben korktuğum zamanlar hep ona sığınarak mutlu olurum.'

Senin de yaptığın budur. Ona sadece korktuğun zaman sığınmak... Bunun sevgi olmadığını görmelisin, artık uyan!

Mutluysan Yaradan'a şükretmezsin, anımsamazsın bile; çünkü rüyadasındır. Acı şart, acıyı seviyorum yoksa uyanmıyorsun! Acı en güzel uyandırıcı, acı en derin farkındalık haline götürür insanı. O yüzden acı olmalı. Acının işine girmesine izin verme, acıyı sadece seni huzura götürmesi için kullan!

Hikâye çok anlamlı:

Bir zat gerçeğe giden yolu bulabilmek için on yılını bir mağarada ibadet ederek geçirmişti. Bir öğleden sonra mağarasında dua ederken içeriye bir maymun girdi. Rahip konsantre olmaya uğraşıyordu ama maymun iyice yanına yaklaşmış, ayağından sandaletini almaya çalışıyordu.

'Kahrolası maymun!' dedi, rahip. 'Neden dualarımı bölüyorsun?'

'Karnım aç' dedi maymun.

'Git buradan! Allah'la iletişim kurmamı engelliyorsun!'

'Benim gibi zavallı bir yaratıkla bile iletişim kuramazken Allah'la nasıl iletişim kurabilirsin ki?' dedi maymun.

Bunu duyunca kendinden utanan adam özür diledi.

Önce bağımlılığını izlemen gerekiyor. Onu sadece izle, anlamlaştırma, düşünme ve sadece izle. İzlemek, dinlemektir. Yaşamı izlersen onun sana anlatacaklarını yüreğinle dinlemiş olursun.

Tüm bağımlılıklarından sıyrıl! İşte özgürlük, sevgi ve mutluluk orada!"

Soruyorsun: "UK, tek amacım mutlu olmak ama mutlu olamıyorum. Neden ben mutlu olamıyorum?"

"Bugüne kadar hep nedenlere ve amaçlara bağlı yaşadın, sonra bir yıkıma uğradın ve bu çok şiddetli bir yıkımdı. Yaşama olan güvenin sarsıldı, sanki dünya üzerine yıkıldı ve senin o yıkıntıları üzerinden atacak gücün kalmamaya başladı.

Yaşamında hep bir 'neden' sorguluyorsun, sorular dünyasındasın, bu seni içten içe eritiyor, farkında değilsin! 'Neden'ler yüreklerdeki mucizeyi görmeye engel olan kilitli bir kapı, 'nasıl' ise o kapıyı kolayca açan anahtardır. Eğer nedenlere takılı kalırsan yaşam nehriyle birlikte akamazsın.

Yaşam nedensizce akar, ona karşı kürek çekmek sadece insanları yoracaktır! Neden varsa o zaman düşünce de vardır ve düşünce seni gerçek yaşamdan uzaklaştırır, yaşamın dışında tutar. Ya dünde kalmışsındır ya da geçmişte, şimdiki anda var olmadıkça nasıl cevaplar dünyasında olabilirsin?

Yaşam yolculuğunda her şey değişir; fakat 'şimdi' asla değişmez, o halde şimdinin içinde nefes al. Geçmişi geçmişte hatırlayamazsın, onu bu anın içinde, şimdide hatırlarsın, her şey şimdide olup bitmektedir ve sen şimdinin farkında olmadığın için nedenlerle, sorunlarla boğuşuyorsun. Denizin içinde boğulmak üzeresin ve yanı başında yunuslar var, onlara tutunup karaya çıkabilirsin, fakat sen yılana sarılıyorsun!

Amacının mutlu olmak olduğunu söylüyorsun. Eğer mutlu olmak bir amaç ise ona ulaşamazsın, senin ulaşacağın sadece yapay bir mutluluk olacaktır. O sahte bir şeydir, beynin başka amaçlar peşinde koşarken mutluluğun evinde nasıl nefes alabilirsin! Ve senin söz ettiğin mutluluk amaca bağlı olan nesnel bir durumdur. Onun hiçbir öznelliği yoktur, eğer ona ulaşsan bile o buharlaşacaktır, o birdenbire kaybolacaktır ve bu hep böyle olmuştur.

Mutsuzluk, öfke, stres ve tüm duygular yaşamın sunusudur ve hepsi seni ziyaret eder. Onlar zincirleme birbirine bağlıdır. Onlar bir çemberin içinde sürekli olarak dönerler. Çemberin ön tarafı mutluluk ise arka tarafı mutsuzluktur, çemberin ön tarafı haz ise diğer tarafı acıdır ve çember tam olarak dönüşünü tamamladığında tüm duygular senin karşında tek tek vuku bulmaya başlar. Önce yaşamın işleyişinin farkında ol!

Eğer amacına bağlı bir duyguya ulaşırsan ya da mutluluğu yakalarsan bu çok üzüleceksin demektir, o seni terk edecektir, çünkü çemberin diğer ucundaki duygu tezahür etmiş olacaktır. Senin sözünü ettiğin mutluluk bir duygudur, gelip geçen bir şey, zamanın içinde gerçekleşen bir şey, o halde bu nasıl gerçek olabilir? Zaman bir yanılgıdır, onun bir gerçekliği yoktur, o zihnin imgelemesinden öte bir şey değildir, zaman geçecektir, zaman geçmeye mahkûmdur. Senin sözünü ettiğin mutluluk da zamanın içinde yine kaybolacaktır. Unutma, duygular asla kalıcı değildir. Mutluluk duygusu yerini üzüntüye bırakacak, üzüntü ağlamaya... Tıpkı mevsimlerin sırasıyla geçişi gibi...

Sen sevgi tohumunun içinde filizlenen bir ağaç ol. Bir ağaç, mevsimler değiştiğinde meyvelerini dökebilir, ancak kök-merkez baki kalır, anlıyor musun?

Mutluluk senden uzak değil, ancak sen ondan uzakta olduğun için varlığını duyumsamıyorsun. Tüm arayışları bıraktığında her şey sana koşmaya başlar, bunu idrak etmek güzelliklere açılan kapının anahtarıdır.

O halde nihai bir huzur istiyorsan varlığa odaklan. Sahip olduğun tek şey varlığın-özün olsun. Gerisi zaten senden alınacaktır!"

Soruyorsun: "UK, yaşam neden bu kadar renksiz ve tekdüze, onu nasıl renklendirebilirim, yorumlayabilir misiniz?

"Yaşamın tekdüze olduğunu düşünüyorsun. Yaşamın içinde tekdüzeliğe izin veriyor ve daha sonra bundan şikâyet ediyorsun. Evet, buna sen izin veriyorsun ve sen izin verdiklerinin-seçtiklerinin sonucunu yaşıyorsun.

Oysa dünya senin gördüğün kadar renksiz değildir, o tek bir renkten oluşmadığı gibi; renkleri de değişkendir. Yaradan tekdüze, renksiz bir şey yaratmaz. Senin içindeki gökyüzü renksiz olduğu için yaşam da renksiz gözükür; sen onu renksiz görüyorsan o nasıl renkli olabilir?

O zaman sende ters işleyen bir şey vardır. Senin bakış açın kirlidir, çamurludur.

Judi James, kendini izlemiş olmalı, o bir keresinde şöyle demişti:

'Mutlu olduğunuz zamanlarda bütün dünyanın çok daha güzel göründüğünü hiç hissettiniz mi? Oysa sizin bakış açınız dışında gerçekte hiçbir şey değişmemiştir.'

Ancak kendini izleyen bir insan bunu söyleyebilir, kendinde olanı görebilir ve ondan hoşnut değilse bunu değiştirebilir. Değişken dünyada kendi merkezinin farkında olarak dengede kalabilir.

Sabah kalkıyorsun ve zihnin şöyle sesleniyor: 'Hadi kalk, giyin ve işlerine koyul!' Arkasından yüreğin, 'Bunu yapma. İşte orada ışık-sevgi saçan bir güneş var, yeniden doğdu bizim için, yeni bir tazelik, yeni bir ısı, yeni bir renk; işte orada. Bak şarkı söylüyor güneş, bulutlar onun eşliğinde dans ediyorlar. Rüzgâr bu senfoniye eşlik ediyor. Yaşam rengârenk, önce yeni yaşamı kucakla, tefekkür halinde ol!' diye sana mırıldanıyor; fakat sen egonun emrini aldın bir kez. Ego çok yoğun arzulu bir şekilde sesleniyor ve sen yüreğin mırıldanışını duyamıyorsun. Ego yüreğin mırıldanışını örtüyor, o yüzden kulakların sağır olmuş durumda, o yüzden gönül gözün kapanmış durumda.

'Yaşamı nasıl renklendirebilirim?' diye soruyorsun.

Sen gökkuşağının içindesin ve bana 'Bu yaşamı nasıl

renklendirebilirim?' diye soruyorsun. Bir şey yapmana gerek yok, sadece kendi güzelliğinin farkında ol. Yaradan çirkin bir şey yaratmaz, hakikat senin varlığının güzelliğindedir, hakikat basittir.

Ruhun şarkılar söylemek için her zaman hazır, sadece ona izin ver! Zihni araya sokma, bu kâfidir. Zihin mantık demektir ve mantık varsa sevgi arka planda kalır, artık kariyer ve başarı ön plana çıkmıştır. Şimdi sen hırs peşindeyken yaşamın renklerini nasıl görebileceksin?

Birisi bana şöyle demişti: 'Ben bunları yapamıyorum, siz bence kendi hayal dünyanızdasınız, size dünyanızda mutluluklar dilerim.'

Ben de ona kendi dünyasında mutluluklar diledim. Yapabilirsin ya da yapamazsın, her ikisinde de sen haklısındır. Hangisine inanıyorsan onda çok haklısındır. 'Yapamam' dersen senin için kimse bir şey yapamaz, çünkü sen zaten pes etmişsindir, bitmiştir!

Hayal dünyasında olduğumu söylüyorsun. Parktaki çiçeklere bak, ağaç dallarında ötüşen kuşların şarkılarına eşlik et ve varlığınla bunu hisset o zaman bunun öz olduğunu anlarsın. Ancak insanlar zihnin esiri olmuşlar. Parktan hızlıca geçiyorsun, kuşlar orada, çiçekler orada, bütün güzellikler orada, fakat sen orada değilsin. Bedenin oradan geçiyor ama varlığın başka yerde; aklında koşturmaca var, iş var, akşam yemeği var, maaşlar var, hep bir şeyler var!

Ben sana çalışma-başarılı olma, demiyorum, ben kafandan önce yüreğinin gelişmesinden-olgunlaşmasından yanayım, anlıyor musun? Benim gördüklerim hayal olamaz, o gerçeğin ta kendisidir! Sadece görmek istediklerini görebilirsin, ötesini asla göremezsin, bunu sakın unutma! Sen benim dünyamın bir hayal olduğunu görebilirsin, fakat ben o hayalin içinde mutluluğu görebilirim. Bu senin için masal olabilir, içinde masal varsa ve bana huzur katıyorsa ben bunu yaşarım.

Bu senin için hayal olabilir, o senin düşüncendir, ben senin düşüncelerine katılamam. Ben sana mutluluk veremem, ben sana huzur veremem, ben seni sadece kendi görüş alanıma çekebilirim. Gelirsen benim gördüklerimi görebilirsin, gelmezsen de senin için güzel dilekler dilerim.

Anımsamaktan hoşlandığım bir anım var:

Bir arkadaşımla birlikte tatile çıkmış ve bir yerde çadır kurmuştuk. Arkadaşım çadırda uzanıyordu. Ben deniz kenarına inmiş orada dalgaların zikrine kulak veriyordum. Birden yunusların deniz üzerine çıkarak tekrar denize daldıklarına tanık oldum. Birkaç yunus balığı bir araya toplanmış ve karşımda dans ediyorlardı. Bu muhteşem bir şeydi.

Arkadaşıma seslendim:

'Hey, orada ne yapıyorsun? Bak burada güzellikler var, yunuslar toplanmış dans ediyorlar, hadi yanıma gel, bu fırsatı kaçırmanı istemiyorum.'

Çadırdan sesi boğukça geliyordu:

'Hani, hiçbir şey gözükmüyor, orada yunus filan göremiyorum!'

Onu yanıma çağırdım fakat bana inanmadı, kitap okuduğunu söyleyerek bu harika fırsatı kaçırmıştı.

Onun baktığı yerden deniz tam olarak gözükmüyordu, biraz yüksekte kalıyordu, onun bakış açısından benim gördüklerimi görmesi imkânsızdı ve o bu fırsatı kaçırmıştı.

Senin de yaptığın budur. Oradan sesleniyorsun bana:

'Hey UK, sen hayal görüyorsun, orada söylediğin hiçbir şey yok!' Ben de sana diyorum ki: 'Yanıma gel, dilersen bir de buradan bak.'

Ama sen ısrarla acılara odaklanıyorsun. Acı çekmek sana bir yandan haz veriyor; çünkü acı insana yaşamın içinde var olduğunun hissini verir. Bir insanın en büyük amacı yarına kalabilmektir ve acı sana yarına kalabilmenin gücünü veriyor. Zihin seni kandırıyor, onun oyunlarına dikkat et.

Hâlâ zihnin içinden bakıyorsan benim gördüklerimi göremezsin. Ben sahildeyim, yunusları izliyorum, gelmek istiyorsan burada olacağım, dilersen birlikte izleyebiliriz!.."

Soruyorsun. "UK, yazılarınıza bu kadar çok yorumlar ve bazen aralarında eleştiriler geliyor, fakat siz hiçbirine olumlu ya da olumsuz tepki göstermiyorsunuz. Bunun özel bir sebebi var mı?"

"O yazılar yürekten gelenin yansımasıdır. Eğer anlattıklarım zihinden gelseydi yorumlar bekler, cevaplar verir, eleştirilere katılırdı; o zaman bu, kendini tatmin etmek için yazılmış bir yorum olurdu. Yürekten süzülen bir yazı beklentisizdir, o koşulsuzca, saf sevgiyle yazılmıştır. Hiçbir teşekkürü, hiçbir eleştiriyi görmez.

Teşekkürü bekleyen kimdir? Önce bunu bulmalısın!

Övgüyü bekleyen egodur. Yürek tıpkı bir çiçek gibi açar. O bir cumhurbaşkanı yanından geçtiğinde 'Şimdi şuna güzel bir şeyler söyleyeyim' diye iç geçirmez. O bir dilenci yanından geçtiğinde 'Şimdi buna ben ne diye bir şey söyleyeyim, değmez ki' diye onu küçümsemez. O dışarısıyla ilgilenmez.

Bir ağaç seni mutlu etmek için meyve vermez, o kendi bütünlüğü içinde huzuru kucaklamak için meyvesini üretir. Sen onun meyvesini koparır ya da koparmazsın, ağaç bununla ilgilenmez.

O yüzden önce sorunun anlaşılması gerekir. Yorumu bekleyen kim?

Bunu izle, cevaplar güneş gibi bir anda doğacaktır!

İnsanların eleştirileri olabilir, bu çok normaldir. İnsanlar yazılarımı sevebilir ya da anlattıklarım onlara ters gelebilir, fakat ben olumlu ya da olumsuz hiçbir yorumun beklentisinde değilim. Ben sadece boşluğun dansındayım. Anlattıklarım, kullandığım sözcükler boşluğun dansında yükselir ve gelen olumlu-olumsuz tüm yorumlar bu boşlukta kaybolur.

Benim tutunduğum hiçbir şey yok ve dünyaya tutunmayı bıraktığında huzurun kapılarını sonuna kadar açılır.

Dünyaya tutunmadan yaşadığında, her şeyi bıraktığında, her şey senindir!"

Soruyorsun: "Sevgili UK. Öğretilerinizin farkındayım, insan her şeyin farkında ancak uygulamada zorluk çekiyoruz, olmuyor, bunları yaşamda uygulamak için bizlere ne önerirsiniz?"

"İnsan her şeyin farkında diyorsun. Sen farkındalık ile bilgiyi karıştırdığın için uygulamada sıkıntı çekiyorsun. Farkındalık ile bilgi arasında uçurumlar var. İnsanlar bilgi dolu ve sen de bilgiyi yaşamında uygulayamadığını söylüyorsun. Bilgi nereden geliyor buna dikkat ettin mi? Onu bir yerde okumuş ve öğrenmişsindir ya da geçmişte yaşadıklarının anısı bilgiye dönüşmüştür; fakat bilgiyi içselleştirmezsen, içsel sezginle harmanlamazsan onu sadece hafızanda bir yük olarak taşırsan zihnin ötesine, farkındalığın evine nasıl ulaşacaksın?

Farkındalık zamanla bağlantılı değildir, o, bilginin ötesinde olandır. O senin sezginle birlikte varlığında yükselir. Eğer farkında olursan çiçekler çok daha anlamlı gözükmeye başlar. Bir gülün nasıl koktuğunun bilincinde olan insan ona doğru burnunu uzatır ve koklar; fakat bu bilgiyle hareket ederek uzandığı bir koklamadır, onun anlamı yoktur, o an gülün kokusunu hisseder ve kaybeder. Farkındalıkla gülü kokladığında ise onunla bütünleşirsin ve onun kokusu varlığına dolar, bütün hücrelerin gülün kokusuyla dolar taşar.

Aradaki mesafeye dikkat et.

Sen farkında olmadığın için uygulama zorluğu çekiyorsun, farkında olan bir varlık zorluk çekmez, o her şeyi oluşa bırakmıştır, her şey yaratıcının olmasını emrettiği şekilde işler. Farkında olan bir insan tezahür edeni reddetmez, onunla birlik içinde olur. Bilgi dolu bir insan ise yaşama dair tüm kontrolleri eline almak ister ve o arzularına yenik düşecektir. Evren her şeyi hallediyor, sen sadece tanık ol ve tezahür edeni izle, onunla özdeşleşme, sadece tanıklığını sürdür o zaman yaşamında bir şeyleri uygulama gibi bir sorunun kalmayacaktır.

Yaşamı derinlemesine izle! O hep yeniliktir, hiçbir şey göründüğü gibi değildir ve hiçbir şey yüzeyde göründüğü gibi aynı noktada kalmaz. Ve şimdi kendi derinliğine tanık ol, içindeki harika değişimi, muhteşem enerjini ve hücrelerin sevgiyle dansına tanık ol.

Eğer kendine ve yaşama yüzeysel bakarsan bunların hiçbirini göremezsin. Görmediğin bir şeyin farkında olamazsın. Sana birisi denizde yüzmeyi anlatmış ve sen mayonu-şortunu giyerek denize atlamışsın, kulağında sadece duydukların var, o halde denizde boğulman kaçınılmaz olacaktır.

Sen kitaplardan, seminerlerden okuduklarını-duyduklarını bilgi olarak saklıyorsan, onları zihni tanımak ve zihnin ötesine geçmek için kullanmazsan bilgi bir atık halini alacak ve zihninde kokuşmaya başlayacaktır.

Bu yüzden önce kendini anla. Toplumun sana empoze ettiği 'önce bir başkası' tabusunu yık. Eğer önce kendini anlarsan diğerlerini de anlayacaksın. Sen kendini anlamadan bir başkasını anlamaya çalışıyorsun. Kendi derinliğinde kaybolmadan, kendi içindeki sevgiyle kucaklaşmadan yaşama âşık olamazsın, insanlara âşık olamazsın, canlılara âşık olamazsın. Seninki bir tutkudur, seninki bir arzudur, seninki bir hevestir, fakat bu bir aşk olamaz.

Aşk ihtiyaç duymak değil, yüreğini yüreğine açana sunmaktır. İki yüreğin kucaklaşarak bir olmasıdır. İki kuş birleşir ve tek bir kuş olur. İki kanat, sen ve o ve tek bir kuş olarak özgürlüğe doğru yükselirsin. Aşk özgürlüktür. O halde önce kendinle buluş sonra bütün zorluklar buharlaşıp kaybolacaktır.

Sen yaşamın küçük bir kısmına tutunmuşsun ve isyan ediyorsun.

Yaşam çok basittir, o senin anlayamayacağın kadar basittir. Sadece basit ol, çok düşünme, çok düşünerek yaşamı ıskalamanın anlamı var mı? O halde basitliğin içinde kaybol, kendini varoluşa bırak. Sorular dünyasında yaşamı kaçırırsın, ben senin cevaplar dünyasında nefes almandan yanayım.

Sorun yaratmayı bırakarak yaşamın tadını çıkar, çünkü bu yaşam sizlere bunun için verildi, o Yaradan tarafından sunulan kutsal bir armağan, bir kez bu dünyadan gittiğinizde bir daha buraya gelme şansınız yok. O halde sorunları dert etmenin ne anlamı var? Yaşamı taşımayı bıraktığın an o seni taşımaya başlar. Bunu bir yere not etmelisin, bu senin huzur kapının anahtarı olabilir, bunu okuyup geçme, bunu ıskalama, bunun farkında ol!

Ben sana yaşama tutunmayı değil, yaşamayı anlatıyorum. O halde yaşamın bir parçası değil, yaşamın kendisi ol."

Soruyorsun: "Batı toplumunda söyledikleriniz, yazdıklarınız garip karşılanıyor, fakat sizi yine de çok seviyoruz. Sizi anlamaya çalışarak yolumuzu aydınlatıyoruz, peki, aralarda oluşabilen eleştiriler hiç canınızı sıkmıyor mu?"

"Ben senin içindeki düşüncenin bir yansımasıyım, hepsi bu. Sen benim hakkımda güzel şeyler düşünebilirsin, aslında o senin güzelliğindir. Ve sen benim hakkımda kötümser düşünceler oluşturabilirsin, o yine senin kötümserliğindir. O düşünce senin içinde yükseliyor, öyle değil mi?

Güzel olan da kötümser olan da senin içinde tezahür eder. Ben sadece seni yansıtan bir aynayım ve sen bana baktığında kendinde olanı görürsün.

Bir aynaya baktığında nasıl başka bir şey görebilirsin ki? Orada tek göreceğin kendindir, başka bir şey göremezsin. Ve sen bana baktığında sadece kendini görmüş olursun.

İnsanların hakkımda ne söyledikleriyle ilgilenmiyorum.

Ben sözcükler ve sözlerle uğraşmıyorum, onların ötesindeyim, sen de sözlerin ötesinde olabilirsin; huzur, tüm düşüncelerin ötesinde evini kurmuştur, onun evinde yaşayabilirsin.

Ben yıldızları izliyorum, ayın yıldızların etrafındaki gezintisine tanık oluyorum. Kuşların birbirlerine söyledikleri şarkılara tanık oluyorum. Fakat ben insanlarla uğraşmıyorum, onlar hep sorun üretir ve sorunlara tutunurlar, onlar sorunsuz bir dünya ister fakat sorunsuz yaşayamazlar, şimdi ne diye insanların hakkımdaki söylediklerine kulak vereyim?

Bak kuşlar ne güzel dans ediyor, rüzgâr hafif esintisiyle müzik oluşturuyor kulaklarda. Yaşam çok basittir, sadece basit ol, çok düşünme, çok düşünerek yaşamı ıskalamanın anlamı var mı? O halde kendini var oluşa bırak ve basitliğin içinde kaybol. Sorular dünyasında yaşamı kaçırırsın, ben senin cevaplar dünyasında nefes almandan yanayım.

Benim anlattıklarım Batı'da insanlara ters geliyor olabilir, ancak ben sizlerin ekmek uğruna yaptığınız bu savaşı daha çok büyütmenizi benimsemiyorum. Siz farkında olmadan fakirliği besliyor ve ona enerji veriyorsunuz. Yokluk çekiyor ve zihninizin sınırlandırdığı kadarını yaşıyorsunuz!

Ben önce içsel olarak zenginliğe ulaşmanızdan yanayım. Sizin Batı toplumu dediğiniz yerde zihnin gelişmesine önem veriliyor, ben önce varlığın olgunlaşmasından yanayım. Sen bir bina inşa ediyorsun; fakat temeli yok sayarak birinci katı yapmaya koyulmuşsun. Şimdi senin evin nasıl ayakta durabilir?

O yıkılmaya mahkûmdur. Onun temeli yok, o ev yıkılacaktır ve ben sana temel veriyorum:

Al ve onu kullan, sen sonra üzerine katları çıkarsın. Ekmek bulursun, başarı elde edebilirsin, kariyer sahibi olabilirsin, fakat önce temeli oturtman gerekir ve temel varlığın olgunlaşmasıdır. Önce ol!..

Ben senin denge içinde bütünlüğü kucaklamandan yanayım, yoksa eriştiğin her şey bir anda yok olacaktır!

Bunu tekrarlıyorum, ben olumlu ya da olumsuz yorumlarla ilgilenmiyorum, sözcüklerin ve sözlerin ötesi mutluluğun sevginin alanıdır, orada canını yakan bir şey bulamazsın. Yorumlara takılmayın, sizler yaşamın tadını çıkarın, çünkü bu yaşam size onu hissederek yaşamanız için verildi. Yaşam sizlere Yaradan tarafından sunulan en değerli hediye, bir kez bu dünyadan gittiğinizde bir daha buraya gelme şansınız olmayacak. O halde sorunları dert etme.

Yaşamı taşımayı bıraktığın an o seni taşımaya başlar."

Soruyorsun: "UK, ben bu dünyayı hiç anlamıyorum, onu anlamak ve keşfetmek için ne gibi bir öneriniz olabilir?"

"Dünyanı anlamadığından söz ediyorsun, onu anlaman bu koşullarda çok güç, onu anlaman için rüyadan uyanman gerekir; çünkü senin bir dünyan yok, o sadece bir hayal. O sadece bir rüya. Gece uyurken rüyanın içindesindir ve rüyanın içindeyken rüyanı anlayabilir misin? Onu uyandığında fark edeceksin, öyle değil mi?

O halde senin dünyayı gerçek anlamda anlaman için uyanman gerekir. Senin baktığın ağaçlar ile benim baktığım ağaçlar arasında çok büyük bir fark var. Ben onlara rüyanın dışından bakıyorum, sen ise rüyanın içinde. Ve sen bu yüzden ne kendini ne de insanları anlayabiliyorsun.

Önce senin uyanman gerekir, uyanış olmalıdır, dönüşüm gerçekleşmelidir, yoksa sana bu dünyayı kimse anlatamaz.

Eğer sana uyanmamış biri bu dünyayı anlatmaya kalkarsa onun yanından hemen kaç, hemen oradan uzaklaş, arkana bile bakma!

Dünyayı keşfetmeye gerek yok, keşfetmek isteyeni bulman kâfidir!

Kendine sürekli olarak bunu sor, keşfetmek isteyen kim? Tüm soruların onu bulduğunda çözümlenecektir."

Soruyorsun: "UK, hangi saatlerde yazıyorsunuz? Yemek düzeniniz nasıl, kiloyla ilgili ne önerirsiniz?"

"Öncelikle şunu anlamalısın, ben saatin kölesi hiç olmadım, zaman bana ayak uydurur. Ben içimden geldiği gibi yaşayan bir adamım, plan yapmıyorum, bir usta sana yarına ilişkin hiçbir söz veremez, onun için bu andan başka bir zaman dilimi yoktur. Ve ben anın içinde canım ne isterse onu yapıyorum ve bundan huzur doğuyor.

Eğer sen de zihninin efendisi olursan, onun seni yönetmesinden kurtulursan beni çok iyi anlarsın. Ben yemek için belli bir vakte uymuyorum. Bedenin kendi dili vardır, o acıktığı zaman acıktım der, doyduğu zamanı en iyi bilen odur. Bu saatlik bir olay değildir, ama insanlar bir mekanizmaya dönmüş durumda. Sanki on bin, otuz bin bakımları gelmiş bir araba gibi belli saat aralıklarıyla yemek yiyorlar. Toplum onları böyle koşullandırdı.

İnsanlar sanki bir kukla ve ipler toplumun elinde!

İnsanlar kilo alıyor, çünkü bastırılmış duyguları var, onlar duygularını bastırdıklarında hemen yemeğe sarılırlar ya da televizyonun başına koşarlar. İçinizde boşluğun oluşmasına hiç izin vermiyorsunuz, boşluk olacağı vakit onu düşünceyle, yemek yiyerek, televizyon izleyerek, sigara-içki içerek doldurmaya çalışıyorsunuz, o halde nasıl sağlıklı bir ruha ve bedene ulaşacaksınız?

Önce düşündüklerini açık yürekle söyleyebilmelisin. Ben insanların pısırık değil, bir asi olmasından yanayım; fakat bu sevgi dolu bir asilik, dik başlılık... Bu senin bildiğin anlamda asi değil, benim 'asi'min içinde masumiyet ve sevgi var.

Ve sen bedenin kölesi olmayı bıraktığın an hafiflemeye başlarsın. Önce varlığın hafifler ve sonra yüzeysel olarak bedenin incelmeye başlar. Ben bedeni reddetmiyorum, onu sev fakat ona bağımlı kalma, anlıyor musun?

Bedeninde yaşıyorsan bu bağımlılıktır, o halde onu nasıl seveceksin?

Sen bedeni sevdiğinde ona istesen de zarar veremezsin, onu kilolarla yıpratamazsın, ama sen ona bağımlısın ve o yüzden kilolar bedeninle buluşuyor. Rahat ol, onu koşulsuzca sev, onu tüm kilolarla sev. Benim tek yaptığım budur.

Yaşam beni hep sevmiştir, çünkü onu sevilmeyi beklemeden sevmiştim!

Şunu asla unutma:

Sen salt bedeninde yaşıyorsan yüzeyde sağlam da gözüksen sakatsındır. Eğer sen varlıktan ibaret olduğunun, varlığın öz olduğunun farkındaysan bedenin sakat da olsa sapasağlamsındır."

Soruyorsun: "UK, korku hakkında ne düşünüyorsunuz?"

"Korku senin sevgisizliğini gösterir. Sana çok küçük yaşlarda sevgi yerine korku aşıladılar. Baban, annen, dedelerin, din adamları sana hep yaratıcıdan korkman için baskı kurdu. Sen sevgi yerine korkuyu tüm hücrelerine yerleştirdin.

Yaradan sevginin merkezidir, O sevginin kaynağıdır, şimdi O'ndan ne diye korkacaksın? O merhametin kaynağıdır, insan merhametin kaynağından korkar mı?

Tam aksine O'nu sevmek gerekir. Korku varsa sevgi nasıl ortaya çıkacak? Korku ve sevgi... Nefes almak ve nefes vermek gibidir. Biri içeri girdiğinde diğeri dışarı çıkar. İkisi birden bedenin içinde buluşamaz. Korku sevginin ışığını örten bir kara buluttur, korku varsa sevgi kaybolur.

O halde Yaradan'dan korkuyorsan onu nasıl sevebilirsin?

İnsanlığın tüm korkularını eritebilirsin, ancak korkunun köküne ulaşamazsan, kökün bilincinde olamazsan korku tekrar ortaya çıkacaktır.

Eğer insanların içindeki Allah korkusunu eritebilirsek dünyaya gelmiş oldukları aydınlığa tekrar dönüşeceklerdir.

Çünkü korkunun kökü buradır, bu konuda psikanalistlere çok görev düşüyor. Doğu'da korkuyu meditasyonla eritebilirsin, ancak Batı psikanalize güveniyor. O yüzden psikolog ve psikiyatrlar Allah korkusunun tüm korkuların başlangıcı olan kök duygu olduğunu Batı insanına fark ettirmelidir.

Ben insanlığın Yaradan'dan korkmasından değil, O'nu sevgiyle kucaklamasından yanayım!

Unutma! Korkunun köküne ulaştığında ve onu söktüğünde artık ortaya nihai mutluluk çıkacaktır. Yoksa insanlık yüzyıllar boyu korkarak nefes almaya devam edecektir."

Soruyorsun: "UK, bazı düşünür ya da mistikler isim değiştirdiler, sizin isim konusunda fikriniz nedir, isminizi değiştirecek misiniz?"

"İsim nedir? Önce isim neden gereklidir bunu anlamalısın. O basitçe bir etikettir. Manava gidersin, orada yüzlerce meyve vardır, sebze vardır ve onların bir etiketi (ismi) olmasa onları nasıl isterdin, öyle değil mi? O halde öncelikle ismin bir etiket olduğunu anlamalısın.

Ben küçüklüğümden beri isim konusunda değişime gitmekten yanayımdır. Küçükken kendine isim koyma şansın yoktu; fakat seçim hakkının farkına vardığında dilediğin ismi kullanabilirsin. Ben ismimi seviyorum, bu yüzden onu değiştirmeyi düşünmedim.

Uğur Koşar, sadece bir isim değildir. Onun derin bir anlamı vardır. Uğur, 'şans ve iyilik getiren'dir ve Koşar... 'Koşarak şans, uğur ve iyilik getiren' anlamındadır. Benim etiketimin bir derinliği var ve onu seviyorum.

Fakat sen mutlu değilsen ismini değiştirebilirsin, bu senin seçimindir."

Soruyorsun: "UK, çok mu yaşayan bilir yoksa çok mu gezen? Yorumunuzu alabilir miyim?"

"Önemli olan hayatın ne zaman son bulacağı değil, onu ne zaman hissederek yaşamaya başladığındır.

O halde ne çok yaşamanın ne de çok gezmenin anlamı var. Aldığın nefesin farkında değilsen zaten yaşadığını hiç düşünme! Aldığın nefesin ve içindeki merkezin farkında olmadan hareket ediyorsan dünyayı gezmenin ve keşfetmenin hiçbir bir önemi yoktur.

Şimdi sen kendini keşfetmeden dünyayı keşfedersen ne hissedeceksin? Sadece düşüncelerle boğuşacaksın, olacak olan budur.

O halde önce arayanı bulmalısın ve arayan aranandan farksızdır, bunu unutma!

Ben senin ne çok bilmeni ne de çok görmeni istiyorum, benim tüm dileğim senin önce kendini keşfetmenden yanadır. Sen kendini keşfettikten sonra gezdiklerinin ve farkındalıklarının anlamı olacaktır, yoksa her şey-tüm yaşam sana anlamsız gelecektir.

Yaşamın tadını alamadıktan sonra onun içinde gördüğün güzellikler yapay bir çiçekten farksızdır. Onlar sana güzel kokmayacaktır, güzel gözükebilirler ancak bu yüzeysel bir güzelliktir, sen kendi derinliğinden baktığında ancak yaşamın derinliğini görebilirsin.

Yaradan'ın sunduğu her şey rahmettir ve kaynak kendi derinliğindedir. Ancak O'nun rahmetini yürekten inandığında ve benliği bıraktığında görebilirsin. Eğer O'nun rahmeti yüzeyde olsaydı o zaman ne anlamı kalırdı? En değerli hazineler bile derinlerdedir.

O halde baktığından daha öteye bak, yüreğin genişleyecek ve sen mucizeni kucaklayacaksın. Bu çok yaşama ya da çok gezme meselesi değildir, senin hissederek nefes almanla birlikte gelen ilahi bir yükselişin kutlamasıdır."

Soruyorsun: "Siz çiçek açmaktan söz ediyorsunuz ve ben de bu dünyaya çiçek açmak istiyorum; fakat insanlar beni çok üzüyor, çiçeklerimi koparıyorlar, ben artık bunlara dayanamıyorum ne yapmamı önerirsiniz?"

"Sen beni hiç anlamamışsın! Senin çiçek açman varlığından doğan bir güzelliktir ve sen insanların çiçeklerini kopardığını söylüyorsun. Sen beni hiç dinlememişsin bile!..

Ben yüzeysel bir çiçekten söz etmiyorum, ben senin yapmacık gülücükler ve maskelerle yaşamandan yana değilim. Sen merkezde çiçek açarsan oraya kötülük nasıl erişebilir? Senin merkezin sevginin kaynağıdır ve onun etrafı katman katmandır, kötülük o derinliğe kadar geldiğinde zaten eriyerek buharlaşacaktır. Fakat senin çiçeklerin dışarıda ve insanlar onu koparabilir, o kadar çok insan var ki, şimdi hangi birine engel olacaksın?

Bir bitki çiçeklenmeye karar verdiğinde, 'Şimdi ben çiçek verirsem ya insanlar gelip beni dalımdan koparırsa?' diye kaygılanmaz, korku yaşamaz. Verdiği çiçeği insanlar dalından kopardığı zaman 'Ben artık bunlara dayanamıyorum' diye isyan etmez.

O basitçe çiçek açmanın huzuru içindedir. Çiçeğin kökü derinliğindedir, insanlar onu kopartabilir, bu onu ilgilendirmez ve güzelliğin kökü içindeyse bu sana işlemez, sen dilediğin an tekrar sevgi çiçeği verirsin.

Ben toplumun içinde göstermelik bir çiçek açmandan söz etmiyorum, anlıyor musun?

Sen bu dünyaya çiçek açmaya devam et, seni mutlu edecek olan insanlar değil, varlığında açan çiçeklerin kokusudur."

Soruyorsun: "UK, erkek ile kadın ilişkileri neden bu kadar sağlıksız ve mutluluk kısa süreli yaşanılıyor. Üstelik sevgi ve saygının sona erdiği evliliklerin devam etmesi sizce çok sağlıklı mı?"

"Toplum, erkek ile kadını gece ve gündüz gibi görüyor, onları var oluşta birlik içinde göremediğin sürece ayrım yaşarsın, ya karanlıktasın ya da aydınlıkta; ortada bir denge kuramazsın.

Ve huzur dengenin içindedir, huzur ne aydınlıkta ne de karanlıktadır. Huzur, erkek ve kadın birliğe kucak açtığı anda ortaya çıkar, tıpkı çimenlerin içinde filizlenmiş papatya gibi onun muhteşem bir dinginliği vardır. Erkek kadını, kadın erkeği arzular. Gündüz geceyi arzularsın, gece gündüzü ve ayrım olduğu sürece mutlu olamazsın, öncelikle bunu anlamalısın!

Ayrım senin bütün dengeni bozacaktır, çünkü ayrımı yaratan zihindir ve zihin sürekli sana nedenler sunarak cevaplar aratacaktır. Sen cevaplar peşinde koşmaktan sevgiyi hissedemez olursun. Zihin aşkı bölecektir, sevgiyi bölecektir. Zihin birliği kabul edemez, o mantıksaldır ve mutluluk mantığın diğer yüzüdür. Onların ikisi zıt kutuplardır. Fakat ben onları ayırmıyorum, sadece zıt kutuplarda açan bir çiçek olarak görüyorum. Bir tarafı kök diğer tarafı gövde ve yaprakları...

Kök, gövde ve yapraktan oluşan bir çiçek...

Kadın ve erkek ancak birliğe ulaştıklarında varlıkları çiçek açar, o zaman kök ve gövde birleşerek ortaya çiçekleri çıkar ve ben buna sevgi çiçeği diyorum.

Eğer bir ilişkide sevgi çiçeği açmazsa o ilişki kurumaya mahkûm kalacaktır.

Evin hanımı gece yarısı uyanır ve kocasının yatakta olmadığını fark eder. Yataktan kalkar ve kocasını mutfakta bulur. Koca dalgın dalgın kahve içmektedir ve aklı çok uzaklardadır. Üstelik gözlerinden yaş gelmektedir.

'Ne oldu sevgilim?' diye sorar kadın.

'20 yıl önce nasıl evlendiğimizi hatırlıyor musun?' der adam.

'Tabii' der kadın.

'16 yaşındaydın o zaman. Ve yasak ilişkimiz ortaya çıkmıştı 'Babanın silahını kafama dayayıp, seninle evlenmezsem 20 yıl hapis yatacağımı söylediğini de hatırlıyor musun?'

'Hatırlamaz mıyım?'

Adam yanağındaki gözyaşlarını silerek sözüne devam eder:

'Biliyor musun, bugün hapisten çıkmış olacaktım...'

İlişki çiftlere ıstırap olarak geliyor ve bu ıstırap nehrinin içinde kulaç atmaya çalışırlarken yoruluyorlar. Bu bir evlilikten, birliktelikten tamamen çıkmış durumda. Evlilikler katlanılması gereken bir olaya dönüşüyor, bu bağımlılıktan da öte!..

Sadece cesur olmalısın, biten bir şey bitmiştir. Eğer bu noktaya gelindiyse, saygı bittiyse, sevgi bittiyse birbirinizin yaşamını cehenneme çevirmenin ne anlamı var?

Biten bitmiştir ve biten bir evlilik-ilişki kurumuş gül gibidir, o başka daldan başka bir çiçek verebilir, fakat aynı çiçek bir daha açmaz. O halde cesur ol ve kabullen. Karşındakinin yeni bir aşkı keşfetmesine izin ver, onu sahiplenme, o resmi olarak senin eşin olabilir, ancak resmi olan çok yüzeysel bir durumdur, o halde sevginin değeri nerede?

İnsanlar sevgiyi hiçe sayarak bir yüzüğe, kâğıt üzerindeki bir imzaya aldanıyorlar. Ona büyük anlamlar katıyorlar ve sevgi karanlıklar içinde kayboluyor. Yüzük ve imzalar ön planda, sevgi ise ortada bile yok ve bunun adı evlilik oluyor.

Bu çok saçma, bu tam bir işkence. Ben, saygı ve sevgisini yitirmiş çiftlerin birbirlerine işkence yapmayı bırakmalarını ve kendilerini yeni güzellikler keşfetmeye adamış olmalarından yanayım. Onların yüzdükleri nehir artık kirlendi, onu temizleyemeyecekleri kadar kirlettiler.

Şimdi yaşam nehrinde yeni anlamlar yaratma zamanı, şimdi yeni bir çiçek olarak var olma zamanı.

Yaşamın sana sunduğunu gerçekliğe uyumlu kal, tezahür edeni kabullendiğinde mutluluğa dönüşürsün. Artık sana hiçbir şey üzüntü veremez."

Soruyorsun: "UK, 'Düşünüyorum öyleyse varım' sözü sizi takip ettiğim kadarıyla öğretilerinize ters düşüyor, fakat çoğu insan bu sözü yaşam biçimi haline getirmiş durumda, bu konuda ne düşünüyorsunuz?"

"Bu konuda ne düşündüğümü soruyorsun, hiçbir şey düşünmüyorum, ben düşünen bir adam değilim, sen bunun bilgisi içindesin ve bilgi seni yanlışa götürüyor. Eğer farkında olsaydın beni takip eden bir varlık olarak bana 'Ne düşünüyorsun?' diye sormazdın. Öncelikle farkında ol. Eğer sen vereceğim cevabı bilgi olarak zihninde saklarsan düşünmeye devam edersin, ben senin düşüncelerin ötesinden olmandan yanayım, sen düşüncelerin içinde sadece dibe vuran bir gemi enkazına dönersin. O halde bu soru yanlış, önce soruyu anlamak gerekir, öyle değil mi?

Bahsettiğin, 'Düşünüyorum öyleyse varım' sözüne gelince... Ben de sana şöyle soruyorum: Eğer sen düşünüyorsan gerçek yaşamı, bu anı öldürmüş olacaksın o halde nasıl varsın? Düşünce seni ya geride ya da ileride tutar, şimdiki anın içinde aldığın nefesin farkında değilsen varlığını nasıl hissedebilirsin?

O halde 'varım' diyemezsin, tam aksine sen yoksundur. Her şey var, ancak sen yoksun, o söz şöyle olmalı: Düşünüyorum öyleyse ölüyüm!

Bunun başka bir açıklaması yok, düşünce varsa sen yaşamıyorsundur, bütün hissiyatını kaybetmiş durumdasındır ve bu durum mezarlıktakilerden farksızdır. İçinde akan sonsuz bir enerji var, yüreğinde filizlenmek için hazırlanan sevgi çiçekleri var ve sen düşüncelerin içinde boğulmaktasın.

Hissettiğin hiçbir şey yok, zihnin esiri olmuşsun ve ben senin yaşadığını, var olduğunu göremiyorum. Eğer sen düşünüyorsan yoksun, yüzeysel olarak var olabilirsin, fakat bunun bir anlamı, tadı, rayihası yok.

Düşünüyorsan kurumuş bir gülden farksızsın, ancak defter aralarında anı olarak kalırsın."

Soruyorsun: "Hocam sizi devamlı birilerine benzetiyorlar, geçenlerde de birisi yazılarınızı Maharaj'a benzetti, hatta onun sözcüklerini değiştirerek kendi adınızı eklediğinize dair suçlaması vardı, bu konu canınızı sıkmıyor mu?"

"Bu bir soru değil, ben sözlerle, sözcüklerle ilgilenmiyorum, onların ötesindeyim, ben öz benliğim, o halde sözler canımı nasıl sıkabilir? Vaki olana zihnin dışında kalarak saf benliğinden baktığında canını sıkan ve sıkılan kaybolur ve ortaya zihnin ötesinde açan sevgi çiçeği belirir.

Fakat benzetmeler insanların ilgi alanındadır.

İnsanlar kargaşa yaratmaya bayılır, insanlar olmak istedikleri yerde başkalarının bulunmasını istemeyebilir ve onu aşağı çekmek için her türlü hilebazlığa başvurabilirler.

Benim kullandığım sözcüklere dikkat et, ben sözcüklerin sözlük anlamından bahsetmiyorum, çünkü sözcükler tek başına anlamsızdır, sözcükler sadece bir etikettir, sözler sadece bir işaretçidir, onların gerçekliği yoktur. Sana gökyüzündeki ayı işaret ederek 'Bak bu aydır' dediğimde gerçek olan ağzımdan çıkan sözcük değil, ayın kendisidir. Ben sözcüklerle ilgilenmiyorum, 'sözcüklerime dikkat et' derken, sözcüklerin içine katmış olduğum enerjiden söz ediyorum.

Ben yeni, taze bir enerji yaratıyorum, bir Maharaj, bir Krişnamurti, bir Osho aynı ya da benzer sözcükleri kullanmış olabilir, fakat ben sözcüklerle ilgilenmiyorum. Sen de ilgilenme!

Birisi sana ateşten söz ederse ateş sözcüğünün tek başına bir anlamı yoktur, o ateşin gerçekliğini, sıcaklığını sana hissettiremez.

Kullandığım her sözcük içinde kutsal bir enerji barındırıyor; çünkü onlar zihinden değil mutlak saf benliğimden, en yüce olandan dökülüyor. O halde sorun edilecek bir şey yok, bunlar olan şeyler. Maharaj'ı Osho'ya benzettiler, Osho'yu Buda'ya benzettiler, UK'yi de birilerine benzetebilirler.

Toplum rekabeti sever, toplum ortalığı birbirine katmaya bayılır, fakat ben onların olumsuz enerjilerine katılacak değilim. Ve insanlar olumsuz enerjilere kapılarak onu beslemeyi bıraktığında öz benliğin kanalında sıkışan sevgi enerjisi, akmak için yol bulacak ve süzülmeye başlayarak tüm varlığınızı saracaktır.

Bacon'ın şu sözünü çok severim: 'Sözcükler, maddenin görüntüsünden başka bir şey değildir; onlara âşık olmak resme âşık olmaktan farksızdır.'

Ben sözcükleri bir araç olarak kullanırım. Onlar sadece bir araçtır. Kullandığım sözcükler, okurlarıma, sevgi meleklerime, onları mutluluğa, mutlak huzura, varlıklarını kucaklamaya götürmek için verdiğim bir araçtır, anlıyor musun? Sözcükler bir araç, içindeki enerji ise yakıtıdır. Yakıt olmazsa aracın hiçbir anlamı yoktur, öyle değil mi?

O halde sözcüklere takılmayın, önemli olan mutluluğa hangi araçla gittiğiniz değil, onun doruklarına varmış olmanızdır.

'Bu konu canınızı sıkmıyor mu?' diye soruyorsun.

Güneş önüne bulutlar geçiyor diye kendi özünden hiçbir şey kaybetmez.

Ben saf varlığım ve zihnin ötesinde olan herkes birliği idrak eder. Böyle ayrımları yapmanın ve zihnin tutsağı olmanın bir anlamı yoktur.

Yaşam yaşanılması gereken bir güzelliktir. Zihnin anlamsız oyunlarına gelerek bu güzelliği ıskalama, onu hissederek yaşa."

Soruyorsun: "UK, sevgili ustam, ben okullarda sevgi derslerinin verilmesinden yanayım, fakat bu konuda kimse bir çabada bulunmuyor, sizce sevgi dersleri neden okullarda verilmiyor, toplum neden bu konuda sessiz kalıyor, yorumlar mısınız?"

"Senin toplumun insanlara başarı ve kariyer hedefleri aşılıyor, onların hedeflerinde bir insanın sevgi dolu olmasının anlamı yok, toplum 'önemli olan ülkenin başarısı ve güçlenmesidir' düşüncesi içinde sistemini kurmuş durumda.

Başarı varsa para vardır, kariyer varsa çok para vardır, şimdi sevgi dersleri verilse insanların ne işine yarayacak?

Sevgiden nasıl para kazanılacak? O yüzden senin toplumun, yüreğin değil kafanın gelişmesinden yana, anlıyor musun?

Sen çok güzel şeyler diliyorsun, sevgi inşaatın temeli olmalı ve başarı bu inşaattın birinci katı olabilir, sonra kariyerle diğer katı oluşturabilirsin, ancak dikkat et! Temelinde sevgi yoksa, inşaatın yıkılmaya yüz tutmuş olacaktır.

Ve olan budur, başarı ve kariyer yok olmaktadır, onlar sevgisiz bir toplumda kalıcı güzelliklere erişemez. Yüzlerce dershane var, matematik, geometri, İngilizce... Bu derslerden dershanelerde para kazanılıyor, herkes 'Bu dersler bana ileride lazım olacak, zamanı geldiğinde paraya çevireceğim' düşüncesi içinde, sevgi kimin umurunda?

Bunu çözümlemek için birlik olunuz, bu tek bir kişinin

değil birliğin halledebileceği bir sorundur ve bu konuda adım atmak için varoluş kendi zamanlamasını bilir, sen güzel niyetlerde bulun ve varoluşa güven, o sevgi çiçeklerinin en uygun zamanda topraktan filizlenmesine izin verecektir."

Soruyorsun: "UK, eşim beni hiç anlamıyor, akşamları yanımda olmasına rağmen sanki beni hiç duymuyormuş gibi, ben onun dünyasında kendimi yokmuşum gibi hissetmeye başladım. Daha sağlıklı bir ilişki için ne önerirsiniz?"

"Sevdiğim bir hikâye var:

Adamın biri artık karısının eskisi kadar iyi duymadığını ve karısının işitme cihazına ihtiyacı olduğunu düşünüyormuş. Fakat ona nasıl yaklaşması gerektiğini de bilmiyormuş.

Bu durumu konuşmak için aile doktorunu aramış; doktor adamın karısının ne kadar duyduğunu anlayabilmesi için basit bir yöntem önermiş:

'Yapacağın şey şu, karından 40 adım ileride dur, normal bir konuşma tonuyla bir şeyler söyle; eğer duymazsa 30 adım ilerisinde aynı şeyi tekrarla, sonra 20 adım; cevap alana kadar aynı şeyi tekrarla.'

O akşam karısı mutfakta akşam yemeğini hazırlarken adam işlemi uygulamaya koymuş.

40 adım uzaklıktan karısına normal bir konuşma tonuyla seslenmiş:

'Hayatım bu akşam yemekte ne var?

Cevap yok. Mutfağa biraz yaklaşmış. Mesafeyi 30 adıma indirmiş ve soruyu tekrarlamış:

'Hayatım bu akşam yemekte ne var?'

Yine cevap yok. Mutfağa biraz daha yaklaşmış. Mesafe 20 adım ve tekrar sormuş:

'Hayatım bu akşam yemekte ne var?'

Hâlâ cevap yok. Adam mutfağın kapısına gelmiş artık mesafe iyice azalmış ve soruyu tekrarlamış:

'Hayatım bu akşam yemekte ne var?'

Gene cevap alamamış. Bu sefer karısına iyice yaklaşmış ve aynı soruyu tekrar sormuş:

'Hayatım bu akşam yemekte ne var?'

'Hayatım beşinci kez söylüyorum, tavuk.'

Evliliğinde eşin ve sen ayrımı olduğu sürece bu ikililiğin sorunlar yaratacaktır ve ikilemler ilişkideki sorunların kökleridir. Daha sağlıklı bir ilişki için sağlıksız olan düşünce yapını bırakmalısın, bu düşünceyle çözülecek bir sorun değildir. Düşünceler sizleri içinde bulunduğunuz karanlığın daha da derinliğine götürür, bunu izlersen tanık olacaksın.

Fırtınalar, yağmurlar, güneşin açması, dolunayın gökyüzündeki muhteşem görüntüsü düşünceyle ortaya çıkmaz, vaki olanı kabul ettiğinde düşünceler artık geri çekilmeye başlar ve kara bulutlar yerini aydınlığa bırakır. Neyi beslersen onu büyütürsün ve sen, eşinin seni anlamadığını düşünerek soruna enerjini vermiş oluyorsun, sorunu daha büyük bir hale getiriyorsun. Enerjinle bu olumsuz durumu beslemeyi bıraktığında karşında büyüyebilecek olumsuz bir enerji dalgası olmayacaktır.

Bu evliliğe karşı çaba gösterme sorunu değildir, onu anlama sorunudur.

Sevdiğim bir hikâye var:

Bilge dede kulübesinin önünde torunuyla oturmuş, az ötede birbiriyle boğuşup duran iki köpeği izliyorlarmış. Köpeklerden biri beyaz, diğeri siyahmış ve genç torun o köpekleri dedesinin kulübesi önünde hep boğuşup duruyorlarken görür, dedesinin kulübesini korumak için neden bir değil de iki köpeğe ihtiyaç duyduğunu merak edermiş. Üstelik niye siyah ve beyaz köpek? Dede, torununa onların kendisi için simge olduğunu söylemiş. 'Onlar benim için iyiliğin ve kötülüğün simgesidir' demiş. 'Aynen şu gördüğün köpekler gibi, iyilik ve kötülük içimizde sürekli mücadele eder durur. Onları seyrettikçe ben hep bunu düşünürüm. Onun için yanımda tutarım onları.' Çocuk merak etmiş. 'Peki, sence hangisi kazanır bu mücadeleyi?'

Dede, bilgece bir gülümsemeyle bakmış torununa. 'Hangisi mi evladım? Ben hangisini daha iyi beslersem!'

Sabırla olana tanık kal ve olacakları gör, kendini bu olayın dışında tutarak tarafsız bir şekilde ilişkini izle. Dikkat et, tarafsız bir şekilde tezahür edeni izlediğinde olayın derinliğine inersin, eğer onu düşmanlık besleyerek izlersen olayların yüzeyinde kalırsın ve cevaplar derinlerdedir, sen yüzeyde kalırsan aradığın bütün cevapları kaçırdın demektir. Sevgiyle izlediğinde anlayış yükselir ve anlayış, evliliğinin cennet yaşamına dönmesine yardımcı olan bir melektir.

Bir sorun arayan değil, evliliğin derinliğindeki güzellikleri ortaya çıkaran bir melek ol, o zaman eşin de dönüşmeye başlayacaktır. Önce dönüşümü sen gerçekleştir, bunu bir beklenti içinde olmadan yaptığında yüreğinle hareket etmiş olursun. Sevgi sadece birisi seni sevdiği zaman ona sevgi vermek değildir, sevgi, onun seni umursamamasını bile sevmektir, olanı olduğu haliyle sevmektir.

Saf sevgi koşulsuzca sevgiyi içerir, bir beklenti içinde olmadan sadece sev, o zaman evliliğinde çiçekler açmaya başlayacaktır.

Ve sen sevgiye dönüştüğünde eşin de dönüşmeye başlar, onun varlığı senin varlığındır, bedenler ayrı ayrıdır; fakat varlık tektir ve sen varlığını sevgiye dönüştürdüğünde eşin de bu dönüşümün içinde sevgiyle dolacaktır.

Onu kendinden ayırma, onunla bir ol! O senin kendi içinde göremediğin gerçekliğindir, o senin aynandır.

Ben zihinsel ayrımlardan oluşan değil, varlıkların birliğiyle kutsanmış ve bu birlikten sevgi çiçeği filizlenmiş evliliklerden yanayım.

Soruyorsun: "Sevgili ustam, acının yürekleri olgunlaştırdığını söylemiştiniz, bu nasıl oluyor, yüreğimiz nasıl acıyla olgunlaşabilir?"

"Acının ne olduğunu bilmeden onu kullanamazsın, o halde önce acının ne olduğunu anlamalısın.

Acıyı reddetmek ona karşı gelmektir ve ona karşı geldiğin an bir savaş başlatmış olursun, kendi içinde bir savaş...

Eğer acıyı tanırsan bu bir savaşa değil, aşka dönüşüm için attığın kutsal bir adım olur. Ancak tanıdığın, çok iyi bildiğin bir şeyin ötesine geçebilirsin, o halde acıyı çok iyi tanımalısın.

Ben sana acıyı tanıyana kadar acının içinde değil, dışında durmanı söylüyorum. Acının dışında durduğunda o sana zarar vermez, tam aksine onu kullanmış olursun. O sadece bir araçtır, seni cennetin kapılarına kadar götürecek olan bir araç.

Onu reddetme, onu karşına al ve onunla konuş, eğer o

karşına çıktıysa mutlaka sana anlatmak istediği bir şey vardır. Acıyı ne kadar iyi tanırsan onun canını yakma olasılığı o kadar azalacaktır. Ve sen acıyı tamamen tanıdığında, onu kabul ettiğinde acının ötesine geçmiş olursun, bu acının kendisi oldun demektir.

Bu bir olma halidir. Bir nehrin içinde başka bir canlı boğulabilir, fakat nehrin kendisi olduğunda boğulma ihtimalin yoktur, öyle değil mi? Sen zaten 'o'sun ve kendi akışında buluşacağın-bir olacağın okyanusa doğru süzülmeye başlarsın.

Yaşam yolculuğunda tezahür eden bütün olaylara teşekkür et, çünkü onlar senin gerçek öğretmenlerindi ve kendi saf benliğine dönmen için gönderildiler. Bu bir eve dönüş yolculuğudur ve sen eve döndüğünde kendi cennetine kavuşmuş olacaksın, bütün bu ıstıraplar, bütün bu sorular bir anda buharlaşacak ve sen yaşamla birlikte dansa tutuşacaksın. O zaman yaşamın bir kutlamaya dönüşecek.

Acı yüreğinin olgunlaşması için karşına çıkan bir araçtır, o seni aydınlığa eriştirecek bir araç, onun içine işlemesine izin verme, onu sadece kullan."

Soruyorsun: "UK, sevgi nedir, sevgi zihinsel bir olgu mudur? Sevgi nasıl kalıcı olur?"

"Sevgi bir düşünce değildir, sevgi bir duygu değildir, o senin mutlak hakikatindir, o senin var olma halindir. Eğer onu zihninde beslersen o kuruyacaktır, çünkü o senin yüreğinden akan özsuyla olgunlaşır, onun zihinle hiçbir ilgisi yoktur.

Zihninle nasıl sevebilirsin?

Zihnini ticarette kullanırsın, zihni bir insanı kandırırken bile kullanabilirsin; fakat sevgi zihnin ötesindedir. Zihin hırs yaratabilir, zihin hoşlanma yaratabilir, zihin arzu yaratabilir, zihin tutku yaratabilir ve insanlar bunları sevgi sanıyor. Sen sevginin ne olduğunu soruyorsun, önce sevginin ne olmadığını anlamalısın, ancak o zaman sevgiyle kucaklaşabilirsin.

Sevgi en yüce haldir, karşındakinin sevgisizliğini, onun ilgisizliğini sevebiliyorsan o yüce hale dönüşmüşsün demektir, yoksa bu hayata isyanların olacaktır, yaşam içinden çıkılmaz bir yer halini alacaktır. Bir kez sevgiye dönüştüğünde baktığın her şeyde sevgi görmeye başlarsın. O erişilecek bir mesele değildir, o sana Yaradan'ın vermiş olduğu kutsal bir hediyedir.

Sevginin nasıl kalıcı olacağını soruyorsun, o dışarıda erişebileceğin bir nesnellik değil, senin öznelliğindir.

Sen zaten 'o'sun."

Soruyorsun: "UK Allah nerededir, herkes bu konuda çeşitli söylemlerde bulunuyor, sizin yorumunuzu alabilir miyiz?"

"Yaradan'ı arıyorsun ve onu bulamıyorsun. Onu egonun var olduğu bir barınakta göremezsin. Yüreklerden yüreklere uzanan bir sevgi köprüsü oluşturduğunda Yaradan orada belirir. Allahü teâlâ der ki, ben ne gökyüzüne, ne arşa ne kürsiye sığdım, sadece mümin kullarımın kalbine sığdım."

Soruyorsun: "UK, ben okulla ilgili sorunlar yaşıyorum, özel sorunlarım var ve aynı zamanda buna bağlı olarak ailesel sorunlar içindeyim. Maddi sorunlar yüzünden de okuyamıyorum. Çaresiz kaldım. Biliyorum ki tüm bunlar bir şeyi fark etmem için, ama neyi fark edeceğim? Bunun arkasında görmem gereken nedir onu bilemiyorum, lütfen yorumlar mısınız?"

"Yoğun duygular içindesin, biraz sakinleş ve derin nefes al. Senin bu panik halin hiçbir şeye çözüm olamaz, önce bunu anlamalısın. Her şey kendi geleceğini içerir. Sorun bilinçte ortaya çıkar, bilincin ötesinde sorun yoktur. Ben bilincin ötesiyim, o yüzden ortada sorun göremiyorum ve sen hâlâ bilincin içinde sıkışmış durumdasın, o halde tek yapman gereken basitçe onun dışına çıkmandır. Sen kişi değilsin, sen zihin değilsin, sen mutlak saf varlıksın, sadece var olansın anlıyor musun?

Şuna dikkat et! Senin mutluluk ve haz aldıkların şeyler nesnel olanlar, dışarıda vuku bulan her şey nesneldir ve sen kendini dışarıdan gelen bir düşünceyle özdeşleştirerek mutlu olamazsın, bu nihai mutluluk değildir. Sen içsel olanı kucakladığında mutluluk ortaya çıkar. Fakat görüyorum ki sen içeride değilsin, sen dışarıda-yüzeyde sıkışıp kalmışsın.

Bütün bu yaşadıkların ayrı bir sorun gibi gözükse de hepsi birbirine bağlı gelişen tek bir olgudur. Benim seni burada dinliyor olmam da bu olgunun içindedir, onlar ayrı bir parça değildir.

Sen çok büyük arzular içindesin, arzuların seni yangına götürmekte ve bunun farkında değilsin. Bir şeyi şiddetle arzularsan bu bağımlılıktır ve bağımlılık köleliktir. Olmayan bir şeyi zorlama; o, ya o olmaması gerektiği için olmuyordur ya da çok daha iyisiyle kucaklaşacağın için...

Varlığın doğası saf farkındalık ve tanıklıkla çevrilidir, o olan ya da olmayandan etkilenmez. Sadece izle. Sen bir tanık olarak tezahür edeni izlediğinde farkındalık içsel sezginden yükselecek ve çözümlemen gerekenleri gözlerinin önüne doğru getirecektir.

Zihin çözümleyemez, o zaten sorunun kendisidir ve bunu idrak etmek tüm sorunların buharlaşarak kaybolması demektir."

Soruyorsun: "UK, yaşamda dengeden söz ediyorsunuz, dengeye çok önem veriyorsunuz. Denge anladığım kadarıyla yaşamı daha güzel kılacak bir olgu. Peki dengede kalmak için ne yapmamız gerekir ve dengeyi korumak için ne yapabiliriz?"

"Dengeye önem veriyorum; çünkü denge yaşamın kalbidir, o hayatın ritmidir. Dengesiz bir yaşam ritmi bozuk bir kalbin çalışması gibidir. Eğer yaşam yolculuğunda dengeyi sağlayamazsan sürekli sendelersin. Bir ayağın hep boşlukta kalacaktır ve sen düşmeye hazır bir hale gelirsin. Ve birçok insan yaşamında kuramadığı denge yüzünden sıkıntılar çekiyor, onlar herkesin yakınında-çevresinde var.

Dengeyi sağlayamayan o kadar çok insan var ki, bu bir hastalığa dönüşmüş durumda ve bu hastalık neredeyse toplumun tamamını sarmış gibi gözüküyor.

Ben o yüzden dengeye önem veriyorum. Önce nefes alışını izle ve sonra nefes verişini... Onlar tam bir denge içindedir, onlar kutsal bir ritim içindedir. Bedenin bilgeliği ve yüce benliğin sayesinde bu denge kurulmuştur. Eğer o dengenin içine zihin karışsaydı dünyada yaşayan tek bir insan bulamazdın, hepsi nefes almayı unuttuğu için bir köşede yığılıp kalacaklardı. Çünkü zihin sizleri dışarıdaki işlerle meşgul ederken, siz içinizde olup biteni göremez hâlâ gelecektiniz ve bu insanlığın sonu olacaktı.

Sizin toplumunuzda zihnin gelişmesine önem verildiği için beyin tek başına iktidar gibi gözükmekte ve onun tek başına sizleri yönetmesi bütün bu dengesizliğin kök sebebidir.

Beyin ile varlığın arasındaki dengeyi sağlamak için önce yüreğin olgunlaşmasına hız verilmelidir. Sizin toplumunuzda kafa ileri derecede gelişmiştir, o devamlı önde gittiği için yürek neredeyse yolun başında kalmıştır. Ben önce yüreğin olgunlaşmasından yanayım. Daha sonra denge kendiliğinden kurulacaktır.

Denge kurulduğunda onu korumak için bir şey yapmaya gerek kalmaz, çünkü sen artık tam farkındalığa ulaşmış olursun. O halde önce yüreği-varlığı olgunlaştırmalısın, sonra yüce benliğin üzerindeki huzur kapısı kendiliğinden açılacaktır. Ve sen var olana, öze-merkezine odaklanarak eve dönüşü gerçekleştirdiğinde, onun içinde bir kez yuva kurduğunda, mutluluğa dönüşmüş olacaksın."

"UK, mutluluk ve mutsuzluk nedir, nasıl ortaya çıkar, farkındalık edinmemiz açısından yorumlar mısınız?"

"Öncelikle mutsuzluk dışarıdan sana gelen bir duygu değildir, buna dikkat etmelisin.

Mutsuzluk zihnin üretimi olan bir duygudur ve o, senin düşüncelerinle yaşamın tezahür ettiklerini kabullenmediğin anda kendi zihninden yükselir.

Tezahür eden her şey senin içinde canlanmakta ve yine

senin içinde kaybolmaktadır, onlar sana dışarıdan gelmez. Ve önemli olan mutlu olmak değil, mutluluğa dönüşerek mutluluğun kendisi olmaktır. Mutluluğa dönüşüm ancak yaşamın içinde vaki olanı kabul ederek onunla bütünleştiğinde gerçekleşir.

Yaşamın tezahür ettiği gerçekliğini kabul ettiğinde, ona uyum sağladığında kara bulutlar kenara çekilerek mutluluğun kapıları ardına kadar açılır.

Bulutlu bir havada gökyüzünü izle. Güneş oradadır ve önünden bulutlar geçtiğinde hava bir anda karanlığa bürünecektir, güneşin o güçlü ışıkları o an etkisini kaybedecektir. Bulutlar kenara çekildiğinde ise güneş tekrar özünden hiçbir şey kaybetmeden orada vuku bulur. Düşünceler de senin mutluluğunu örten kara bulutlar gibidir. Sen düşüncelerin ötesinde kalarak onları izler ve gelip geçici olduklarını idrak edersen o kara bulutların kenara çekildiğine, mutluluğun bir güneş gibi tekrar ortaya çıktığına tanık olacaksın.

İnsanlar bana, mutluluk nerede diye soruyorlar. Bu kendi evinin balkonunda oturup ta bana 'Başımı sokacak bir ev var mı?' diye sormaktan farksızdır.

Aranılacak, elde edilecek hiçbir şey yoktur; sen sadece dışarıda balkondasın, içeriye-eve girmen kâfidir!"

Soruyorsun: "UK, ölümden korkuyor musunuz?"

"Ölümden korkmak için öncelikle ölümden korkan birisinin olması gerekir, öyle değil mi? Ölümden korkan zihindir ve ben zihin değilim, zihnin ötesinde olanım. Şimdi yaşamın kendisiyim, bütünün kendisi ölümden nasıl korksun? Bir okyanusun içinde milyarlarca balıktan bir tanesi eksildi diye okyanus dinginliğini ve akışını bozmaz. Ölüm zihnin kurgusudur, var olan doğmamıştır o sadece hakikatin basitliği içinde vaki olmuştur, o halde doğmayan bir şey nasıl ölecek?

Sizin ölüm dediğiniz sadece bir düşüncedir, o bir etikettir, bir isimdir. Gerçek olan ölümsüzdür, siz bedeni gerçek sanıyorsunuz. O zamanla birlikte vuku buldu ve zamanla birlikte büyüyerek çürür bir hale gelecektir. O halde beden nasıl gerçek olabilir? Gerçek olan (varlık) gerçek olmayanın (bedenin) görünmesini ve kaybolmasını mümkün kılar. Siyah tahta beyaz tebeşirin görünmesini mümkün kıldığı için orada bir yazı belirir, öyle değil mi? O halde siyah bir tahtanın üzerine beyaz bir tebeşirle yazı yazdığında yazı silinmeye mahkûm olacaktır.

Sen bir kez saf varlık olduğunun farkına vardığında tüm korkuların kaybolmaya başlar. O halde öncelikle gerçek olanın varlık ve geçici olanın da beden olduğunu idrak etmelisin.

Beden ömrünü tamamladığında ise gerçek uyanış başlar. Yaşam Yaradan'ın uzun bir rüyasıdır ve bu rüyadan uyanış ölüm değildir, o yeniden doğuştur, o büyük uyanışın kendisidir. Sen bu dünyadaki son nefesini verdiğinde Allah'ın rüyasından uyanış artık gerçekleşmiştir. O halde uyanıştan korkmak niye? Bu basitçe senin geceleri uykuya geçmen ve sabah olunca da kalkman kadar doğaldır. Uyanış bir ölüm değildir ve tüm bu saydıklarım yaşamın içinde birdir, onlar bütünün bir parçasıdır.

Doğum, ölüm, uyumak, uyanış, acı, mutluluk, her şey yaşamın içinde vaki olur ve aynı zincirin halkaları haline gelir, kaynak birdir, anlıyor musun?

Ölüm bir sonuç değildir, ölüm birliğin içindeki halkalardan biridir ve halkalar bütün olarak yaşamın zeminini oluşturur, onu ayrı tutan zihin halidir, ölümü niçin ayırıyorsunuz? İnsanlar kendilerini bedenler olarak görüyor, önce beden ve zihin olmadığınıza tanık olun. Beden yok olabilir fakat varlık ölümsüz olandır, o Yaradan'ın bir parçasıdır ve her parça onun bütünlüğüne aittir."

Soruyorsun: "UK, biz olumlamalarla bolluk ve bereket çalışmaları yapsak da bunun şimdiye kadar pek bir etkisini göremedik. Sizin bakış açınızda bolluk yasası nasıl işler?"

"Öncelikle şunu idrak et. Bolluk ve evren dışarıda değildir, onlar senin içinde vuku bulur ve senin öz niyetinle bolluk tezahür eder. Sizin en büyük yanılgınız bolluğu kendi adınıza istemekle başlar. Kendinizi bütünden ayrı kıldığınızda bolluk sizden uzak duracaktır. Çünkü siz ayrımı ve uzaklığı yaratıyorsunuz. O halde önce öz niyet önemlidir. Senin içindeki evren ona bulunduğun taleplerle ilgilenir, o öz niyetini talep olarak alacaktır, evren düşüncelerinle ilgilenmez.

İnsanlar korsan kitap alıyor, insanlar korsan CD alıyor, onlar kaçak olana yöneldiklerinde içlerinde şu düşünce vardır: 'Benim param sadece buna yeter, ben ancak ucuz olanı alabilirim.' Bu senin öz niyetindir. Ve içindeki evren senin öz niyetine karşılık verir.

Bolluk çalışmalarının etkisini göremediğini söylüyorsun, bu senin onu arzuladığını gösteriyor. Arzulamak egoyla ilişkilidir, onu yoğun bir istekle değil, saf masumiyetinden yükselen öz niyetinle sadece iste ve bırak. Sonrasını sorgulama, zamanını sorgulama, varoluş her şeyin uygunluğunu bilir ve o uygunluğunda senin karşına çıkarır. Eğer sen arzularsan tüm bolluğun önünü kesmiş olursun, o senden hep uzak kalacaktır. O senin içinde bir yerdedir fakat senin karşına çıkmayacaktır. Onu sen düşüncelerinle pasifize edersin. O halde bolluk ve huzur yolunda öncelikle tüm evrenin hayrına güzel niyetlerde bulunacağını idrak et.

Ve toplumun oyunlarına dikkat et. Toplum kendi sisteminin içinde kredi kartlarıyla insanları kandırmaya ve bolluğun önünü kesmeye başladı. Bir alışveriş yaptığında önüne aylar süren taksitler getiriyorlar, öyle değil mi? Ve sen alışverişini takside bağladığında paraya olan enerjini bölmüş oluyorsun.

İçinden şöyle düşünüyorsun: 'Ben ancak bu kadarını ödeyebilirim, ne kadar çok taksit olursa o kadar iyidir.' Bu, artık para sana taksit taksit gelecek demektir; çünkü evren senin bu niyetini talep olarak alıp kısıtlı miktarlarda parayı tezahür ettirecektir.

Sen ne kadar büyük enerji beslersen o kadar büyük enerji alırsın. Eğer sen küçük enerjiler beslersen küçük olanla yetinmek zorunda kalırsın.

Bu senin seçimindir, kısıtlı ya da bolluk içinde yaşamayı senin öz niyetin belirler. Çünkü niyet duadır, dua ise kaderin içindeki kazayı değiştirir. Bu kadar!"

Soruyorsun: Hocam, kendini bilen Rabb'ini bilir ne demek, Rabb'imizi nasıl bileceğiz?

Şu ana kadar bu kitapta hep zihinden söz ettim.

Çünkü zihin bir bataklık gibidir, onun içinde kurtulmak için çırpındıkça sana Allah'ı anlatabilmem çok güç olurdu.

Düşünsene sen bataklıktasın ve başında dikilmiş sana Rabbimizi anlatıyorum... Senin ihtiyacın olan şey o an öncelikle bataklıktan çıkmak ve elini yüzünü yıkamaktır ve sonra sana Rabbimizi güzelce anlatabilirdim. Bu resmen koyun can derdinde kasap et derdinde misali olurdu... Bu yüzden maalesef din adamlarımız çok güzel şeyler anlatmalarına rağmen verimli olamadılar. İnsanın bin bir türlü sıkıntısı var, zihinleri hiç durdurmuyor, zihin onları ya geleceğe ya da geçmişe götürüyor. Şimdi bu halde o vaaz nasıl yüreklere işlesin.

O yüzden ilk adım zihni ele almaktır...

Ancak şimdi daha hazırsın, Rabbimizle buluşmaya, kulluğu hatırlamaya daha hazır bir sen varsın. Sana nefisten söz etmek isterim... Biz ne beden ne zihin ne de nefisiz. Biz sadece öz varlığız. Artık bunun farkındasın. Nefsi terbiye eden, onu köşeye sıkıştıran Rabbimize yakınlaşır. O halde nefis hayvani olduğuna göre onu eğitmek gerekecek.

Peki, bu nasıl oluyor? Örneğin sana zikirden söz edeyim, hissederek, ruhunu besleyerek yapacağın bir zikirden.. Tamamen sevap için değil, aşk adına, aşk olmak için yapacağın zikirden!..

İnsanlar bana geliyor ve binlerce zikir çektiklerini söylüyorlar, bende onlara ne hissettiklerini soruyorum. Şaşırıp kalıyorlar.. Otomatiğe bağlamış gibi sürekli zikir halindesin ya hissiyat? Nefis çok kurnaz insanların birçoğu "Ben günde şu kadar zikir çekiyorum" diye bir başkasına söylemek adına farkında olmadan nefsin kurbanı oluyor!

İşin sevap boyutu aşk boyutunun önüne geçiyorsa bir yanlışlık var! Bir kere zikir çekerken niyetin sesini Allah'a duyurmak ise yol yanlış. Neden? Çünkü Allah zaten sen konuşmadan da seni duyuyor, kalbinden geçeni her şeyi en iyi işiten Semi olan Rabbim duyar. Kişi kendine sormalı, Allah'ın zikrime ihtiyacı var mı? Haşa, Samed olan Rabbimin hiçbir şeye ihtiyacı yok, tüm mahlukat O na muhtaçtır. O halde sesimizi kime duyuracağız? İşte burası önemli.. Allah'ı bilmek istemeyen nefse!

Evet, sesimizi nefse duyuracağız. Ben onu yanıma çağırırım, gel bakalım nefs buraya... Şimdi zikir çekeceğim. Örneğin. La ilahe illallah. (Allah'tan başka ilah yoktur) Zikirlerin sultanıdır. Şimdi Allah kendinden başka ilah olmadığını biliyor öyle değil mi? Senden duymaya da ihtiyacı yok hââa. İşte sen Allah'tan başka ilah olmadığını nefse öğretiyorsun!

Bana bak nefis, Allah'tan başka ilah yok haddini bileceksin. Övgüye layık olan sadece Allah, kibirlenmeyeceksin. Evim, arabam varmış, bana bak nefis aldığım nefes dahi Allah'ın, Malik-ül Mülk Allah'tır unutmayacaksın... Ve o an içine bir huşu işleyecektir. Çünkü Rabbim meleklerine "görüyor musun kulumu, benden başka ilah olmadığını, Uğur yahut Ayşe, Zeynep, Ömer nasıl da nefse anlatıyor. Beni nefsine tanıtıyor, dediğinde İşte aşk budur tam olarak aşk budur. Bunu bir kez gerçekleştiğinde rahmet iliklerine işler. Ve sen Rabb'ini gerçek anlamda bilmeye, hatta daha da öte hissetmeye, yaşamaya başlarsın. Bir beden, bir benlik, bir zihin ve bir nefis olduğunu unut, hepsini bir kenara koy ve dışarıdan onları izle, işte izlediğin o nokta ruhsal boyuttur. Hiçlik âlemidir.

Bir kitabımızın sonuna daha geldik, bu kitabımızdan sonra *Allah De Ötesini Bırak*, *Bana Allah Yeter* kitaplarımızı yazacağım. Onlar biraz farklı olacak, daha rahmani diyebilirim. Her boyutta insan var herkese hitap etmek istiyorum...

Bu kitabı zihin üzerine yazdım bu yüzden daha mistik daha sipiritüal gelmiş olacaktır.

Ve sona gelirken bilmeni isterim, seni dualarıma katacağım, her danışanım, her okurum dualarımladır, sende beni duana katarsan mutlu olurum. Çünkü dua da ruhun gıdasıdır.

UĞUR KOŞAR KİMDİR?

TTS (Theatrical Therapy System) ve Nur Terapisi'nin kurucusu olan ruhsal danışman ve yazar Uğur Koşar; kendisini fıkıh, tefsir, hadis ilmi açısından geliştirmenin yanında; zihin ilimleri olan bilgelik ile sufiliği (kalp gözüyle bakışı) harmanlayarak kendine özgü üslubuyla insanların kendi öz varlıklarıyla buluşmasına, böylece kalıcı bir huzura kavuşmasına yardımcı olmaktadır.

Bütünden yana olan Uğur Koşar, "Bilim ve ilim ayrılamaz, dünya Kur'an üzerine kuruludur" diyerek; zihin, ilim ve psikolojiyi birleştirip terapilerinde başarıya ulaşmıştır.

Uğur Koşar der ki: "Ben sizi yeni bir şeyle tanıştırmıyorum; sadece unuttuğunuz kendi özünüzle tekrar buluşmanıza vesile oluyorum. Yaşam, matematik değil bir şiirdir ve içinde nefes aldığınız bu hayat, beyinlerin gelişmesinden öte, yüreklerin ve ruhun olgunlaşmasıyla gelen bir kutlama olmalıdır."

Böylece, yaşamanın aslında bir sanat olduğunu anlatmaktadır.

Onun görüşüne göre, mutsuz insan yoktur; mutlu olacağına inanmayan insan vardır ve insanları yorgun kılan yaşam değil, taşıdıkları maskeler ve inandıkları kalıplardır.

Uğur Koşar, "Her soru önce kendi cevabını doğurur" sözleriyle, insanların aradığı cevapların aslında kendi derinliklerinde mevcut olduğunu ifade etmektedir.

O, yaşam yolculuğunda insanların kendilerini keşfetmeleri ve kendi derinliklerinde bulunan mevcut cevaplara ulaşmaları adına; onları sadece düşündürmeye, idrake ulaşmalarına ve baktıklarından daha derine odaklanarak Allah'ın kendilerine sunduğu hediyeleri görmelerine-kucaklamalarına yardımcı olmaktadır.

"Yaşam, geçmiş ile gelecek arasında açmış bir çiçektir; onu, sadece şimdiki anın içinde koklayabilirsin.

Kendi hayatını yaşamıyorsan yaşadığın hayat senin değildir!

Dışarıda mucize arama, mucize sensin!

Önemli olan hayatın ne zaman son bulacağı değil, onu ne zaman hissederek yaşamaya başladığındır.

Ben size mutlu olmayı değil, mutluluğa dönüşmeyi gösteriyorum.

Yaradan kitaplarını, peygamberlerini insana göndermişken, cennetinin kapılarını ona açmışken ve sana bu kadar çok değer veriyorken; sen nasıl olur da kendine değer vermezsin!

Sadece yaşamın gerçekliğine uyum sağla, ruhun ağlamaya ihtiyacı varsa ağla, gülmeye ihtiyacı varsa gül; her deneyimi yaşa, kontrol etme... Şayet kontrol edersen, bütün enerjini dışarıya akıtmış olacaksın. Sessiz ol ve yaşamın akışını izle; tefekkürde kal, o akışta gelen her şey bir rahmettir."

Onun bu sözleri, insanlara farkındalık kazandırmaya yöneliktir.

Uğur Koşar, insanlığın temel sorunlarından birini ise şöyle ifade etmektedir:

"İnsanlar isyanda, hayat çoğu için yaşarken bitmiş durumda; çünkü hep başkalarının hayatını yaşamaktalar. Bu hayat onların değil; başka bedenlerde, başka ruhlarda hayat buluyorlar ve onlar gidince hayat da anlamını yitiriyor. İnsanlığın en büyük sorunu budur. Kendi hayatını yaşamıyorsan, yaşadığın hayat senin değildir. Nasıl olabilir ki? O hayat başkasına bağlı ve o gittiğinde yahut ilgisini yitirdiğinde sen de eriyor, tükeniyorsun! Olanları izlediğinde şahit olacaksın ve o zaman varlığın hakikate uyanacaktır."

UĞUR KOŞAR'LA "ZİHNİN ÖTESİNE GEÇİŞ" ÖZEL TERAPİSİ HAKKINDA

Uğur Koşar şöyle der:

"Senin içdünyan gerçek evindir, orası varlığın merkezidir. Eğer içsel derinliğindeki evinin odaları karanlık ise, ikamet ettiğin evinin aydınlık olmasının hiçbir anlamı yoktur.

Dışarıda gördüğün gökyüzü aydınlık olabilir; fakat senin içindeki gökyüzü karanlık ise dışarıda olan bitenin hissiyatı sana bir şey katmayacaktır. Ve sen içsel odaların karanlık olduğu için ıstırap çekmektesindir. Kendini dibe vuruyor hissi tüm hücrelerine yayılmıştır ve bu duygular içinde bir psikanaliste gidersin.

O sadece senin içinde bulunduğun odayı aydınlatacaktır, fakat sen başka odaya geçmek istediğinde yine karanlıklarla baş başa kalırsın. Bir psikanalist senin sorununla ilgilenir ve onu yok etmek için uğraşır, fakat zihin öyle kurnazdır ki, sen bir sorunu aştığında o başka bir sorun yaratacaktır.

Neden bu kadar sorun olduğunu bilmek istiyorsun.

Çünkü onları yakalayan ve senin önüne seren zihindir, bu zihnin çok kurnazca olan oyunlarından biri, ona dikkat et. Zihin seni ele almış durumda, tüm kontroller zihnin elinde, eğer sen zihinle ve onun ürettiği düşüncelerle özdeşleşmezsen zihnin patronluğu artık bitmiş olacak. Ve bu zihnin işine gelmeyecek bir durumdur, o zaman zihin kime hükmedecek?

O sürekli sorunlara tutunarak senin boşluğu bulmana fırsat vermez, eğer sen bir kez o boşluğun yoluna erişirsen önünde hiçbir engel kalmayacak. Artık zihin sana sınır koyamayacak, onun egemenliğinin sonu geldi. Zihin keşfedildiğinde bu onun sonu demektir, ortada zihnin işine gelmeyen bir durum vuku bulduğu için o seni oyalamaya devam etmek isteyecektir, anlıyor musun?

Bu çok kalabalık bir caddede hiçbir insana çarpmadan bir boşluk üzerinde yoluna devam etmek gibidir. Boşluk varsa yaşam yolunda su gibi akarsın, eğer zihinle özdeşleşirsen bütün insanlara çarpmak kaçınılmaz olacaktır.

Zihin sorun üreten bir fabrikadır. Senin evlilik sorunun vardır, giderilir ve sen kendini beğenmemekle ilgili başka bir sorun yaratabilirsin ya da affedememekle ilgili bir sorun ortaya çıkabilir.

Zihin zehirli bir ağaçtır ve sorunlar o ağacın dallarındaki meyveleridir. Önce bunu anlamalısın.

Ben seni bağımlı bir hale getirmek istemiyorum, bana arada bir gelip 'Başka bir sorunum var, şimdi ne yapacağım?' diyerek yıllarca bağımlı hale dönüşmeni benimsemiyorum. Ben senin kendi varlığından açan çiçekleri görmeni istiyorum ve onları koklamandan yanayım. Sen ancak o zaman çiçeklerinin kokusunu tüm hücrelerinde dilediğin an hissedebilirsin.

Ben senin zehirli ağacını keşfetmenden yanayım. Onun

köküne bir kez ulaştığın zaman artık o bir daha zehirli meyveler vermeyecektir.

Bir uzman seni kendine bağımlı hale getirmek ister, o senden para kazanmalıdır, bu onun işidir, yoksa nasıl geçimini sağlayacak? Ve o senin bulunduğun odayı aydınlatacaktır. O senin zehirli ağacında bulunan dallardan meyveleri toplatacaktır. Fakat ağaç başka bir daldan yine zehirli bir meyve (sorun) verecektir, sorun üretecektir.

İşini gerçekten severek yapan çok az uzman var, hatta benim yazılarımı ve kitaplarımı öneren birçok psikolog olduğunu öğrendim. İnsanlar bana gelerek 'Sizin yazılarınızı ve yaşama bakışınızı incelemem için beni şu uzman psikolog ya da psikiyatr gönderdi' diyorlar.

Ben sadece ruh ticaretini benimsemiyorum, ben insanları gerçekten dinlemekten ve onları anlamaktan yanayım ve onların kendi içlerinde göremedikleri cevabı ortaya çıkarmayı benimsiyorum. Benim kimseye verecek bir cevabım yok, cevap soruyla birlikte doğar; fakat sorunlu bir zihnin içinde cevabı göremezsin, o yüzden seni zihnin ötesine çıkarıyorum. Sen zihnin ötesine geçtiğinde aradığın bütün cevaplar gözlerinin önüne serilecektir.

Ben sorunlarla hiç ilgilenmiyorum, ben senin zihninle ilgileniyorum. Senin mutlu olmanı değil, mutluluğun kendisi olmanı istiyorum. Sen mutluluk olduğun zaman önüne çamur da çıksa onun içinde açan nilüfer çiçeklerini görmeye başlayacaksın. O zaman baktığın her şey mutluluğa dönüşecek.

Ben senin yaşamdan sadece bir parça değil, yaşamın kendisi olmanı istiyorum.

Eğer sen yaşamın kendisi olursan tüm sahiplenmeleri bıraktın demektir ve tüm sahiplenmeleri bıraktığın anda her şey senindir!

Toplumu izliyorum. Toplum senin özgür kalmanı istemez, kendi başına akmanı istemez, toplum uyum ister ve onların uyumdan kastı senin kendilerine benzemendir. Sen bir balıksındır ve senin özgürlüğün denizlerdir, denizde özgürce akabilirsin, deniz senin yaşam alanındır ve sen karaya çıkarılmaya koşullandırılırsan boğulmaya başlarsın, daralırsın ve artık senin sonun gelir.

Ve bazıları bir şahindir, o gökyüzünde özgürdür, onun doğasında uçmak vardır, onu denizde yüzmeye koşullandırırsan şahin artık eski şahin olmayacaktır, onu kaybedersin, onun tüm güzelliğini yok edersin.

Ben senin kendi orijinalliğini bulmandan yanayım.

Unutma, zihnin ötesinde olan her yer senin sevgi ve mutluluk alanındır."

UĞUR KOŞAR'IN TERAPİSİ HAKKINDA

(İnsanların Uğur Koşar'a dünyanın dört bir yanından gelmelerinin sebebi; tıp doktorlarının teşhis koymuş olduğu panik atak, anksiyete, takıntı, özgüven eksikliği ve depresyon hastalarına, ekip arkadaşları ile birlikte tek seanslık görüşmesi ile destek vererek başarıya ulaşmış olmasındandır. İlginize teşekkür ederiz...)

Uğur Koşar, terapisiyle ilgili şu sözleri dile getirmiştir:

"Öncelikle şunu çok net belirtmeliyim: Terapi görmek için yıllarca uzmanlara, psikologlara gitmiş ama çare bulamamış insanlarla görüşmeyi seçiyorum. Bunu sana kimse söylememiş olabilir; fakat depresyon artık senin aydınlanmanın, çiçek açmanın habercisidir. Bir çiçek tohumunu düşün; tohumun filizlenmesi, çiçek vermesi için nasıl ki artık son derece patlamaya hazır duruma gelmesi gerekiyorsa, insan da depresyondayken çiçek vermeye hazır demektir.

Yahut gebe bir kadını düşün lütfen... Onun doğum gerçekleştirmesi için dokuz ay sürenin geçmesi, artık karnının burnuna gelmesi, bir patlamaya, bir sıkışmaya hazır olması gerekir, öyle değil mi? Yoksa bebek sağlıklı doğmayacaktır. Bebek dört aylıkken doğarsa ölecektir. İşte bu yüzden senin dibe vurman, depresyonda olman benim için son derece güzel bir şey. Bana artık senin çiçek açmana yardımcı olmak, sadece bu negatif enerjini pozitife dönüştürmek kalıyor.

Psikolojik sorun yoktur; sadece zihinsel bir işletim hatası vardır. İnsan, zihnini kullanmasını bilmiyor; çünkü onun kullanma talimatını kimse vermedi! Ben insanlara zihnin nasıl kullanılacağını gösteriyorum ve onlar da kolayca özlerine ulaşıp kalıcı sonsuz huzurla tanışıyorlar, tek sırrım budur.

Burada olduğuna göre uzmanlara, psikiyatrlara gitmiş; ilaçlar almış ama kendi özünle buluşamamış olmalısın. Sana yardımcı olamamış olabilirler; çünkü sen derin bir uykudasın, tıpkı geceleri yatağında uyuduğun gibi... Bu durumda, sana verilen komutları algılayabilir, onları idrak ederek yaşamında uygulayabilir misin?

Hayır, bunu nasıl yapacaksın! Sen zaten bir uykudasın... Uykuda olan hiç kimse dışarıdan verilen komutları rüyasında uygulayamaz. Bu yüzden uzmanlar, insan üzerinde kalıcı bir mutluluk sağlayamamıştır. Kişinin öncelikle derin uykusundan uyandırılması gerekir ve bizim yaptığımız sadece sizin uyanmanıza yardımcı olmaktır; sonsuz huzur ise tıpkı kâbuslu bir rüyadan uyanır gibi kendiliğinden bir anda gelecektir."

"İnsanları yorgun kılan hayat değil, taşıdıkları maskeleridir" diyerek de birçok insanın farkında olmadan takmış olduğu maskelerinden sıyrılarak kendi özüyle buluşmasını sağlayan üstat, şu sözleriyle insanları farklı bakış açılarına yönlendirmektedir:

"Sorun, hiçbir zaman problemler değildir, yaşam yolculuğunda problemler her zaman olacaktır; asıl sorun, zihnin oyununa gelerek problemlerle özdeşleşmemiz, onlara bir mıknatıs gibi yapışmamızdır."

Uğur Koşar, "Mutsuzluk, zeki insanın bilgeliğe dönüşüm aracıdır" diyerek, danışanlarına acıyı bir araç olarak kullandırıp sonra onu sonsuz bir huzura dönüştürmekte ve kendine özel öğretisiyle görüşme seanslarında bunu yaşatarak anlatmaktadır.

Usta, "Dikkatle izlemenizi isterim. Biri sizi üzdüğünde o aslında size sadece bir iğne batırmıştır; öfke, tepki, üzüntü ise sizin içinizden yükselir" diyerek, insanları kendi içine yönlendirip, orada özü merkeziyle buluşturarak sorunların sonsuz bir huzura dönüşmesine; kendine özgü birçok öğretisiyle danışanlarının farkındalık kazanmasına ve bilgelik boyutuna ulaşarak aydınlanmasına yardımcı olmuştur.

Psikologlar, kitaplarını ve terapisini tavsiye etmektedir. Ünlü isimlere, birinci ligden futbolculara, yaşam koçlarına ve doktorlara terapi, psikologlara da eğitim veren Uğur Koşar; görüşmelerini, İstanbul Mimaroba'daki özel çalışma ofisinde yapmaktadır.

Üstadın geliştirdiği TTS (Theatrical Therapy System), tek seanslık olup başarılı sonuçlar edinilmiş bir sistemdir.

***

İletişim

Web: www.ugurkosar.com

Tel.: 0544 863 26 62